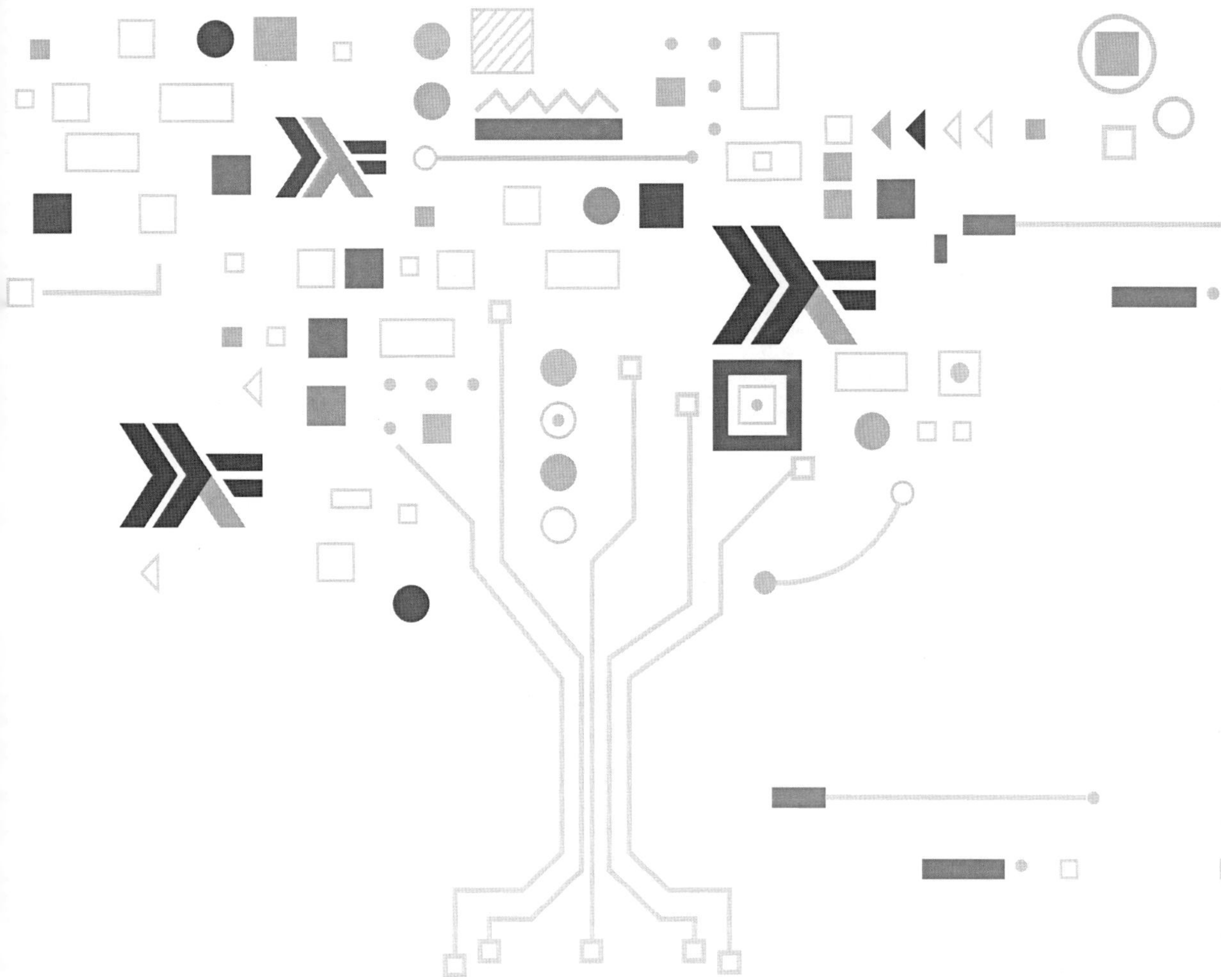

Programming Language Theory

(with exercises in Haskell)

프로그래밍언어론

안기영 · 손범준 지음

도서출판 홍릉

저자소개

안기영

한남대학교 컴퓨터공학과 조교수
싱가포르 난양공과대학 Research Fellow
고려대학교 전기및정보공학과 강의전담조교수
포틀랜드 주립대학교 컴퓨터과학 박사
KAIST 전자전산학과 전산학전공 학사

손범준

(주)유투바이오 IT연구소 AI연구팀 연구원
한남대학교 컴퓨터공학과 학사/석사

프로그래밍언어론

Programming Language Theory
(with exercises in Haskell)

인　쇄: 2023년 1월 25일 초판 1쇄
발　행: 2023년 1월 31일 초판 1쇄

저　자: 안기영 · 손범준
발행인: 송 준
발행처: 도서출판 홍릉
주　소: 01093 서울시 강북구 인수봉로 50길 10
등　록: 1976년 10월 21일 제5-66호

전　화: 02-999-2274~5
팩　스: 02-905-6729
e-mail: hongpub@hongpub.co.kr
http://www.hongpub.co.kr
ISBN: 979-11-5600-088-4(93000)

정　가: 17,000원

이 책에 관련된 코드는 https://github.com/hnu-pl/PLbook에서 확인할 수 있습니다.

서문

책을 쓰기 시작하면서 프로그래밍언어 분야의 용어가 얼마나 혼란스러울 수 있는지 다시금 돌아보는 계기가 되었다. 섬세하지 못한 번역이나 학계 용어 정리의 문제가 아니라 여러 기초 학문 분야가 관련되어 있어 용어/개념이 학문 분야의 경계를 넘나들며 맥락에 따라 의미의 차이가 발생할 수밖에 없는 측면이 있다. 첫 부분을 용어와 기본 개념에 대해 다루며 시작하는 것이 그런 이유에서다. 그리고 프로그래밍언어의 문법을 기술하고 분석하는 데 있어 형식언어에 대한 최소한의 이해가 있어야 하므로 관련된 기본 개념도 앞부분에서 짧은 분량으로나마 간략히 최소한의 개념을 소개하는 정도로 다루고 있다. 컴퓨터 관련 전공 과정이라 하더라도 응용 분야가 다양해지고 세분화되는 시대인 만큼 형식언어/오토마타/계산이론을 주제로 한 전공과목이 없거나, 있다 하더라도 프로그래밍언어를 주제로 하는 강좌의 선수과목이나 저학년의 필수과목으로 배치되지 않은 경우에도, 이 하나의 교재 안에서 최소한의 내용을 참고할 수 있도록 하기 위함이다.

이 책에서는 프로그래밍언어의 원리에 접근하는 이론적 시각을 강조하고자 하지만, 그렇다고 엄밀한 정의와 논리적 전개를 바탕으로 차근차근 체계적인 이론을 쌓아올리는, 비유하자면 진국을 우려내는 슬로우푸드를 만드는 방식으로는 접근하지 않으려 한다. 원리를 조명하는 이론적 시각에 대한 직관적 이해와 활용되는 맥락에 대한 이해를 바탕에 두고, 프로그래밍언어의 원리와 맞닿아 있는 예제를 직접 실행해 보며 훑어보는 방식으로 체득할 수 있는 패스트푸드를 제공하고 싶다.

차 례

그림 차례

제 I 편

용어 및 기본 개념

제 *1* 장

Syntax와 Grammar

똑같은 한글 글자로 된 우리말 단어를 접하더라도 각자의 배경에 따라 그 용어를 해석하는 바가 달라진다. '정의'를 영어로 뭐냐고 물어보았을 때 justice라고 대답하면 문과, definition이라고 대답하면 이과 출신이라는 고전 유머를 한번쯤 들어 보았을 것이다. 참고로, justice를 뜻하는 정의(正義)와 definition을 뜻하는 정의(定義)는 첫글자의 다른 한자인 동음이의어이므로 같은 어원에서 비롯된 분야에 따라 다른 다양한 의미로 전용되는 다의어는 아니다. 컴퓨터 분야에서 접할 수 있는 다의어의 예를 들자면 운영체제에서 어떤 작업을 담당하는 프로세스가 기존 작업의 일부 혹은 추가로 처리해야 할 작업을 따로 나눠 처리하기 위한 프로세스를 파생하는 경우, 원래 프로세스를 '부모'(parent) 파생된 프로세스를 '자녀'(child)로 부른다. 이는 일상생활에서 사용하는 '부모'와 '자녀'와 어느 정도 공통점은 있으나 상당히 다른 의미로 전용된 전문용어다.

반대로 같은 영어 단어를 분야에 따라 우리말로 다르게 옮기는 경우도 있다. 앞으로 이 책에서 자주 접하게 될 용어인 syntax를 우리말로 옮겨보라고 했을 때 주로 '문법'으로 옮긴다면 컴퓨터 관련 전공자로, 일관되게 '구문(론)' 혹은 '통사(론)'으로 옮기되 절대로 '문법'으로 옮기지는 않는다면 언어학 등 어문계열 관련 전공자로 판단할 수 있을 것이다. 컴퓨터과학의 프로그래밍언어 분야에서는 언어학에서부터 쓰던 전문용어를 도입해서 활용하고 있는데 언어학에서와는 약간씩 다르게 번역되거나 활용되기도 하므로 이런 용어들을 미리 정리하고 넘어가자.

1.1 Syntax와 Grammar를 우리말로 옮기면?

2009년에 출판된 영한사전[20]에서 syntax와 grammar를 찾아보면 다음과 같다.

syntax 명사[U]

1. [언어] 구문론, 통사론 (참고어: morphology)
2. [컴퓨터] (컴퓨터 언어의) 문법

grammar 명사

1. [U] 문법 (참고어: generative grammar)
2. [U] (개인의) 문법 (문법적 지식이나 언어 사용)
3. [C] 문법책

실제로 십수 년 이전부터 우리말로 번역되거나 출간된 컴퓨터 관련 분야의 교과서, 논문, 보고서 등에서도 syntax를 '문법'으로 옮기는 경우가 많았고 지금도 마찬가지다. 예컨대, "the syntax of the C programming language"는 보통 우리말로 "C언어의 문법"이라고 옮긴다. 한편 "syntax analysis"는 "문법분석"으로도 "구문분석"으로 옮기기도 한다. 특히 자연언어를 컴퓨터로 다루는 자연언어처리 분야의 경우에는 "구문분석"으로 옮기는 경우가 대부분이다.

다음으로 살펴볼 용어인 grammar는 분야에 관계없이 '문법'으로 옮기고 있다. 조금 이상하지 않은가? 언어학에서 '문법'과 '구문(론)'/'통사(론)'으로 구분하여 옮기던 grammar와 syntax를 어째서 컴퓨터과학의 프로그래밍언어 분야에 와서는 둘 다 '문법'으로 옮겨서 헷갈리게 만드는 것일까? 전문용어는 해당 분야 안에서는 하나의 개념에 대응해야 한다는 일의성 원칙에도 어긋나며, 유사/관련 분야에 걸쳐 일관성/통일성이 있어야 한다는 관점에서도 그다지 좋지 못한 선택이다. 프로그래밍언어 분야에서 syntax를 '문법'으로 옮기게 되었던 이유가 무엇인지 나름대로 미루어 짐작해 보자면 다음과 같지 않을까 생각한다.

1. 자연언어와 프로그래밍언어에서 syntax와 grammar의 상관관계
2. 일의성, 일관성/통일성보다 친숙성을 우선시한 번역

자연언어를 다루는 언어학에서는 syntax를 grammar의 일부분으로 인식하는 경우가 대부분이지만, 프로그래밍언어 특성상 grammar를 활용하는 경우는 대부분 syntax를 처리하기 위해서이다. 즉, 자연언어에서는 grammar라고 하면 syntax를 포함한 여러 가지를 함께 생각할 수밖에 없지만 프로그래밍언어에서는 grammar라고 하면 거의 syntax만을 떠올리는 것이 보통이다 (1.3절 참고). 따라서 일의성, 일관성/통일성은 좀 떨어지지만 일상생활에서 '구문'이라는 단어보다는 '문법'이라는 단어가 더 익숙하기 때문에 과거에 프로그래밍언어 관련 전문용어를 번역할 때 grammar와 겹치는 것을 모르지 않았겠지만 그냥 똑같이 '문법'으로 옮겼던 것 같다.

지금은 인공지능 기술의 발달로 컴퓨터 관련 분야에서도 자연언어처리의 활용이 크게 늘어나는 추세이다. 컴퓨터 관련 분야에서 프로그래밍언어 분야에 비해 적은 응용 부분을 차지하던 자연언어처리가 지금은 매우 커지고 있다는 점을 생각한다면 프로그래밍언어 분야에서도 앞으로 syntax를 '문법'으로 옮기지 않고 '구문'으로 옮기는 것이 장기적으로는 더 좋은 선택일지 모르겠다. 하지만 지금까지는 프로그래밍언어 관련해서는 syntax를 '문법'으로 옮기는 경우가 더 많으므로 이 책에서도 syntax를 '문법'으로 주로 옮기되 grammar인지 syntax인지 분명히 밝힐 필요가 있다고 생각되는 경우에는 영문 용어와 병기하도록 하겠다.

1.2 자연언어, 인공언어, 형식언어

자연언어(natural/ordinary language)는 사람들끼리 의사소통을 위해 누가 만들었는지도 모르게 자연스럽게 생겨난 언어를 일컫는다. 한국어, 영어 등과 같은 대다수의 음성언어가 자연언어에 속한다. 또한 비음성언어 중에 자연언어로는 농아인들 사이에서 의사소통을 위해 생겨난 수어(sign language)가 있다.

인위적으로 만들어진 인공언어(artificial/constructed/invented/planned language)는 자연언어와 대비되는 개념이다. 대표적인 예로는 특정 문화 및 국적에 덜 종속적인 국제어를 표방하는 에스페란토(Esperanto)를 들 수 있다. 또한 톨킨 세계관에서 고대 엘프어인 퀘냐(Quenya)나 스타트랙 세계관에서 전투적 외계 종족인 클링온(Klingon)의 언어 등과 같이 예술작품 안 가상의 세계에 더 생생한 설정을 불어넣기 위해 만들어져 창작 의도가 실생활에 활용할 목적과는 동떨어진 가공의 언어들도 인공언어로 분류할 수 있다.

형식논리, 형식언어, 계산이론, 프로그래밍언어 등의 분야에서 주로 다루는 형식언어(formal language)란 어떤 언어에 속하는 문장의 구성 방법이나 구성된 문장에 부여되는 의미를 정확한 논리적/수학적 규칙에 따라 모호함 없이 정의되는 언어를 말한다. 따라서 정해진 규칙에 따라 컴퓨터로 처리되어 실행되는 프로그래밍언어도 형식언어의 일종이다. 컴퓨터에서 실행할 것을 염두에 두고 만들어진 프로그래밍언어가 나오기 전부터 형식언어는 존재했다. 논리학에서 특정 논리 기호와 연결사로 이루어진 논리문(logical statements)이나 수학에서 특정 상수, 변수, 연산자로 이루어진 산술식(arithmetic expressions) 등이 그 사례다. 또한 음의 높낮이와 지속되는 길이를 나타내는 음표로 이루어진 악보도 형식언어의 일종으로 볼 수도 있다. 그러한 형식언어도 필요하다면 컴퓨터에 옮겨 처리할 수 있으므로 프로그래밍언어의 일종으로 취급해도 틀린 개념은 아니다. 따라서 넓은 의미의 '프로그래밍언어'는 '형식언어'와도 같은 개념으로 사용한다. 이런 넓은 의미에서 인류 역사에서 일찍이 등장한 프로그래밍언어의 예로 고대 주판(그림 1.1)에 올려놓은 작은 돌의 배열을 들 수도 있겠다.

자연언어와 인공언어의 구분은 사람들끼리의 일상적인 의사소통을 위한 언어를 분류할 때 주로 사용하는 개념이다. 애초에 형식언어가 아닌 맥락에서 나온

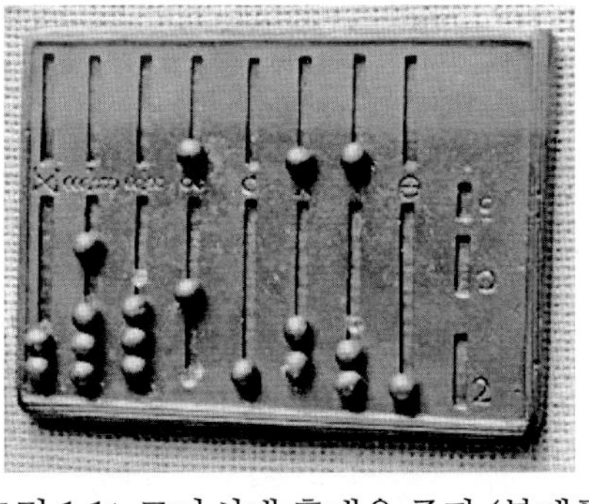

〈그림 1.1〉 로마시대 휴대용 주판 (복제품)
(사진 출처: 위키미디어 공용)

개념이다. 형식언어도 인위적으로 만들었다는 점에서는 인공언어의 정의에도 부합하는 면이 있으나 그런 맥락에서는 사용하는 것은 일반적이지 않다. 그러니까 프로그래밍언어를 인공언어라고 해도 틀린 이야기는 아니지만 맥락에 따라 조금 어색한 표현일 수도 있다. 프로그래밍언어는 형식언어라고 이야기하는 것이 더 일반적인 표현이다.

컴퓨터 관련 분야에서 형식언어에 대비되는 개념, 즉 사람들끼리의 일상적인 의사소통을 위한 자연언어와 인공언어를 아우르는 용어는 그럼 무엇일까? 그냥 모두 '자연언어'라고 한다. 왜냐하면 형식언어는 사람들끼리 일상적인 의사소통에 사용하는 언어들과는 워낙 그 특성이 동떨어져 있기 때문이다. 즉, 자연언어와 인공언어의 거리가 서울 부산 정도라면 형식언어는 달나라나 목성쯤에 있다고 비유할 수 있겠다. 인공지능 등의 기술로 한국어나 영어 등의 자연언어를 다루는 분야를 자연언어처리(natural language processing, NLP)라고 한다. 같은 기술로 에스페란토와 같은 인공언어를 처리한다 인공언어처리라고 부르지 않고 그냥 똑같이 자연언어처리로 취급할 따름이다.

1.3 자연언어와 프로그래밍언에서 Syntax의 비중

언어학에서 음성 기반의 자연언어를 다룰 때는 작은 단위부터 큰 맥락까지 아래와 같이 다섯 같은 단계로 나눠 설명한다고 한다.

1. 음운론(phonology): 소리의 단위인 음운을 다루는 이론.
2. 형태론(morphology): 의미의 단위인 형태소로 어휘를 구성하는 이론.
3. 구문론(syntax): 어휘로 문장을 구성하는 이론.
4. 의미론(semantics): 어휘나 문장이 갖는 의미에 대한 이론.
5. 화용론(pragmatics): 상황/문맥에 따른 어휘/문장의 활용을 다루는 이론.

자연언어에서 문법(grammar)이란 음운론, 형태론, 구문론을 포괄하며 경우에 따라 의미론도 포함한다 [26]. 자연언어 문장에서는 통사론적으로 같은 분류에 속하는 단어끼리도 원래의 단어를 다른 단어로 바꿔쳤을 때 그 의미의 차이에 따라 잘못된 문장으로 취급될 수도 있기 때문이다. 물론 자연언어에서도 구문론/통사론

(syntax)이 문법(grammar)에서 다루는 핵심적인 부분이지만 그 외의 다른 요소들도 무시하지 못할 비중을 차지한다. 정리하면, 언어학에서 syntax는 grammar가 다루는 영역 중의 하나이므로 둘을 같은 우리말 용어로 옮겨 놓는다면 대단히 혼란스러울 것이다.

음성에 기반하지 않는 형식언어에서 음운론은 애초부터 논외이다. 프로그래밍언어 문법(syntax)의 대부분은 형식언어를 분류한 촘스키 계층 중에서 문맥자유언어(context-free language, CFL)에 해당한다. 문맥자유언어는 문법적으로 올바른 문장인지 판단하는 데 있어 의미나 맥락이 영향을 미치지 않으므로 형태론과 구문론만 고려하면 된다. 그런데 형식언어를 정의할 때에는, 예전부터 쓰던 어휘를 유지/계승해야 하는 자연언어와 달리, 활용 목적에 알맞은 어휘를 새롭게 정하면 그만이므로 상대적으로 형태론의 비중도 미미하다. 따라서 프로그래밍언어에서 grammar는 syntax에 대한 내용을 주로 다루는 것이 당연하다. 즉, 프로그래밍언어에서는 syntax외에 grammar에서 다룰 내용이 거의 없으므로 둘 다 똑같이 '문법'으로 옮기더라도 그렇게 크게 혼란스럽지는 않을 것이다.

지금까지는 자연언어의 맥락에서 나온 용어들이 프로그래밍언어에서는 어떻게 그 번역이나 활용이 달라졌는지에 대해서 주로 이야기했다. 그런데 사실 형식언어에서 syntax와 grammar의 관계는 자연언어에서와는 조금 다른 관점에서 정리할 필요가 있다. 이에 대해서는 이어지는 절에서 좀 더 이야기하기로 하자.

1.4 형식언어이론에서 Syntax와 Grammar의 관계

형식언어이론(formal language theory, FLT)은 문장(정확히는 문자열)의 생김새(syntax)만을 대상으로 하며 그 뜻(semantics)은 생각하지 않는다. 형식언어이론에서 '언어'(language)란 단순히 문자열(string)의 집합으로 정의된다. 문자열은 언어마다 미리 정해놓은 유한한 종류의 기호(symbol)를 한줄로 유한한 개수만큼 늘어놓아 만들어지며, 늘어놓은 기호의 개수가 바로 문자열의 길이가 된다. 형식언어에서 기호는 자연언어의 어휘(lexeme)에 대응되는 부분이다. 자연언어의 어휘는 의미의 최소단위인 형태소로 이루어지는 반면, 형식언어의 기호는 더 이상 쪼개지지 않고 의미가 부여되지 않는 원자적이고 추상적인 어휘에 해당한다.

이해를 돕기 위해 흑돌(●)과 백돌(○) 두 종류의 기호를 사용하는 형식언어 L = { ●○, ●○●○, ●○●○●○, ●○●○●○●○, ●○●○●○●○●○, . . . }을 생각해 보라. 사실 기호의 표기상 그 모양이 바둑의 흑돌과 백돌처럼 보이기도 하기 때문에 편의상 그냥 '흑돌'과 '백돌'이라 부를 뿐 바둑과 관련된 의미를 부여하려는 것은 아니다. '꽉 찬 동그라미'와 '빈 동그라미' 등으로 불러도 L의 정의는 전혀 달라질 것이 없다. (더 나아가, ●,○대신 a,b 등으로 서로 구분되는 다른 어떤 두 기호라도 탐구하려는 형식언어의 본질이 달라지지는 않는다.) 이 언어에서 올바른 (즉, L의 원소인) 문자열의 특징을 설명하자면,

- 가장 왼쪽 기호는 흑돌이고 가장 오른쪽 기호는 백돌이며
- 같은 색 돌이 연속해 나타나지 않고 흑돌과 백돌이 번갈아 나타난다.

이와 같이 L에 속하는 문자열의 모양새가 어떠해야 하는지 제시하는 내용이 바로 언어 L의 syntax에 대한 표현이다. 이러한 내용은 언어 L의 고유한 성질을 알려줄 뿐이며 구체적으로 L에 속하는 문자열을 어떤 방법으로 어떤 과정을 거쳐 만들어내는지에 대해서까지 나타나 있지는 않다.

그렇다면 이번에는 좀 더 구체적으로 문자열 ●○●○를 만들어내는 방법을 생각해 보자. 굉장히 다양한 방법으로 만들어내는 것이 가능하며 그 중에서 다음의 몇 가지만 살펴보겠다.

1. 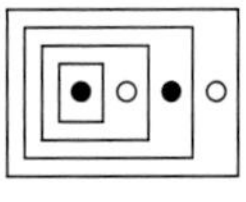 왼쪽 끝의 흑돌 하나로부터 오른쪽으로 하나씩 이어붙여서

2. 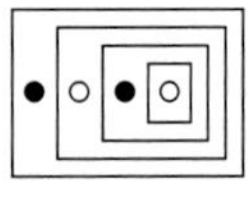 오른쪽 끝의 백돌 하나로부터 왼쪽으로 하나씩 이어붙여서

3. 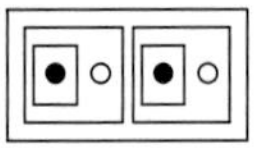 흑돌 백돌 하나씩의 길이 2인 문자열이 두 번 반복되는 구조로

L의 고유한 성질인 syntax를 표현하는 방식의 하나인 grammar를 어떻게 작성하느냐에 따라 만들어지는 결과물은 모두 ●○●○로 같지만 그 문자열이 구성되는 방법과 만들어지는 과정이 달라질 수 있다. 즉, 같은 언어를 표현하는 서로 다른

grammar는 해당 언어에 속하는 문자열을 모두 만들어내므로 최종 결과물로 나오는 문자열들은 같지만, 만들어내는 구체적인 방식과 과정에는 차이가 있을 수 있다는 것이다.

지금까지 형식언어에서 syntax와 grammar가 어떤 식으로 관련된 개념인지 정리해 보았다. 형식언어의 계층적 분류 및 형식언어의 문법(grammar)에 대한 조금 더 자세한 이야기는 요점정리 후에 이어지는 다음 장에서 이어가기로 하자.

요점정리

- 프로그래밍언어란 좁은 의미에서는 기계(컴퓨터)에서 실행할 것을 염두에 두고 만들어진 형식언어의 일종이지만 넓은 의미에서는 형식언어를 모두 아우르는 개념이다.
- 컴퓨터 분야에서 (형식언어 말고) '자연언어'라고 하면 언어학에서 자연언어와 인공언어를 함께 아우르는 개념이다.
- 프로그래밍언어 관련해서는 syntax와 grammar를 모두 '문법'이라고 번역하는 경우가 많다. 둘은 관련된 개념이지만 구분할 필요가 있다.
- 자연언어에서는 grammar가 다루는 여러 영역 중 하나가 syntax이다.
- 형식언어의 syntax란 올바른 문자열의 모양새가 어떠해야 하는지 제시하는 내용으로 특정 형식언어의 고유한 성질에 해당한다.
- 형식언어의 grammar는 올바른 모양의 문자열을 만들어내기 위해 사용하는 설계/시공 방법에 비유할 수 있다.

제 2 장

형식언어이론

형식언어이론에서는 어휘를 원자적 기호(symbol)로 추상화하여 의미를 부여하지 않으며, 기호의 나열로 이루어진 문자열(string)의 모양새(syntax)만을 기준으로 원하는 문자열을 골라 모아놓은 집합을 '언어'(language)로 규정한다. 문법(grammar)은 어떤 언어에 속하는 문자열을 만들어내는 과정을 안내하는 구체적인 규칙들로 이루어진다. 이런 문법을 어떤 식으로 정의하고 활용하는지 이 장에서 조금 더 자세히 소개한다. 그리고 문법(grammar)과 언어(language)의 모호성이 어떠한 개념인지 알아본다. 프로그래밍언어의 어휘(lexeme)와 구문(syntax)을 처리하는 데에도 형식언어이론을 활용하는데, 이런 활용에 있어서는 모호성을 피하는 것이 바람직하다. 프로그래밍언어에도 어휘분석(lexical analysis)보다 구문분석(syntax analysis)이 한층 더 복잡한 문제다. 따라서 어휘분석에 활용되는 형식언어보다 구문분석에 활용되는 형식언어가 더 다루기 힘든 복잡한 성질을 가지고 있을 것이다. 형식언어의 복잡도에 따라 분류한 촘스키 계층 구조에 대해서도 소개한다.

이 책은 프로그래밍언어 분야에서 기본적으로 알아야 할 개념을 익히는 것을 목표로 하므로, 여기서는 형식언어이론을 체계적으로 다루기보다는 프로그래밍언어의 이해와 관련해 도움이 될만한 내용 위주로 간략하고 직관적으로 소개한다. 형식언어이론에 전반에 대해 더 체계적으로 알아보려면 형식언어, 오토마타, 계산이론 등을 주제로 하는 교재[19, 47]를 참고하라.

2.1 형식언어의 문법에 따른 문자열 생성

형식언어의 문법(grammar)을 형식언어를 다룬다는 점을 강조하여 형식문법(formal grammar)이라 부르기도 한다. 형식언어이론에서 형식문법을 작성하는 표준적인 방식은 문자열을 만들어 나가는 과정을 안내하는 생성규칙을 작성하며 이러한 방식으로 문법을 표현한 것을 생성문법(generative grammar)이라고 한다. 형식언어의 문법 $G = \langle \Sigma, N, S, R \rangle$의 네 가지 요소는 다음과 같다.

Σ : 생성된 문자열에 나타나는 단말 기호(terminal symbol)의 집합
N : 생성 과정에 추가로 나타나는 비단말 기호(nonterminal symbol)의 집합
S : 생성의 시작을 나타내는 시작 기호(start symbol) (단, $S \in N$)
R : 생성규칙(production rule)의 집합.

여기서 문법에 대해 구체적으로 소개하기 전에 형식언어란 문자열의 집합이며 문자열은 추상적인 어휘에 해당하는 '기호'로 이루어진다고 언급했는데, 그때 말한 기호가 바로 단말 기호에 해당한다. 그래서 단말 기호는 문법(grammar)과는 별개로 언어의 정의만으로도 결정된다. 앞서 1.4절에서 예시로 들었던 흑돌과 백돌 기호를 사용한 언어에서 단말 기호의 집합 $\Sigma = \{\bullet, \circ\}$이다. 최종 문자열을 생성하기 위한 추가적인 과정을 이어갈 필요가 없다는 뜻에서 '단말'이라는 표현을 쓴다고 이해해도 무방하다.

비단말 기호란 문자열의 생성 과정에서 단말 기호 이외에 추가로 나타나는 다른 기호를 말한다. 형식문법에서는 비단말 기호 중 하나를 시작 기호로 정해 놓아야 하므로 비단말 기호의 집합 N은 공집합일 수 없다. 시작 기호는 생성할 전체 문자열을 대표하는 기호로, 하나의 시작 기호(S)로부터 문법의 생성규칙에 따라 단계적으로 생성 과정을 거쳐 최종적으로는 단말 기호만으로 이루어진 문자열이 만들어지게 된다. 생성 과정의 중간 단계에서는 비단말 기호만으로 이루어지거나 비단말과 단말 기호가 함께 나타나는 확장된 문자열(intermediate string)의 개념이 필요하다. 문자열을 구성하는 바탕이 되는 기호의 집합을 알파벳(alphabet)이라 부른다. 최종 문자열의 알파벳은 단말 기호 집합(Σ)이며 확장된 문자열의 알파벳은 단말과 비단말 기호의 합집합($\Sigma \cup N$)이다. 참고로 알파벳이 X인 모든 문자열의 집합을 X^*라 표기한다. 이를테면 x가 단말 기호를 알파벳으로 삼는 문

자열이고 α가 단말과 비단말 모두를 알파벳으로 삼는 문자열이라는 설명 대신 $x \in \Sigma^*$이고 $\alpha \in (\Sigma \cup N)^*$라고 쓰면 된다.

문법에서 가장 핵심적인 내용은 $\alpha \to \beta$ 형태의 생성규칙(production rule)이다. 여기서 α와 β는 $\Sigma \cup N$을 알파벳으로 하는 확장된 문자열인데, 단, α는 길이 0인 빈문자열(ε으로 표기)이 아니어야 한다 (즉, $|\alpha| > 0$ 혹은 $\alpha \neq \varepsilon$). 시작 기호 하나로 이루어진 확장된 문자열 S로부터 시작해, 매 단계마다 문자열의 일부분(혹은 전체)가 화살표 왼쪽(α)과 일치하는 생성규칙 하나를 R에서 찾아 화살표 오른쪽(β)의 내용으로 치환해 나가는 과정을 반복한다. 여러 생성규칙의 화살표 왼쪽이 일치하는 경우에는 어떤 것을 선택해도 된다. 치환 결과로 나온 문자열 x가 비단말 없이 단말 기호로만 이루졌다면 성공적으로 문자열을 유도(deriviation) 한 것이며 $S \underset{G}{\Longrightarrow} \cdots \underset{G}{\Longrightarrow} x$ (단, $x \in \Sigma^*$)와 같이 표현한다. 만일 화살표의 왼쪽이 일치하는 생성규칙을 R에서 찾을 수 없다면 최종 문자열 유도에 실패한 상황으로 생성 과정을 더 이상 진행할 수 없게 된다. 이렇게 문법 G의 생성규칙에 따라 생성 가능한 모든 최종 문자열의 집합을 $\mathcal{L}(G)$로 표기한다.

실제로 보기를 들어 설명하면 더 확실히 이해하는 데 도움이 될 것이다. 앞서 언급한 흑돌과 백돌을 기호로 하는 언어 $L = \{\bullet\circ, \bullet\circ\bullet\circ, \bullet\circ\bullet\circ\bullet\circ, \ldots\}$을 다시 생각해 보자. 언어 L의 문법 G를 정의한다는 말은 $L = \mathcal{L}(G)$를 만족하는 문법 G를 찾는 것과 같다. 한 언어의 문법은 유일하지 않고 여러 가지로 정의할 수 있다. 그림 2.1에는 $L = \mathcal{L}(G_1) = \mathcal{L}(G_2)$인 언어 L의 서로 다른 두 문법 G_1과 G_2의 정의가 나타나 있다. (사실은 언어 L을 표현하는 문법을 얼마든지 더 많이 다양하게 정의할 수 있다.) 문자열을 유도(derivation)하는 생성 과정은 마치 수식의 결과를 유도하는 계산 과정과 비슷하다. 차이점은 수식 계산이 큰 식을 점점 작게 하나의 값으로 줄이는 방향으로 진행되는 반면, 문자열 생성은 하나의 시작 기호를 점점 길게 전개하여 최종 문자열이 만들어지는 방향으로 진행된다. 문자열을 유도(derivation)하는 생성 과정에서는 매 단계마다 중간 과정에 중복된 정보의 표시가 많다. 예를 들면 그림 2.1의 G_1에 따른 유도 과정의 첫 단계에서 생성된 가장 왼쪽의 $\bullet$가 이후 단계에서 반복적으로 표기된다. 순차적으로 작성된 유도(derivation) 과정 대신에 도식적인 문법나무(syntax tree)의 형태로 표현하면 중복된 기호의 표시가 줄어들어 한눈에 알아보기 좋다.

$$G_1 = \langle \Sigma, N_1, S_1, R_1 \rangle \text{ where}$$
$$\Sigma = \{\bullet, \circ\}$$
$$N_1 = \{S_1, A_1\}$$
$$R_1 = \left\{ \begin{array}{l} S_1 \to \bullet A_1\,, \\ A_1 \to \circ S_1\,, \\ A_1 \to \circ \end{array} \right\}$$

$$S_1 \underset{G_1}{\Longrightarrow} \bullet A_1 \underset{G_1}{\Longrightarrow} \bullet \circ S_1 \underset{G_1}{\Longrightarrow} \bullet \circ \bullet A_1 \underset{G_1}{\Longrightarrow} \bullet \circ \bullet \circ$$

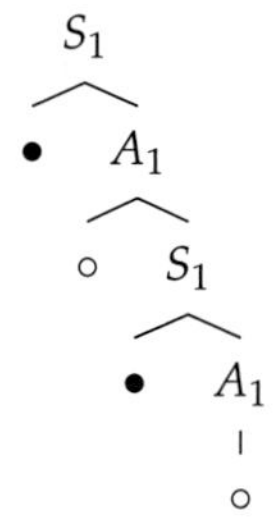

$$G_2 = \langle \Sigma, N_2, S_2, R_2 \rangle \text{ where}$$
$$\Sigma = \{\bullet, \circ\}$$
$$N_2 = \{S_2, A_2\}$$
$$R_2 = \left\{ \begin{array}{l} S_2 \to A_2 \circ, \\ A_2 \to S_2 \bullet, \\ A_2 \to \bullet \end{array} \right\}$$

$$S_2 \underset{G_2}{\Longrightarrow} A_2 \circ \underset{G_2}{\Longrightarrow} S_2 \bullet \circ \underset{G_2}{\Longrightarrow} A_2 \circ \bullet \circ \underset{G_2}{\Longrightarrow} \bullet \circ \bullet \circ$$

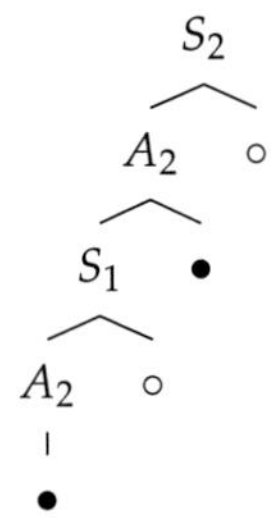

grammar derivation syntax tree

〈그림 2.1〉 같은 언어에 대한 서로 다른 문법 G_1, G_2에 따른 문자열의 유도(derivation) 및 그에 대응되는 문법나무(syntax tree)

참고로 프로그래밍언어에서 다루는 문법나무는 두 종류가 있다. 지금까지 다룬 그림 2.1에 나타난 종류의 문법나무를 유도나무(derivation tree), 파스트리(parse tree), 또는 구체적문법나무(concrete syntax tree) 등으로 부른다. 이와 상대되는 또 다른 종류의 문법나무는 추상/요약 문법나무(abstract syntax tree)인데 이에 대해서는 다음 장(3.1절)에서 다루기로 한다.

2.2 문법과 언어의 모호성

앞절에서 예시로 살펴본 형식언어의 문법은 문맥자유문법(context-free grammar, CFG)이며 문맥자유문법으로 표현할 수 있는 형식언어를 문맥자유언어(context-free language, CFL)로 분류한다. 이 절에서는 문맥자유문법과 문맥자

$$
\begin{aligned}
G' &= \langle \Sigma, N', S', R' \rangle \text{ where} \\
&\Sigma = \{\bullet, \circ\} \\
&N' = \{S'\} \cup N_1 \cup N_2 \\
&R' = \left\{ \begin{array}{l} S' \to S_1\,, \\ S' \to S_2 \end{array} \right\} \cup R_1 \cup R_2
\end{aligned}
$$

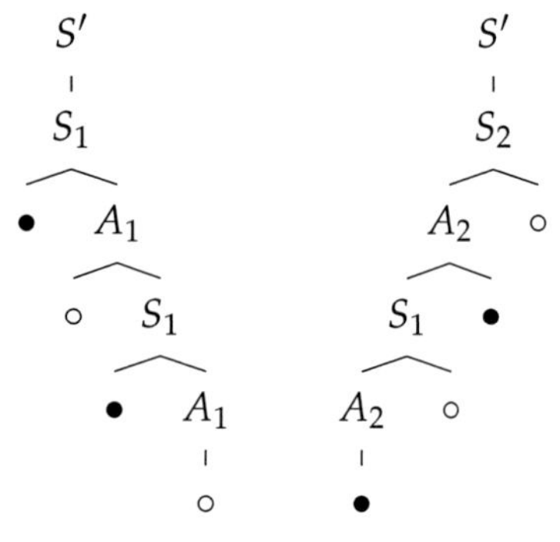

〈그림 2.2〉 모호한 문법 G'에 따른 같은 문자열에 대한 두 문법나무

유언어의 '모호성'이라는 개념에 대해 알아본다. 문맥자유문법이나 문맥자유언어가 무엇인지는 다음 절에서 소개할 것이므로 지금은 '문맥자유'는 생략하고 그냥 (문맥자유)문법과 (문맥자유)언어라고 이야기하겠다.

하나의 문자열에 대해 서로 다른 여러 가지 문법나무를 구성할 수 있으면 모호한 문법이다. 앞서 그림 2.1에서 살펴본 문법 G_1과 G_2는 모호하지 않다. 문자열을 한쪽 끝에서부터 한 글자씩 늘려 가며 다른 쪽 끝까지 생성하는 과정은 유일하므로 문법나무도 하나로 결정될 수밖에 없다. 그런데 같은 언어를 표현하는 다른 문법 G'를 그림 2.2에서와 같이 정의해 보자. 문법 G'의 생성규칙은 G_1과 G_2의 생성규칙을 모두 포함하며 추가로 G'의 시작 기호에서 G_1의 시작 기호로 가는 규칙 ($S' \to S_1$)과 G_2의 시작 기호로 가는 ($S' \to S_2$)으로 구성된다. 즉, G'에 따라 문자열 생성을 시작하면 G_1처럼 하든지 G_2처럼 하든지 둘 다 가능하다는 말이다. 그래서 문법 G'에 따라 ●○●○를 생성하는 문법나무는 아래와 같이 두 가지가 가능하다. 따라서 G'는 모호한 문법이다.

지금까지 언어 $L = \{ \bullet\circ, \bullet\circ\bullet\circ, \bullet\circ\bullet\circ\bullet\circ, \bullet\circ\bullet\circ\bullet\circ\bullet\circ, \ldots \}$의 문법 세 가지

를 다뤘다. 그 중 둘(G_1, G_2)은 모호하지 않았고 하나(G')는 모호했다. 그렇다면 이 언어는 태생적으로(inherently) 모호하지는 않다. 문법을 신경써서 잘 정의하면 모호하지 않은 문법으로 언어 L을 표현할 수 있기 때문이다. 한편, 언어 자체가 태생적으로 모호해서 아무리 노력해도 모호하지 않은 문법을 작성할 수 없는, 즉 어떤 언어 L에 대해 $L = \mathcal{L}(G)$를 만족하는 모호하지 않은 문법 G가 존재하지 않는 경우도 있다. 그런 언어는 (태생적으로, inherently) 모호하다고 말한다. 다음은 잘 알려진 모호한 (문맥자유)언어의 사례이다.

$$L_a = \{a^i b^j c^k \mid i = j \text{ 또는 } j = k \ (i, j, k\text{는 양의 정수}) \}$$

참고로 a^i는 기호 a가 i번 반복해 나열된 문자열을 말한다. 예컨대, $a^3 = aaa$이며 $a^3b^2c^2 = aaabbcc$이다. 위 언어의 모호성을 엄밀히 증명하려면 L_a를 표현하는 모든 가능한 문법을 다 시도해 보아도 불가능함을 보여야 하는데, 여기서는 그런 엄밀한 증명보다는 어떤 경우에 모호함을 해결하기 곤란한 상황인지만 짚고 넘어가기로 하겠다. L_a의 문사열은 a와 b의 개수가 같거나 b와 c의 개수가 같거나 하는 둘 중 하나의 조건을 만족하면 된다. 각 조건을 만족하는 문자열에 대한 문법나무는 대략 아래와 같은 형태가 될 것이라 예상할 수 있다.

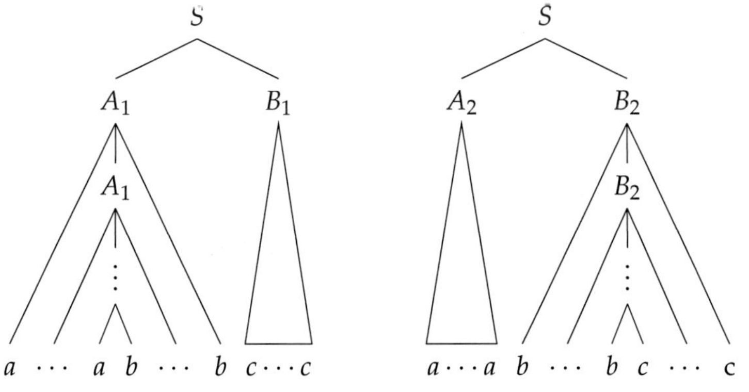

그런데 두 가지 조건을 동시에 만족하는 경우는 어떨까? 즉, $i = j = k$로 a, b, c 세 기호의 개수가 모두 같은 $aaabbbccc$같은 경우 말이다. 이런 문자열의 경우에는 a와 b를 쌍쌍이 생성하며 개수를 맞추는 왼쪽의 형태로도 b와 c를 쌍쌍이 생성

Type-0	(무제약) unrestricted	문법:	$\alpha \to \gamma$
Type-1	(문맥의존) context-sensitive	문법:	$\alpha A \beta \to \alpha \gamma \beta$
Type-2	(문맥자유) context-free	문법:	$A \to \gamma$
Type-3	(정규) regular	문법:	$A \to a,\ A \to bB$

$$a, b \in \Sigma, \quad A, B \in N, \quad \alpha, \beta, \gamma \in (\Sigma \cup N)^*$$

〈그림 2.3〉 촘스키의 1977년 사진 및 촘스키 계층별 문법의 생성규칙 형태
(사진 출처: 위키미디어 공용)

하며 개수를 맞추는 오른쪽의 형태로도 처리할 수 있다는 모호함이 있다. 이는 언어 L_a의 본질적인 성질이라 문법을 달리 정의하려 하더라도 비본질적인 변화만을 줄 뿐 하나의 문자열을 생성하는 문법나무가 여러 가지로 가능해지는 것을 피하지 못한다.

2.3 촘스키 계층

촘스키는 문법에서 생성규칙의 형태를 얼마나 제약하는가를 기준으로 형식문법을 네 계층으로 분류하였는데[8], 이를 촘스키 계층(Chomsky hierarchy)이라고 한다 (그림 2.3). 촘스키 계층의 문법은 Type-0부터 Type-3까지의 번호가 들어간 이름으로도, 또 그 특성을 드러낸 이름으로도 불린다. 이를테면 "Type-3 문법"과 "정규문법"(regular grammar)은 같은 뜻의 용어이다. 번호가 작을수록 제약이 적기 때문에 더 다양한 형태의 문법 규칙이 허용되며 번호가 클수록 더 제한된 형태의 문법 규칙만이 허용된다. 따라서 Type-0이 생성문법의 가능한 모든 규칙이 허용되는 가장 큰 문법의 범주이며, Type-1은 Type-0의 일부분, Type-2는 Type-1의 일부분, Type-3은 Type-2의 일부분이다. 즉, 모든 정규문법은 문맥자유문법이기도 하고, 모든 문맥자유문법은 문맥의존문법이기도 하며, 모든 문맥의존문법은 무제약문법이기도 하다.

무제약문법(unrestricted grammar)은 생성규칙의 형태에 아무런 제약 없이 화살표의 왼쪽과 오른쪽에 아무런 확장된 문자열이나 다 쓸 수 있다. 예를 들면 $bABa \rightarrow aBbaAb$ 같은 복잡한 규칙도 허용된다. 그러니까 문자열의 생성 과정에서 임의 개수의 단말과 비단말을 또 다른 임의 개수의 단말과 비단말로 바꿔나갈 수 있다. 무제약문법으로 표현가능한 언어의 범주를 '재귀열거언어'(recursively enumerable language)라 한다.

문맥의존문법(context-sensitive grammar, CSG)은 화살표 왼쪽에서 비단말 기호 하나만을 치환하며 생성해 나가는 규칙만 허용한다. $\alpha A\beta \rightarrow \alpha\gamma\beta$ 형태의 규칙은 α와 β 사이에 나타나는 비단말 기호 A를 γ로 치환하라는 뜻이다. 이 규칙으로는 A의 앞과 뒤에 α와 β가 나타나지 않으면 A를 γ로 치환할 수 없다. 문맥의존문법으로 표현가능한 언어의 범주를 '문맥의존언어'(context-sensitive language, CSL)라 한다.

문맥자유문법(context-free grammar, CFG)은 문맥의존문법의 생성규칙 형태인 $\alpha A\beta \rightarrow \alpha\gamma\beta$에서 α와 β 모두 길이 0인 빈 문자열이라는 (즉, $\alpha = \beta = \varepsilon$) 추가적인 제약이 있는 셈이다. 즉, 문맥자유문법 생성규칙 $A \rightarrow \gamma$에 따르면 A의 주변에 무엇이 있든 없든 관계없이 A를 어디서나 γ로 치환할 수 있다. 문맥자유문법으로 표현가능한 언어의 범주를 '문맥자유언어'(context-free language, CFL)라 한다.

정규문법(regular grammar)은 문맥자유문법의 생성규칙 형태인 $A \rightarrow \gamma$에서 화살표 오른쪽 γ의 형태를 단말 기호 하나(a) 또는 단말과 비단말 기호 하나씩(bB)으로 추가적으로 제한한 것이다. 정규문법으로 표현가능한 언어의 범주는 '정규언어'(regular language)이다. 참고로 정규언어는 생성규칙의 형태로 표기하기에는 너무 간단한 언어라서 정규문법 대신에 '정규식'(regular expression)으로 표현하여 활용하는 경우가 많다. 정규식에 대해서는 다음 장에서 프로그래밍언어의 어휘분석을 다루면서 설명하겠다.

정규언어는 여러 번 반복되는 구조가 나타나는 포함할 수 있지만 문자열의 특정 지점까지 몇 번이나 반복했는지 그 횟수를 기억해 이후의 문자열이 어떤 내용이 되어야 언어에 포함시킬지에 판별하는 데 영향을 미칠 수 없다는 것이 특징적인 성질이다. 예제로 다루던 언어 $L = \{\bullet\circ, \bullet\circ\bullet\circ, \bullet\circ\bullet\circ\bullet\circ, \ldots\}$는 $\bullet\circ$이 1회 이상 반복되어 나타나는 모든 문자열로 이루어져 있는 정규언어이다. 하지만 언어 $L_p = \{\bullet^n\circ^n \mid n > 0\}$는 정규언어가 아니다. 왜냐하면 백돌이 나타나기 전까지 흑돌의 개수를 기억했다 후반부에 나타나는 백돌의 개수와 맞춰봐야 L_p에 포함되는 문자열인지 구분할 수 있기 때문이다. 그래서 정규언어로는 괄호의 쌍을 맞추도록 처리하는 것이 불가능하다. 괄호가 이전까지 몇 번 열렸는지 기억하고 있어야 그에 쌍을 맞춰 괄호를 닫을 수 있는데 정규언어는 그보다 더 단순히 횟수를 기억하지 못하는 반복 구조만을 다룰 수 있다.

정규언어의 범주를 넘어선 문맥자유언어의 범주에서는 괄호를 맞출 수 있다. 문맥자유문법 $G_p = \langle \{\bullet, \circ\}, \{S, A\}, S, \{ S \rightarrow \bullet\circ, S \rightarrow \bullet S \circ \} \rangle$로 바로 위에서 정규언어가 아닌 예로 들었던 언어 L_p를 표현할 수 있다. L_p의 문자열인 ●●○○를 G_p에 따라 다음과 같이 생성할 수 있다.

이렇듯 문맥자유언어의 범주에서는 쌍을 맞춰가며 개수를 비교해 언어에 포함되는 문자열인지 판단할 수 있다. 그러나 그보다 더 복잡한 구조에서 개수를 비교해 문자열이 언어에 포함되는지 따지는 것은 불가능하다. 서로 다른 세 문자가 모두 같은 개수만큼 차례로 나타나는 $\{a^n b^n c^n \mid n > 0\}$은 문맥자유언어가 아닌

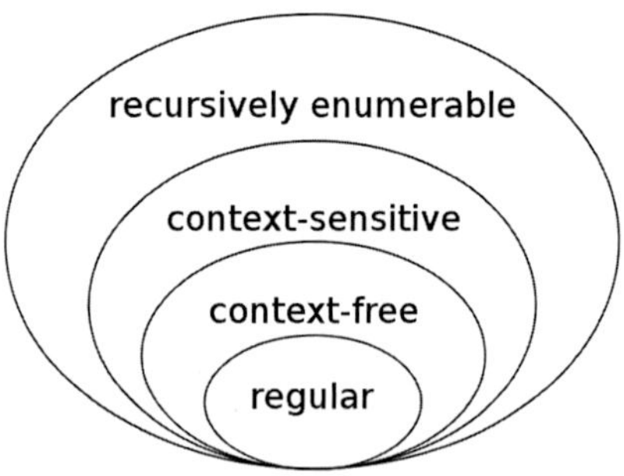

〈그림 2.4〉 촘스키 계층의 문법에 대응되는 언어 범주의 포함관계
(이미지 출처: 위키미디어 공용)

예로 잘 알려진 언어이다. 나란히 있는 a와 b끼리 또는 b와 c끼리 쌍을 맞춰가거나 아니면 가운데 b를 남겨놓고 a와 c끼리 쌍을 맞춰가며 개수를 비교할 수는 있지만, 동시에 세 부분의 개수를 맞는지 따지는 것은 문맥자유언어의 범주에서 불가능하다. 참고로 $\{a^n b^n c^n \mid n > 0\}$는 문맥의존문법으로 표현가능한 문맥의존언어의 범주에 속한다.

요점정리

- 형식언어이론에서 언어란 문자열의 집합으로 정의된다.
- 형식언어의 문법 $G = \langle \Sigma, N, S, R \rangle$은 최종 문자열을 구성하는 단말 기호의 집합(Σ), 생성 도중에만 나타나는 비단말 기호의 집합(N), 생성 과정의 처음을 나타내는 시작 기호(S), 생성규칙의 집합(R)의 네 요소로 정의된다.
- 문법의 핵심적인 요소인 $\alpha \to \beta$의 형태의 생성규칙에 따라 화살표 왼쪽에 나타나는 확장된 문자열(α)을 오른쪽에 나타나는 확장된 문자열(β)로 치환해 나가는 과정을 단말 기호로만 이루어진 문자열이 생성되기까지 반복한다.
- 문법 G가 언어 L을 표현한다는 것은 문법에 따라 생성 가능한 모든 문자열의 집합이 주어진 언어와 일치, 즉 $\mathcal{L}(G) = L$임을 뜻한다. 일반적으로 하나의 언어를 표현하는 문법은 여러 가지로 작성 가능하다.
- 문자열 유도(derivation) 과정의 순차적 나열 대신 문법나무(syntax tree)의 형태로 표현하면 중복된 표기가 줄어들어 한눈에 알아보기 좋다.
- 같은 문자열을 생성하는 서로 다른 문법나무가 여럿인 경우가 있다면 모호한 문법이다.
- 언어를 표현하는 문법이 모두 모호한 경우, 즉 아무리 신경써서 문법을 작성해도 모호하지 않은 문법으로는 표현할 수 없는 경우에 (태생적으로) 모호한 언어라고 한다.

- 촘스키는 생성규칙 형태의 제약 정도에 따라 문법을 네 계층으로 분류하였으며 (정규 ⊂ 문맥자유 ⊂ 문맥의존 ⊂ 무제약), 그에 대응되는 언어의 범주도 네 계층을 이룬다 (정규 ⊂ 문맥자유 ⊂ 문맥의존 ⊂ 재귀열거).
- 정규언어의 범주에서는 횟수를 기억하지 않는 한에서 반복된 구조를 판별할 수 있으며, 문맥자유언어의 범주에서는 여닫는 괄호의 개수를 맞추는 것과 같이 쌍을 맞춰가는 반복된 구조를 판별할 수 있다.

연습문제

1. 다음 문맥자유언어에 대한 형식문법을 작성해 보라.
   $\{\mathtt{ds}^n\mathtt{oz}^n\mathtt{b} \mid n \geq 0\} = \{\mathtt{dob}, \mathtt{dsozb}, \mathtt{dssozzb}, \mathtt{dsssozzzb}, \ldots\}$
2. 다음 문맥자유언어에 대한 형식문법을 작성해 보라.
   $\left\{\mathtt{w}^n\mathtt{ov}^{2n} \mid n \geq 1\right\} = \{\mathtt{wov}, \mathtt{wwovvvv}, \mathtt{wwwovvvvvv}, \ldots\}$

제 3 장

프로그래밍언어의 문법구조(Syntax)

프로그래밍언어의 설명서는 어휘구조(lexical structure)라는 항목이 등장하며, 어휘가 모여 어떻게 구문구조(syntax)를 이루는지에 대한 설명도 이어진다. 그렇게 '-구조'를 붙여 우리말로 옮기는 것과 일관되게 프로그래밍언어의 겉모양과 속뜻에 해당하는 용어를 문법구조(syntax)와 의미구조(semantics)로 옮기기도 한다. 이 장에서는 프로그래밍언어의 문법구조와 관련된 개념과 용어를 소개한다.

어휘구조(lexical structure)와 나란히 쓰이는 구문구조(syntax)와 의미구조(semantics)와 나란히 쓰이는 문법구조(syntax)의 syntax는 같은 영어 단어라도 다른 맥락에서 쓰이는 조금 다른 개념이다. 두 개념을 함께 다룰 때는 그 차이가 분명히 드러나도록 전자를 "구체적 문법"(concrete syntax) 후자를 "추상(또는 요약) 문법"이라고 구분하여 부르기도 한다. 이 장에서 설명할 내용을 통해 이렇게 비슷하지만 다른 맥락에서 조금씩 다른 개념으로 쓰이는 용어를 구별하여 이해하는 데 도움이 되기를 바란다.

3.1 어휘 및 구문 분석

프로그래밍언어의 설명서[3, 16, 33, 34]에서 흔히 어휘구조(lexical structure)라는 항목 하에 글자들이 모여 어떤 종류의 어휘를 이루는지, 그러니까 리터럴(literal), 식별자(identifier), 연산자(operator), 키워드/예약어(keyword/reserved word), 주석(comment) 등이 되는지 설명한다. 그런 어휘가 모여 어떻게 구문구조(syntax)를 이루는지를 다루는 내용은 어휘구조에 비해 더 복잡하므로 식(expression), 문(statement), 블럭(block) 등의 요소별로 별도의 항목으로 나누어 설명하는 것이 일반적이다.

프로그래밍언어의 소스코드는 일차원적으로 나열된 문자열로 작성되어 있다. 이렇게 한줄로 이어진 문자열로부터 어휘분석(lexical analysis) 단계를 거치면 하나 혹은 그 이상의 글자들로 이루어진 어휘(lexeme)를 각각 끊어냄으로써 어휘구조를 인식하고, 각각 어떤 종류의 어휘인지 구별된 토큰(token)의 나열인 토큰열을 얻는다. 토큰열로부터 문법분석(syntax analysis) 단계를 거치면 구문구조를 인식하며 구체적문법나무(concrete syntax tree)를 구성하고, 그 핵심만을 요약한 추상문법나무(abstract syntax tree, AST)를 얻는다. 그림 3.1에는 뺄셈, 곱셈, 거듭제곱 연산을 포함한 산술식(arithmetic expression)을 예시로 어휘분석 및 구문분석 과정에서 나타나는 네 가지 데이터 구조들인 문자열, 토큰열, 구체적문법나무, 추상문법나무가 한눈에 잘 알아볼 수 있도록 나타나 있다. 그림 3.1의 각 구조에 대해 예시를 중심으로 조금 더 알아보자.

그림 3.1a는 문자열 `"5␣*␣(␣␣␣10␣-␣8)␣*␣2^2␣^␣3"`를 이루는 각각의 글자(character)를 일차원적인 공간에 차례대로 배치하고 있다. (참고로, 여기서는 공백 문자임을 강조하기 위해 빈칸으로 나타내는 대신 ␣로 표시하였다.) 이 문자열은 0부터 9까지 십진수 숫자(digit); 뺄셈, 곱셈, 거듭제곱 등의 산술 연산을 나타내는 기호; 열고 닫는 괄호 기호; 그리고 공백 문자로 이루어져 있다. 들여쓰기로 블럭을 구분하거나 공백 없이 붙여쓰면 하나의 어휘로 인식되는 경우를 제외하면, 사람의 눈에 알아보기 좋은 소스코드가 되도록 공백 문자를 적당히 추가하더라도 내용에는 실제적인 영향을 미치지 못하는 경우가 대부분이다. 즉, `"5*(10-8)*2^2^3"`처럼 공백을 제외한 문자열도 똑같은 수식을 표현하게 된다.

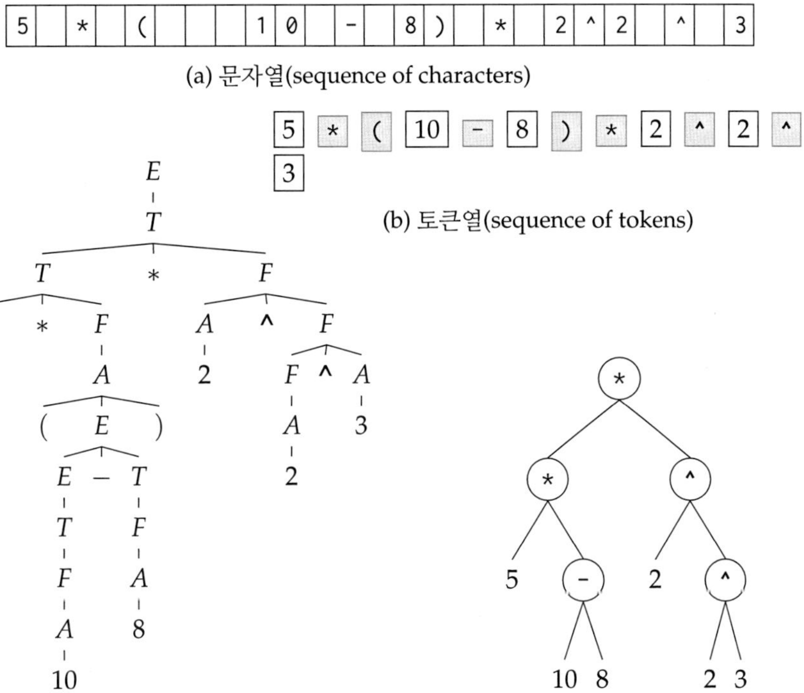

(a) 문자열(sequence of characters)

(b) 토큰열(sequence of tokens)

(c) 구체적문법나무 (concrete syntax tree)

(d) 추상문법나무(요약문법나무) (abstract syntax tree)

〈그림 3.1〉 "5␣*␣(␣␣␣10␣-␣8)␣*␣2^2␣^␣3"에 대한 어휘분석 과정((a)→(b))과 구문 분석 과정((b)→(c)→(d))에 나타나는 데이터 구조들

그림 3.1b는 앞서 언급한 문자열의 어휘분석 결과로 나온 토큰열을 나타낸다. 5나 *와 같이 하나의 글자로 된 어휘도 있지만 10과 같이 두 개 이상의 글자가 모여 하나의 어휘를 이루기도 한다. 문자열에서 어휘를 끊어내면서 어휘 사이의 공백 문자는 버린다. 단지 어휘를 끊어낼 뿐만 아니라 어휘의 종류를 구분하여 정리해 놓는데, 이렇게 종류가 구분된 어휘를 토큰(token)이라고 한다. 5, 10, 6 등은 정수 리터럴(integer literal), *, -, ^ 등은 연산자, 열고 닫는 괄호 등의 토큰으로 구분됨을 색상으로 표시하였다. 결과로 토큰열을 얻으므로 어휘분석을 토큰화(tokenization)라고도 한다. 프로그래밍언어 분야에서는 어휘분석

(lexical analysis)을 줄여 렉싱(lexing)이라 부르는 경우가 많다. 따라서 어휘분석을 수행하는 프로그램인 어휘분석기(lexical analyzer)를 토크나이저(tokenizer)라고도 하며, 프로그래밍언어의 경우 렉서(lexer)라 부르는 경우가 많다.

구문분석(syntax analysis)은 언어학 및 컴퓨터 관련 분야에서 파싱(parsing)이라고도 한다. 참고로 파싱(parsing)의 어원이 되는 동사 parse는 품사(parts of speech)를 뜻하는 라틴어에서 유래했다[1]. 즉, parse란 문장을 구성하는 각 부분이 문법적으로 어떤 부류에 속하는지 인식해 문장의 구조를 분석한다는 뜻으로 이해할 수 있다. 구문분석을 수행하는 프로그램인 구문분석기(syntax analyzer)를 컴퓨터 관련 분야에서 파서(parser)라 부르는 경우가 많다. 프로그래밍언어의 파서는 토큰열(그림 3.1b)로부터 구체적문법나무(그림 3.1c)를 구성하고 이를 요약한 추상문법나무(그림 3.1d)를 만들어낸다. '추상문법나무'는 프로그래밍언어의 의미를 다루기 위한 핵심적 부분만을 요약하고 있으므로 '요약문법나무'로도 옮긴다. 또한 구체적문법나무(concrete syntax tree)와 요약문법나무(abstract syntax tree)대신 파스나무(parse tree)와 문법나무(syntax tree)로도 일컫는다. 파서(parser)의 최종 결과물은 파스나무(즉, 구체적문법나무)가 아니라 문법나무(즉, 요약문법나무)다.

정리하면, 프로그래밍언어의 문법(syntax)을 두 단계로 구분해 생각할 수 있다. 첫째는 토큰열로부터 구체적문법나무를 구성하기 위한 구체적문법(concrete syntax), 둘째는 요약문법나무의 구조를 나타내는 요약문법(abstract syntax)이다. 물론 요약문법을 추상문법이라고도 옮긴다. 이제부터 이 책에서는 '추상-'보다는 '요약-'이 붙은 용어를 사용하기로 한다. 이어지는 절(3.2절)에서는 구체적문법과 요약문법의 표기방법에 대해 대해 먼저 알아보고, 그 다음 절(3.3절)에서 어휘분석에 활용되는 정규식에 대해 알아보기로 하자.

3.2 문법의 표기

앞절에서 정리한 바와 같이, 프로그래밍언어의 구체적문법은 일차원적 구조인 토큰열로부터 구체적문법나무를 하나로 결정할 수 있어야 하므로 모호함 없는(unambiguous) 문맥자유문법으로 정의되어야 한다. 참고로 문맥자유문법에서 모호함의 개념에 대해서는 2.2절에서 다룬 바 있다. 프로그래밍언어의 문법에서 모호함을 해소해야 하는 대표적인 요소로 연산자(operator)의 우선순위(precedence)와 결합성(associativity)을 들 수 있다. 우선순위는 서로 다른 연산자들 사이에 어느 연산자가 우선하는지를 말한다. 보통 곱셈과 나눗셈 연산이 덧셈과 뺄셈 연산보다 우선순위가 높으므로 8 - 3 * 2는 8 - (3 * 2)와 같은 의미다. 결합성은 같은 연산자가 연달아 사용하는 것이 가능한지 그리고 가능하다면 어떤 방향으로 결합이 우선하는지를 말한다. 보통 좌결합(left-associative)인 뺄셈의 경우 8 - 3 - 2는 (8 - 3) - 2와 같고 우결합(right-associative)인 거듭제곱의 경우 2 ^ 2 ^ 3는 2 ^ (2 ^ 3)와 같은 의미다. 그리고 기본적인 연산자 우선순위 및 결합성과 달리 순서를 명시적으로 강제하기 위한 괄호(parenthesis) 또한 구체적문법에 포함되곤 한다. 요약문법은 이미 구체적문법으로 모호함 없이 분석된 바를 요약한 구조만을 다루므로, 일차원적 구조에서 고려해야 하는 연산자 우선순위나 결합성을 따질 필요가 없으며 괄호와 같이 우선순위를 명시적으로 강제하는 요소도 불필요하다. 이제 사칙연산(+, -, *, /)과 거듭제곱(^)을 포함한 산술식에 대한 구체적문법과 요약문법의 표기에 대해 알아보자.

그림 3.3는 똑같은 산술식의 구체적문법(concrete syntax)을 나타내는 형식문법의 생성규칙과 BNF 표현을 나란히 비교하고 있다. 참고로 화살표 왼쪽이 같은 비단말인 생성규칙끼리 묶어 간략하게 표기하기도 한다. 예를 들면 세 개의 규칙 $E \to E + T$, $E \to E - T$, $E \to T$를 한꺼번에 $E \to E + T \mid E - T \mid T$로 묶어 표기한다. 그림 3.3의 생성규칙도 이렇게 묶어 표기한 형태로 그 바로 옆에 나란히 나타난 BNF 표현의 구조와 일치한다. 즉, 비단말 E, T, F, A, Z를 각각 `<expr>`, `<term>`, `<factor>`, `<atom>`, `<integer>`에 대응시키고, 단말은 쌍따옴표(")로 둘러싸고, →를 `::=`로 바꾸기만 하면, 생성규칙을 BNF로 옮길 수 있다. 형식문법의 생성규칙은 마치 수학에서 수식과 같이 주로 이론적 논의를 위한 간결함을 우선시하여 비단말은 대문자 단말은 소문자 한 글자씩만으로 표시한다. 프로그래밍언어 분야에 선구적 업적을 남긴 두 컴퓨터 과학자(그림 3.2)의 이름을 딴 배커스–나우르 형식(Backus–Naur Form, BNF)은 프로그래밍언어의 구체적 문법을 정의하는 등의 실용적인 활용을 염두에 두고 만들어졌다. BNF는 알아보기 쉬운 단어로 비단말을 표현하거나 여러 글자로 된 단말의 표현도 가능한, 실

〈그림 3.2〉 Fortran 언어의 창시자인 John Backus(1999년 사진, 좌)와
ALGOL 60 언어 개발을 주도한 Peter Naur(2008년 사진, 우)
(사진 출처: 위키미디어 공용)

용적 편의성을 고려된 문맥자유문법의 표기 방식이다.

$$
\begin{aligned}
E &\rightarrow E + T \\
&\mid E - T \\
&\mid T \\
T &\rightarrow T * F \\
&\mid T \,/\, F \\
&\mid F \\
F &\rightarrow A \wedge F \\
&\mid A \\
A &\rightarrow Z \\
&\mid (\, E \,)
\end{aligned}
$$

```
<expr>   ::= <expr> "+" <term>
           | <expr> "-" <term>
           | <term>
<term>   ::= <term> "*" <factor>
           | <term> "/" <factor>
           | <factor>
<factor> ::= <atom> "^" <factor>
           | <atom>
<atom>   ::= <integer>
           | "(" <expr> ")"
```

〈그림 3.3〉 사칙연산과 거듭제곱을 포함한 산술식의 생성규칙과 BNF 비교
(위에서 Z와 <integer>는 정수 리터럴을 대표하는 비단말)

```haskell
data E = Add E E
       | Sub E E
       | Mul E E
       | Div E E
       | Exp E E
       | Lit Integer
```

(a) Haskell 데이터 타입

$$
\begin{aligned}
E &\rightarrow E + E \\
&\mid E - E \\
&\mid E * E \\
&\mid E \,/\, E \\
&\mid E \wedge E \\
&\mid Z
\end{aligned}
$$

(b) 형식문법의 생성규칙

$$
\begin{aligned}
&n \in \mathbb{Z} \\
&e \in E ::= e + e \\
&\qquad\quad \mid e - e \\
&\qquad\quad \mid e * e \\
&\qquad\quad \mid e \,/\, e \\
&\qquad\quad \mid e \wedge e \\
&\qquad\quad \mid n
\end{aligned}
$$

(c) BNF와 수학적 기호

〈그림 3.4〉 요약문법(abstract syntax)의 여러 가지 표현 방식

산술식의 구체적문법(그림 3.3)에서 주목할 점은 이 절의 앞부분에서 언급한 연산자의 우선순위와 결합성이 드러난다는 것이다. 먼저 BNF 표현을 기준으로 연산자 우선순위를 어떻게 표현되어 있는지 알아보자. 가장 아래쪽에 가장 강력하게 묶이는 식의 구성요소에 대한 규칙에서부터 위로 갈수록 느슨하게 묶이는 식의 구성요소에 대한 규칙이 나타난다. 가장 강하게 묶인 요소인 `<atom>`은 다른 구문 요소로 쪼갤 수 없는 정수 리터럴(`<integer>`)이거나 강제로 괄호로 묶어놓은 식(`"(" <expr> ")"`)으로 이루어진다. `<factor>`는 `<atom>`을 포함하는 거듭제곱식, `<term>`은 `<factor>`를 포함하는 곱셈/나눗셈식, `<expr>`은 `<term>`을 포함하는 덧셈/뺄셈식으로 구성될 수 있다. 따라서 거듭제곱, 곱셈/나눗셈, 덧셈/뺄셈 순으로 강하게 묶이는 연산자 우선순위가 문법규칙에 드러남을 알 수 있다. 이번에는 생성규칙을 기준으로 연산자 결합성이 어떻게 드러나 있는지 알아보자. $E \to E + T \mid E - T \mid \cdots$를 보면 비단말 E를 구성하는 덧셈/뺄셈식에서 연산자의 왼쪽에 E가 재귀적으로 나타나므로 E는 덧셈/뺄셈 연산자는 좌결합임이 문법규칙에 드러난다. 마찬가지로 곱셈/나눗셈 연산자도 좌결합임이 드러난다. 반면 $F \to A \mathbin{\hat{}} F \mid \cdots$를 보면 거듭제곱식에서 연산자의 오른쪽에 F가 재귀적으로 나타나므로 거듭제곱 연산자는 우결합임이 문법규칙에 드러난다.

그림 3.4은 사칙연산과 거듭제곱을 포함한 산술식의 요약문법 표현 세 가지를 나란히 비교하고 있다. 요약문법은 실제 프로그래밍언어의 구현에 활용하기 위한 용도도 있으므로 이를 프로그램에서 활용할 수 있는 데이터 구조로 정의한다. 특히 하스켈(Haskell)처럼 대수적 데이터 타입(algebraic data type)을 지원하는 함수형 언어에서는 추상문법과 같은 나무구조를 재귀적인 데이터 타입으로 자연스럽게 정의할 수 있다. 그림 3.4a의 하스켈 데이터 타입 `E`는 생성규칙 형태로 표현한 그림 3.4b의 E와 사실상 동일한 구조이다. 생성규칙에서 두 피연산자 사이에 오는 중위 표기의 `+`, `-`, `*`, `/`, `^` 연산자는 하스켈 데이터 타입 정의에서 맨 앞에 오는 전위 표기의 `Add`, `Sub`, `Mul`, `Div`, `Exp`에 대응된다. 이는 어떤 종류의 식인지 구분하는 머리표와 같다. 정수를 대표하는 비단말 Z는 하스켈의 정수 타입인 `Integer`에 대응되는데, 다른 연산으로 구성된 식과 명확히 구별하고자 정수 단독으로 이루어진 식도 머리표 `Lit`을 붙여 정의한다. 가장 오른쪽의 그림 3.4c는 BNF와 같은 ::= 기호 및 수학의 집합 관련 기호 등을 활용한 추상문법 표현

으로, 프로그래밍언어를 이론적으로 다루는 논문[35, 37]이나 학술서적[36, 50]에서 통용되는 방식이다. 앞으로 이 책에서도 요약문법을 표기할 때 이와 같은 방식으로 나타낼 것이다.

참고로 그림 3.4b의 표현은 형식문법 생성규칙의 형태만을 빌렸을 뿐 엄밀한 의미에서는 형식언어이론에서 말하는 형식문법이라 볼 수 없다. 왜냐하면 형식언어이론에서는 문법의 대상이 되는 언어를 기호의 일차원적 나열인 문자열의 집합으로 정의하는데, 요약문법은 애초부터 요약문법나무(AST)만을 대상으로 할 뿐 일차원적 구조를 직접 처리할 수 없는 문법구조이기 때문이다.

3.3 정규식

정규언어는 생성규칙 형태의 정규문법보다는 정규식(regular expression)으로 표현하는 것이 일반적이다. 왜냐하면 정규언어를 활용하며 구체적문법나무나 요약문법나무를 얻고자 하는 경우는 드물기 때문이다. 프로그래밍언어의 어휘분석 단계에서 인식한 어휘 혹은 토큰은 그 다음 구문분석 단계에서 더 이상 쪼개지지 않는 원자적인 기호로 취급된다. 어휘분석 이후로는 어휘나 토큰을 더 작은 단위로 나누거나 내부의 구조를 따질 일이 사실상 없다. 이런 어휘분석이나 문자열의 검색 및 입력 형식 확인 등 대부분의 정규언어 활용 사례에 적합한 표현 방식이 바로 정규식이다.

앞절에서 이론적인 맥락에서와 실용적인 활용을 염두에 둔 두 가지 형태의 문맥자유언어에 대한 구체적문법의 표기법(그림 3.3)을 살펴보았다. 마찬가지로 정규언어에 대한 정규(표현)식(regular expression, regex)도 이론적 형태와 실용적 형태가 조금 다르다. 여기서는 이론적인 형태의 정규식을 주로 알아보자. 정규식도 (넓은 의미에서) 일종의 프로그래밍언어이므로 그림 3.5와 같이 그 문법구조와 의미구조를 정리해 볼 수 있다. 참고로, X의 멱집합 $2^X = \{A \mid A \subset X\}$는 X의 모든 부분집합의 집합을 나타낸다. 앞서 2.1절에서 형식언어를 다루면서 Σ^*란 알파벳을 Σ로 삼는 가능한 모든 (유한한 길이의) 문자열 전체의 집합을 나타낸다고 소개했다. 그렇다면 그 멱집합 2^{Σ^*}는 Σ를 알파벳으로 삼는 문자열로 이루어진 가능한 모든 집합, 즉 알파벳이 Σ인 모든 형식언어의 집합을 나타낸다.

그러므로 그림 3.5의 지시함수(denotation function) 혹은 의미값함수(semantic evaluation function) $[\![\cdot]\!]$는 정규식($\mathcal{R}$)을 언어(2^{Σ^*})에 대응시킴으로써 정규식의 의미구조를 규정한다. 마지막의 클레이니 별표를 제외하면 기본적인 집합 표현 및 합집합 연산을 사용하는 비교적 간단한 정의이다. 다만 조금 의아하게 느낄 수도 있는 점은 같은 기호가 두 가지 역할을 하고 있다는 것이다. 정규식 $\varepsilon, a \in \mathcal{R}$ 역할도 하고 문자열 $\varepsilon, a \in \Sigma^*$ 역할도 한다. 이렇게 한 기호에 여러 가지 의미를 과적(overload)하는 것을 오버로딩(overloading)이라고 한다. 프로그래밍언어를 설명할 때 오버로딩을 나름 신선한 개념인 것처럼 소개하기도 하는데 사실 수학에서는 너무나 일상화되어서 그걸 굳이 오버로딩이라는 용어를 써가며 언급하지도 않는다. 수학에서 +같은 기호를 얼마나 다양한 의미로 오버로딩하고 있을지 생각해 보라.

그림 3.5의 문법구조는 추상문법에 해당하며 구체적문법에는 연산자 우선순위 등에 대한 정보가 추가로 제공되어야 한다. 정규식에서 연산자 우선순위는 강하게 묶이는 순서대로 클레이니 별표(Kleene star), 이어붙이기(concatenation), 합집합(union)이며 산술식과 마찬가지로 괄호로 순서를 강제할 수 있다. 예컨대, $r_1 \mathbin{|} r_2 r_3{}^*$는 $r_1 \mathbin{|} (r_2(r_3{}^*))$와 같은 의미이다. 정규식의 의미구조를 잘 살펴보면 합집합과 이어붙이기 연산에 대한 결합법칙이 성립함을 알 수 있다. 즉, $r_1 \mathbin{|} (r_2 \mathbin{|} r_3)$

문법구조(syntax)		의미구조(semantics)
$a \in \Sigma$		$[\![\cdot]\!] : \mathcal{R} \to 2^{\Sigma^*}$
$r \in \mathcal{R} ::= \varnothing$	null	$[\![\varnothing]\!] = \{\,\}$
$\mid \varepsilon$	epsilon	$[\![\varepsilon]\!] = \{\varepsilon\}$
$\mid a$	symbol	$[\![a]\!] = \{a\}$
$\mid r_1 \mathbin{|} r_2$	union	$[\![r_1 \mathbin{|} r_2]\!] = [\![r_1]\!] \cup [\![r_2]\!]$
$\mid r_1 r_2$	concat	$[\![r_1 r_2]\!] = \{\, x_1 x_2 \mid x_1 \in [\![r_1]\!],\ x_2 \in [\![r_2]\!]\}$
$\mid r^*$	Kleene star	$[\![r^*]\!] = \bigcup_{i \in \mathbb{N}} [\![r^i]\!]$ where $r^0 = \varepsilon$, $r^{1+n} = r\,r^n$

〈그림 3.5〉 정규식의 문법구조와 의미구조, 반복을 나타내는 별표 표기를 도입한 스티븐 클레이니(Stephan Kleene) (사진 출처 MacTutor)

는 $(r_1 \mid r_2) \mid r_3$와 같고 $r_1(r_2\, r_3)$는 $(r_1\, r_2) r_3$와 같은 뜻이다. 좌결합이든 우결합이든 의미가 같으므로 결합성을 굳이 따질 필요가 없다. 앞서 산술식의 구체적문법을 설명하며 연산자의 우선순위(precedence)와 결합성(associativity)은 다루었지만 연산자가 나타나는 위치(fixity)에 대한 용어는 정리하지 않았다. 여기서 간단히 정리하자면, 피연산자보다 앞(왼쪽)에 오면 전위(prefix) 뒤(오른쪽)에 오면 후위(postfix)이며 피연산자 사이에 오면 중위(infix)라 한다. 클레이니 별표는 추상문법에서는 방금 살펴본 바와 같이 보통 위첨자 표기로 나타내는데, 구체적 문법에 따라 정규식을 문자열로 나타내는 경우에는 (a|b)*와 같이 후위로 표기하는 것이 일반적이다.

합집합 연산의 항등원은 $\varnothing$이며 (즉, $\varnothing \mid r \equiv r \equiv r \mid \varnothing$) 이어붙이기 연산의 항등원은 ε이다 (즉, $\varepsilon r \equiv r \equiv r \varepsilon$). 따라서 클레이니 별표 연산의 의미구조에 나타나는 r^0를 이어붙이기 연산의 항등원으로 정의하는 것이 자연스럽다. 왜냐하면 r^n은 정규식 r을 n번 이어붙인 정규식이므로 0번 이어붙인다는 것은 다시 말하면 이어붙인 결과가 그대로여야 하는 항등원을 뜻한다. 또한 분배법칙 $r(r_1 \mid r_2) \equiv r r_1 \mid r r_2$가 성립하므로 클레이니 스타와 관련된 공식 $r^* \equiv \varepsilon \mid r r^*$를 아래와 같이 유도할 수 있다. 당연한 이야기지만 짚고 넘어가자면 의미가 같은 정규식을 동치(equivalence) 관계, 즉, $[\![r_1]\!] = [\![r_2]\!]$일 때 $r_1 \equiv r_2$로 표기한다. $[\![r^*]\!] = \bigcup_{i \in \mathbb{N}} [\![r^i]\!] = [\![r^0]\!] \cup [\![r^1]\!] \cup [\![r^2]\!] \cup \cdots = [\![r^0 \mid r^1 \mid r^2 \mid \cdots]\!]$이므로,

$$\begin{aligned} r^* &\equiv r^0 \mid r^1 \mid r^2 \mid r^3 \mid \cdots \\ &\equiv r^0 \mid r\,(r^0 \mid r^1 \mid r^2 \mid \cdots) \\ &\equiv \varepsilon \mid r\, r^* \end{aligned}$$

몇 가지 간단한 예시로 정규식에 대한 소개를 마무리하고자 한다. 1, 10, 11, 100, 101, ...같은 이진수 양의 정수 리터럴을 대표하는 정규식은 어떻게 작성해야 할까? 첫 글자는 1이어야 하고 그 다음부터는 0이나 1 중 아무거나 (0번 포함) 여러 번 나타날 수 있으므로 1(0|1)*라고 작성하면 된다. 그렇다면 0까지 포함한 이진수 자연수 리터럴에 대한 정규식은 방금 작성했던 정규식에 0을 합집합하여 0|1(0|1)*라고 작성하면 된다. 마찬가지로 십진수 양의 정수 리터럴 및 (0포함)

십진수 자연수 리터럴에 대한 정규식을 다음과 같이 작성할 수 있다.

$$(1 \mid 2 \mid 3 \mid 4 \mid 5 \mid 6 \mid 7 \mid 8 \mid 9)(0 \mid 1 \mid 2 \mid 3 \mid 4 \mid 5 \mid 6 \mid 7 \mid 8 \mid 9)^*$$

$$0 \mid (1 \mid 2 \mid 3 \mid 4 \mid 5 \mid 6 \mid 7 \mid 8 \mid 9)(0 \mid 1 \mid 2 \mid 3 \mid 4 \mid 5 \mid 6 \mid 7 \mid 8 \mid 9)^*$$

이렇듯 다뤄야 하는 기호(혹은 글자)의 종류가 많아지면 이론적인 형태의 정규식으로 표현이 불가능한 것은 아니지만 상당히 장황해진다. 실용적인 형태의 정규식에서는 연속된 글자의 구간 표기를 제공하므로 십진수 양의 정수 및 (0 포함) 자연수 리터럴에 대한 정규식을 다음과 같이 간결하게 작성할 수 있다.

```
  [1-9][0-9]*
0|[1-9][0-9]*
```

실용적인 형태의 정규식도 Perl 언어의 정규식(PCRE), JavaScript 언어의 정규식 등 여러 종류가 있다. 이러한 정규식을 웹브라우저로 접속해 간단히 체험해 볼 수 있는 regexr.com나 regex101.com와 같은 사이트에 접속해 위에서 예시로 든 정규식 등 다양한 정규식을 작성하며 직접 실험해 보라.

요점정리

- 프로그래밍언어의 렉서(lexer)는 일차원적으로 나열된 문자열로부터 어휘를 끊어내고 그 종류를 구분한 토큰열을 만들어낸다.
- 프로그래밍언어의 파서(parser)는 일차원적으로 나열된 토큰(token)을 구체적문법(concrete syntax)에 따라 분석하여 구체적문법나무(concrete syntax tree)를 구성하고 이를 요약한 요약문법나무(abstract syntax tree, AST)를 만들어낸다.
- 구체적문법(concrete syntax)에는 모호함 없이 구체적문법나무를 구성하기 위한 연산자 우선순위(precedence), 결합성(associativity), 위치(fixity) 및 결합 순서를 강제하는 괄호 등의 내용이 나타나는 점이 요약문법(abstract syntax)과 구별되는 특징이다.

- 구체적문법은 이론적인 맥락에서는 형식문법의 생성규칙 형태로 실용적인 활용을 고려한다면 BNF 표현으로 작성할 수 있다.
- 요약문법(abstract syntax)은 요약문법나무(AST)의 구조를 규정하는 문법이며 형식문법의 생성규칙 형태, 수학적 기호를 활용한 형태, 구현에 활용하기 위한 데이터 타입 등으로 표현할 수 있다.
- 구체적문법과 요약문법이라는 용어 대신 파스나무(parse tree)와 문법나무(syntax tree)라는 용어를 쓰기도 한다.
- 정규식은 파스나무나 문법나무를 따질 일이 드문 정규언어의 표현에 적합하다.
- 이론적인 정규식은 다음의 6가지 요소로 구성된다. 공집합을 나타내는 널(∅), 빈 문자열만으로 이루어진 집합을 나타내는 엡실론(ε), 지정된 기호 하나만으로 이루어진 집합을 나타내는 알파벳 심볼(a), 이렇게 세 종류의 기본적인 정규식을 바탕으로, 합집합($r_1 \mid r_2$), 이어붙이기($r_1\, r_2$), 그리고 반복을 의미하는 클레이니 별표(r^*) 연산을 통해 복합적인 정규식을 구성한다.
- 정규식의 ∅, ε, 합집합, 이어붙이기는 마치 자연수에서 0, 1, 덧셈, 곱셈과 비슷한 면이 있다. ∅과 ε은 각각 합집합과 이어붙이기 연산의 항등원이다. 합집합과 이어붙이기 연산 모두 결합법칙이 성립하며, 이어붙이기의 합집합에 대한 분배법칙이 성립한다. 다만, 곱셈과 달리 이어붙이기에 교환법칙이 성립하지는 않는다.
- 실용적인 정규식에는 간결한 정규식 위한 연산을 추가로 제공하는데 세부사항은 서로 종류가 다른 실용적 정규식마다 조금씩 다를 수 있다.

연습문제

1. 정규식의 구체적문법을 생성규칙 형태나 BNF 표현으로 작성해 보라.
2. 정규식의 요약문법을 Haskell 데이터 타입으로 작성해 보라.

탐구과제

1. 정규식의 문법을 확장한 EBNF에 대해 알아보라. 참고로, 다양한 EBNF에는 표기 방식이 있으며 BNF와 약간 다른 표기 방식을 택하는 경우도 있는데, 그림 3.6는 BNF 표기와 최대한 가까운 방식의 EBNF 표기이다.

2. 그림 3.6에는 이 장에서 예시로 다룬 다룬 사칙연산과 거듭제곱을 포함한 산술식에 대한 두 가지 ENBF 표현이 나타나 있다. 이 두 EBNF 표현이 같다면 어떤 점에서 같고 다르다면 어떤 점에서 다른지, 그림 3.3의 BNF와 비교하며 설명해 보라.

3. 4단계의 촘스키 계층에 추가로 더 상세한 성질로 구분되는 언어의 유형도 있다. 어떤 공통된 기준으로 재귀열거언어(recursively enumerable language)의 일부를 재귀언어(recursive language)로, 또 문맥자유언어(context-free language, CFL)의 일부를 결정적 문맥자유언어(deterministic context-free language, DCFL)로 구부한다. 그 공통되 기준이란 어떤 내용인지 알아보라.

4. 방금 위에서 언급한 결정적 문맥자유언어(DCFL)와 이 장에서 설명한 모호하지 않은 문맥자유언어(unambiguous CFL)의 관계를 알아보라.

```
<expr>   ::= [ <expr> ("+"|"-") ] <term>
<term>   ::= [ <term> ("*"|"/") ] <factor>
<factor> ::= <atom> [ "^" <factor> ]
<atom>   ::= <integer> | "(" <expr> ")"

<expr>   ::= { <term>   ("+"|"-") } <term>
<term>   ::= { <factor> ("*"|"/") } <factor>
<factor> ::= <atom> { "^" <atom> }
<atom>   ::= <integer> | "(" <expr> ")"
```

〈그림 3.6〉 옵션([...])과 반복({...})을 활용한 산술식의 EBNF 표현 두 가지

제 4 장

프로그래밍언어의 의미구조(Semantics)

프로그래밍언어의 의미구조를 다루는 여러 가지 방식 중에 대표적인 세 가지는 지시적 의미구조(denotational semantics), 동작과정 의미구조(operational semantics), 공리적 의미구조(axiomatic semantics)이다. 지시적 의미구조와 동작과정 의미구조에 대해서는 정규식을 대상 언어로 하는 서로 다른 방식으로 정의된 여러 가지 의미구조를 비교하며 설명하고, 공리적 의미구조에 대해서는 개념과 그 활용 분야에 대해서만 간단히 소개한다. 또한, 요약된 의미구조로 볼 수 있는 타입 시스템에 대해 알아보고, 프로그래밍언어에서 의미구조로 취급할지 문법구조로 취급할지의 경계에 있다고도 볼 수 있는 이름 혹은 식별자와 관련된 개념에 대해서도 알아본다.

(a) Christopher Strachey

(b) Dana Scott

〈그림 4.1〉 지시적 의미구조의 원조인 크리스토퍼 스트래치와 데이나 스콧
(사진 출처: chessprogramming.org, 위키미디어 공용)

4.1 지시적 의미구조

지시적 의미구조(denotational semantics)는 프로그램의 의미를 수학적 구조에 대응시키는 방식으로 정의한 의미구조를 일컫는다. 앞서 3.3절에서 각각의 정규식을 언어, 즉 문자열의 '집합'에 대응시킴으로써 정의한 의미구조(그림 3.5)가 바로 전형적인 지시적 의미구조를 정의하는 방식이다. 이미 정규식을 다루며 소개한 바와 같이 지시적 의미구조에서 대상이 되는 언어의 개체를 수학적 구조에 대응시키는 함수를 지시함수(denotation function) 또는 의미값함수(semantic evaluation function)라 부르며 의미구조 괄호(semantic bracket), 즉 $[\![\cdot]\!]$로 표기한다.

지시적 의미구조는 실용적 응용보다는 가장 원론적인 의미구조를 정의함으로써 의미구조 자체의 존재가능성을 비롯한 대상 언어의 이론적 성질을 탐구하기 위한 목적으로 정의하는 경우가 많다. 앞서 살펴본 정규식의 지시적 의미구조도 문자열의 집합이라는 가장 원론적인 형식언어이론에 바탕을 둔 정의이다. 이러한 의미구조의 장점은 이미 그 성질이 명확히 규명되어 있는 수학적 대상을 활용하므로 이론적 성질의 탐구에 적합하다는 것이다. 예를 들면 정규식에서 | 연산자의 의미가 $[\![r_1 \mid r_2]\!] = [\![r_1]\!] \cup [\![r_2]\!]$로 정의되고, 집합론에서 합집합은 교환법칙과 결합법칙이 성립함이 잘 알려져 있으므로 정규식의 | 연산도 자연히 교환법칙과 결합법칙이 성립할 수 밖에 없다. 하지만 이런 의미구조는 컴퓨터에 그대로 옮겨 실행하는 등의 실용적 용도에는 잘 맞지 않는다. 그림 3.5에 나타난 정규식의 클레이니 별표 연산의 의미구조 정의에 따르면 r^*의 의미가 무한집합에 대응될

$$
\begin{aligned}
[\![\cdot]\!] &: \mathcal{R} \to (\Sigma^* \to \mathbf{Bool}) \\
[\![\varnothing]\!](x) &= \text{False} \\
[\![\varepsilon]\!](x) &= x = \varepsilon \\
[\![a]\!](x) &= x = a \\
[\![r_1 \mid r_2]\!](x) &= [\![r_1]\!](x) \vee [\![r_2]\!](x) \\
[\![r_1\, r_2]\!](x) &= \exists\, x_1\, x_2 \text{ such that } x = x_1 x_2,\ [\![r_1]\!](x_1) \wedge [\![r_2]\!](x_2) = \text{True} \\
[\![r^*]\!](x) &= [\![\varepsilon \mid r\, r^*]\!](x)
\end{aligned}
$$

〈그림 4.2〉 정규식을 문자열 판별함수에 대응시키는 지시적 의미구조

수 있으므로 이를 그대로 컴퓨터로 옮기는 것은 적합하지 않다.

한편, 필요에 따라 실용적 활용에 더 적합한 지시적 의미구조를 정의할 수도 있다. 그림 4.2은 정규식에 대한 또 다른 지시적 의미구조로 이번에는 정규식의 의미를 문자열의 집합이 아닌 문자열을 판별하는 함수에 대응시킴으로써 정의하고 있다. 기본적인 세 종류의 정규식의 경우, 널($\varnothing$)은 무조건 거짓인 상수함수, 엡실론(ε)은 입력 문자열이 ε일 때만 참인 함수, 알파벳 심볼(a)은 입력 문자열이 지정된 심볼일 때만 참인 함수로 그 의미가 정의된다. 정규식 연산을 사용한 복합적 정규식의 의미는 그 부분을 구성하는 정규식의 의미에 대응되는 함수를 이용해 정의된다. $r_1 \mid r_2$의 의미는 입력 문자열이 r_1이나 r_2 의미에 대응되는 판별함수 둘 중 어느 것 하나라도 만족하면 참인 함수로 정의된다. $r_1\, r_2$의 의미는 입력을 적절히 두 부분으로 잘라 앞부분을 r_1의 판별함수에 뒷부분을 r_2의 판별함수에 적용했을 때 그 둘 다 만족할 경우에 참인 함수로 정의된다. 클레이니 별표로 이루어진 정규식은 앞서 3.3절에서 설명한 공식 $r^* \equiv \varepsilon \mid rr^*$를 이용해 정의된다.

그림 4.2의 의미구조는 컴퓨터 프로그램으로 그리 어렵지 않게 옮길 수 있다. 다른 부분은 의미구조 정의를 거의 그대로 옮기면 되고, 이어붙이기 연산으로 이루어진 $r_1\, r_2$의 의미구조에서 입력 x를 "적절히" x_1과 x_2로 자르는 부분만 약간 생각이 필요하다. 효율을 고려하지 않는다면 단순무식하게 모든 경우를 시도해 보면 된다. 예컨대, 세 개의 심볼로 이루어진 입력 문자열 abc를 두 부분으로 자

르는 모든 경우의 수는 ε과 abc, a와 bc, ab와 c, abc와 ε 이렇게 넷이다. 그 중 어느 하나라도 $[\![r_1]\!](x_1) \wedge [\![r_2]\!](x_2)$를 만족하면 참으로, 즉 문자열 abc가 정규식 $r_1\,r_2$를 만족한다고 판별하도록 프로그래밍하면 된다.

필요하다면, 더 효율적인 컴퓨터 프로그램으로 옮길 수 있는 정규식의 지시적 의미구조를 정의하는 것도 얼마든지 가능하다. 아이디어는 지시함수가 문자열을 한꺼번에 처리하는 다소 추상적인 함수에 정규식을 대응시키는 대신에, 기호를 최대 하나씩만 읽어 처리하는 가상적인 기계에 대응시키자는 것이다. 이렇게 하면 $r_1\,r_2$의 의미구조에서 문자열을 두 부분으로 적절히 나누는 지점을 찾고자 비효율적으로 모든 가능성을 다 시도해 보지 않아도 된다. 계산이론 또는 오토마타이론에 익숙한 독자라면 방금 언급한 기계란 다름아닌 유한오토마타(finite automata, FA) 혹은 유한상태기계(finite state machine, FSM)임을 알 것이다. 이 내용은 표준적인 계산이론 혹은 오토마타이론 교재[19, 47]에서 상세히 잘 정리하고 있는 내용이므로 여기서 직접 다루지는 않겠다. 다만, 여기서 짚고 넘어가고 싶은 것은, 집합이나 함수 같은 비교적 추상적인 수학적 대상이 아닌, 이정도로 구체적인 가상적 기계 혹은 기계의 설계도에 대응시키는 지시함수(denotation function) 또는 의미값함수(semantic evaluation funciton)는 "컴파일러"로 볼 수 있다는 점을 환기하고자 한다. 컴파일러는 비교적 추상적인 고급언어를 기계의 동작에 가까운 저급언어로 옮기는 번역기다. 이를 다른 관점으로 보면 기계가 어떻게 동작해야 하는지 구체적인 지침으로 이루어진 특화된 가상의 기계를 생성하는 것으로 볼 수도 있다. 이를테면 공장에서 사칙연산 등에 특화된 탁상용 계산기라는 물리적 기계를 만들어내는 대신, 고급언어로 작성된 탁상용 계산기 소스코드를 컴파일하면 범용 컴퓨터가 실행시켜줄 수 있는 가상의 탁상용 계산기에 해당하는 소프트웨어가 만들어지는 것이다. 마찬가지로 정규식으로부터 해당 정규식을 만족하는 문자열 처리에 특화된 유한오토마타를 생성한다면 이는 명실상부한 정규식의 컴파일러이며, 실제로 이러한 정규식 컴파일러를 내장한 도구가 바로 lex[31]와 같은 어휘분석기 생성기(lexical analyzer generator)다.

이 절에서 지금까지 살펴본 바와 같이 하나의 대상 언어에 지시적 의미구조를 여러 가지로 정의하는 것이 가능하며 또 유용하다. 다만 이런 의미구조들끼리 서로 호환되는지, 기준으로 삼을 만한 가장 원론적인 의미구조와 비교해 어긋나

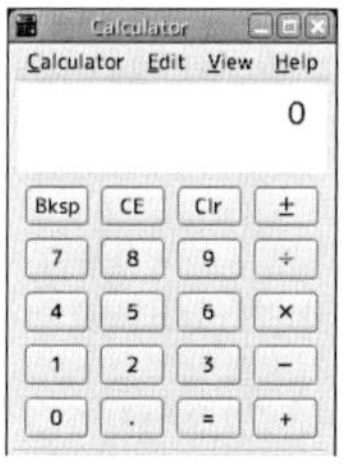

⟨그림 4.3⟩ 물리적 탁상용 계산기와 소프트웨어 탁상용 계산기
(이미지 출처: 위키미디어 공용)

는 부분은 없는지 물샐틈없이 엄밀하게 논리적으로 증명할 필요성이 있다. 활용 목적에 따라 편리한 대로만 정의한다면 모양새 혹은 문법구조만 같을 뿐 의미가 호환되지 않아 실제로는 다른 언어를 표현하면서도 서로 같은 언어를 다룬다고 착각하게 될지도 모르기 때문이다. 이 책의 내용을 엄밀한 이론적 기술을 강조하는 방향으로 구성하지 않았으므로 그런 증명까지 다루지 않겠지만 확실하게 짚고 넘어가야 하는 중요한 사안이라는 점에 대해서는 재차 강조하고 싶다. 이 장에서 다루는 정규식과 관련한 더 자세한 이론적 성질의 증명에 관해서는 계산 이론이나 오토마타이론을 다루는 교재[19, 47]를, 그 외의 프로그래밍언어 일반에 활용되는 논리적 방법론에 대한 소개는 Harper [17]의 교재를 참고하라.

4.2 동작과정 의미구조

동작과정 의미구조(operational semantics)[41]는 프로그램의 의미를 수학적 구조 등 외부의 대상에 지시함으로써 찾는 것이 아니라 프로그램이 계산되는 과정 자체를 프로그램의 의미로 삼는 방식의 의미구조를 말한다. 철학적으로는 의미가 대상에 내재된 것이 아니라 대상들의 관계 속에서 찾아야 한다는 구조주의적 관점과 일맥상통하는 측면이 있다. 참고로 구조주의는 (자연)언어를 기호(sign)의 체계(system), 즉 기호들의 상호관계에 기반한 구조로 이해해야 한다는 소쉬르[44]의 언어철학적 관점에서 그 기원을 찾을 수 있다. 이 절에서는 구체적인 사례로서 정규식에 대한 동작과정 의미구조를 어떻게 정의하는지 알아볼 것이다.

(사진 출처: https://www.lfcs.inf.ed.ac.uk/events/plotkin-symposium/)

〈그림 4.4〉 동작과정 의미구조의 원조인 고르돈 플롯킨(Gordon D. Plotkin, 우)과 다형 람다계산법(polymorphic λ-calculus, a.k.a. System F)을 고안한 존 레이놀즈(John C. Reynolds, 좌)의 2006년 사진

그에 앞서, 의미구조 정의에 활용할 몇 가지 기본 개념과 언어의 문자열에 대한 미분에 대해 먼저 소개한다

4.2.1 언어와 정규식의 미분

문자열을 $z = xy$로 아무렇게나 두 부분으로 나눌 때 나올 수 있는 x를 앞부분(prefix) y를 뒷부분(suffix 또는 postfix)이라 하는데, 문자열 전체나 빈 문자열이 될 수도 있다. 예컨대, ab의 가능한 모든 앞부분은 ε, a, ab이며 뒷부분은 ab, b, ε이다. 이어붙이기와 반대로 문자열의 앞부분이나 뒷부분을 떼어내는 연산을 x^{-1}로 표기하며 $x^{-1}\,xy = y = yx\,x^{-1}$와 같이 사용한다. 단, 앞부분이나 뒷부분이 x와 일치하지 않는 문자열에 대해서는 x^{-1}를 적용할 수 없다. 앞부분을 떼내는 연산의 대상을 하나의 문자열이 아닌 문자열 집합, 즉 언어로 확장한 개념이 바로 언어에 대한 미분(그림 4.5)이다. 즉, 언어 L의 문자열 x에 대한 미분이란 L에서 앞부분이 x인 문자열만 골라 앞부분 x을 떼어내고 남은 뒷부분으로 이루어진 언어이다. 예컨대, $(ab)^{-1}\{aa, aab, aabc, ab, abc, abcd\} = \{\varepsilon, c, cd\}$. 언어의 미분을 브쇼조브스키가 최초로 생각한 것은 아니지만, $x^{-1}[\![r]\!] = [\![r']\!]$를 만족하는

정규식의 미분[1] $\partial r/\partial x = r'$을 정의하는 등의 연구 업적을 남겼다. 그래서 정규식에 대한 미분을 브쇼조브스키 미분(Brzozowski derivative)이라 부르기도 한다. 참고로 언어에 대한 미분은 다음의 성질이 성립하며

1. $\varepsilon \in x^{-1}L$ 이면 $x \in L$ ($\because x^{-1}x = \varepsilon$)
2. $\varepsilon^{-1}L = L$
3. $(x_1x_2)^{-1}L = x_2^{-1}(x_1^{-1}L)$

따라서 정규식의 미분도 그에 대응되는 다음의 성질이 성립한다.

1. $\varepsilon \in [\![\partial r/\partial x]\!]$이면 $x \in [\![r]\!]$
2. $\partial r/\partial\varepsilon \equiv r$
3. $\partial r/\partial(x_1\,x_2) \equiv \partial(\partial r/\partial x_1)/\,\partial x_2$

이 절에서는 정규식의 미분을 동작과정 의미구조로 정의하는 데 집중할 것이다. 그 외에 브쇼조브스키가 정규식 미분에 대한 연구한 내용에 대해 조금 더 알아보려면 그의 연구성과[6]를 알기쉽게 요약하여 정리한 논문[40]을 참고하라.

브쇼조브스키가 정리한 정규식의 미분이 그림 4.5에 나타나 있다.[2] 정규식의 각 요소(널, 엡실론, 알파벳 심볼, 합집합, 이어붙이기, 클레이니 별표)를 하나의 기호(a)에 대해 미분하는 공식이 차례로 나열되어 있으며, 마지막 두 공식은 각각 길이 0인 빈 문자열(ε)과 길이 1이상의 문자열(ax)에 대한 미분 공식이다.

각 요소의 기호 하나에 대한 미분 공식의 원리를 설명하자면 다음과 같다.

- 널($\varnothing$)과 엡실론(ε)은 그 의미상 맨 앞에서 하나의 기호를 떼낼 수 있는 (즉, 길이 1이상의) 문자열을 포함할 수 없으므로 미분 결과가 널이다.
- 알파벳 심볼의 미분 공식은 둘로 나뉘어 작성되어 있는데, 정규식 심볼과 똑같은 기호로 미분하는 경우($\partial a/\partial a$)는 엡실론(ε)이며 다른 기호로 미분하는 경우($\partial b/\partial a$)는 널($\varnothing$)이다.

[1] 정규식 미분은 D_ar나 ∂_ar가 일반적 표기지만 여기서는 수학에서의 편미분 표기를 차용했다.

[2] 브쇼조브스키의 연구 및 관련 후속 연구에는 이 책에서 다룬 정규식의 세 가지 연산 외에도 교집합이나 여집합 연산 등을 포함한 소위 확장된 정규식(extended regular expression)을 다루지만 여기서는 정규언어를 표현하기에 충분한 최소한의 세 가지 연산에 대해서만 다룬다.

언어 $L \subset 2^{\Sigma^*}$의 문자열 $x \in \Sigma^*$에 대한 미분: $x^{-1}L = \{ y \mid xy \in L \}$

정규식의 미분 공식:

$\partial\varnothing/\partial a = \varnothing$ $\quad$ $\partial a/\partial a = \varepsilon$

$\partial\varepsilon/\partial a = \varnothing$ $\quad$ $\partial b/\partial a = \varnothing$ (단, $a \neq b$)

$\partial(r_1 \mid r_2)/\partial a = \partial r_1/\partial a \mid \partial r_2/\partial a$

$\partial(r_1 r_2)/\partial a = (\partial r_1/\partial a)r_2 \mid \nu(r_1)(\partial r_2/\partial a)$

$\partial r^*/\partial a = \partial(rr^*)/\partial a$

$\partial r/\partial\varepsilon = r$ $\quad$ $\partial r/\partial(ax) = \partial(\partial r/\partial a)/\partial x$

$\nu, \varsigma : \mathcal{R} \to \mathcal{R}$ $\quad$ $\nu(\varnothing) = \varnothing$ $\quad$ $\nu(\varepsilon) = \varepsilon$ $\quad$ $\nu(a) = \varnothing$

$\nu(r_1 \mid r_2) = \varsigma(\nu(r_1) \mid \nu(r_2))$ $\quad$ $\nu(r_1 r_2) = \varsigma(\nu(r_1)\nu(r_2))$ $\quad$ $\nu(r^*) = \varepsilon$

$\varsigma(\varnothing \mid r) = r = \varsigma(r \mid \varnothing)$ $\quad$ $\varsigma(\varepsilon \mid \varepsilon) = \varepsilon$ $\quad$ $\varsigma(\varnothing r) = \varnothing = \varsigma(r\varnothing)$ $\quad$ $\varsigma(\varepsilon r) = r = \varsigma(r\varepsilon)$

(위에 해당되지 않는 다른 모든 경우의 정규식 r에 대해서는 $\varsigma(r) = r$)

〈그림 4.5〉 야누스 브쇼조브스키(Janusz Brzozowski)가 연구한 언어 및 정규식의 문자열에 대한 미분 (사진 출처: 위키미디어 공용)

- 합집합한 정규식의 미분은 각각을 미분한 결과를 합집합한 정규식이다.
- 이어붙인 정규식 $r_1 r_2$의 미분은 $\varepsilon \notin [\![r_1]\!]$이면 그냥 r_1의 미분 결과에 r_2를 이어붙이면 된다. 그런데 $\varepsilon \in [\![r_1]\!]$인 경우는 정규식에 대응되는 문자열의 첫 글자가 r_1이 아닌 r_2에 해당할 수도 있으므로 r_2의 미분 결과도 합집합한다.
- 클레이니 별표로 이루어진 정규식 r^*의 미분은 $r^* \equiv \varepsilon \mid rr^*$를 이용한다. 그런데 엡실론($\varepsilon$)의 미분은 널($\varnothing$)이므로 rr^*만 미분하면 된다.

참고로 정규식의 미분공식(그림 4.5) 및 큰걸음과 작은걸음 의미구조(그림 4.6)에서 이어붙이기 연산으로 이루어진 정규식($r_1 r_2$)을 다룰 때 나타나는 도우미 함수 $\nu : \mathcal{R} \to \mathcal{R}$의 성질은 $\varepsilon \in [\![r]\!]$인 경우에만 $\nu(r) = \varepsilon$이며 그렇지 않은 경우에는 $\nu(r) = \varnothing$이다. 따라서 $r_1 r_2$의 미분 공식의 좌변 $(\partial r_1/\partial a)r_2 \mid \nu(r_1)(\partial r_2/\partial a)$는 $\varepsilon \in [\![r_1]\!]$인 경우에는 $\nu(r_1) = \varepsilon$이므로 $(\partial r_1/\partial a)r_2 \mid (\partial r_2/\partial a)$와 같고, $\varepsilon \notin [\![r_1]\!]$인 경우에는 $\nu(r_2) = \varnothing$이으로 그냥 $(\partial r_1/\partial a)r_2$와 같다.

문자열에 대한 미분은 기호 하나에 대한 미분을 이용해 계산한다. 빈 문자열에 대해 미분은 앞에서 아무것도 떼어내지 않으므로 원래 정규식 그대로다. 길이 1이상의 문자열에 대한 미분은 앞서 언급한 정규식 미분의 성질 세 가지 중에서 마지막 세 번째 성질을 활용한다. 문자열 ax에 대한 미분은 맨 앞의 기호 a에 대한 미분 결과를 나머지 문자열 x에 대해 미분하여 계산한다.

4.2.2 정규식 미분으로 알아보는 동작과정 의미구조의 특징

지금까지 살펴본 그림 4.5의 공식은 종이에 연필로 수식을 전개할 때 참고하기 좋은 초/중/고등학교 수학 과목에서부터 우리에게 익숙한 형식이다. 그런데 이런 수학 공식 표기는 역사적으로 최초의 컴퓨터 프로그램[32]보다 훨씬 오래되었다. 그래서 컴퓨터로 정규식 미분을 자동으로 수행시키려 프로그램으로 옮겨 작성하는 데 가장 적합한 표현 방식은 아닐 것이다. 그림 4.6에는 프로그램으로 옮겨 작성하기에 더 적합한 정규식 미분의 동작과정 의미구조 두 가지를 정의해 놓았다. 첫째는 정규식의 미분을 공식을 가능한 한 계속해 적용한 최종 결과와 관련짓는 큰걸음(big-step) 의미구조이며, 둘째는 정규식의 미분을 기호 하나씩만 미분한 바로 다음 계산 과정과 관련짓는 작은걸음(small-step) 의미구조이다.

동작과정 의미구조는 이항관계(binary relation)로 정의할 수 있다. 그림 4.6에서도 $\models\!\Longrightarrow$와 $\models\!\!\!\Longrightarrow$ 로 큰걸음 의미구조를 정의하고 $\longmapsto$로 작은걸음 의미구조를 정의하고 있다. 큰걸음 의미구조는 일반적으로 계산의 대상이 되는 식을 나타내는 집합 E와 결과값의 집합 V에 대한 이항관계 $e \models\!\Longrightarrow v$로 정의되며, 왼항 $e \in E$와 오른항 $v \in V$은 서로 다른 별개의 구조로 이루어진 두 집합(E, V)을 대응시킬 수 있다. 한편, 작은걸음 의미구조를 정의하는 이항관계 $e \longmapsto e'$는 일반적으로 왼쪽과 오른쪽의 두 항 $e, e' \in E$ 모두 같은 계산 대상의 집합(E)끼리 대응시켜야 한다. 작은걸음 의미구조는 여러 단계로 계산되는 과정의 각 단계를 나타내므로, 계산과정에서 왼항 e가 k번째 단계의 식이라면 오른항 e'는 $k+1$번째 단계의 식이며, 경우에 따라 $e' \longmapsto e''$인 $k+2$번째 단계의 식 e''로 한 단계 더 계산과정이 진행될 수도 있다.

동작과정 의미구조의 이항관계는 보통 추론규칙(inference rule)의 형태로 정의된다. 추론규칙이란 형식논리(formal logic)를 다루는 증명 체계(proof system)의 증명 과정에 활용하도록 정의한 규칙을 말하며, 이런 형식논리의 증명 체

$$\langle\varnothing,a\rangle \Longmapsto \varnothing \qquad \langle\varepsilon,a\rangle \Longmapsto \varnothing \qquad \langle a,a\rangle \Longmapsto \varepsilon \qquad \langle b,a\rangle \Longmapsto \varnothing$$

$$\frac{\langle r_1,a\rangle \Longmapsto r_1' \quad \langle r_2,a\rangle \Longmapsto r_2'}{\langle r_1 \mid r_2,a\rangle \Longmapsto \varsigma(r_1' \mid r_2')} \qquad \frac{\langle r_1,a\rangle \Longmapsto r_1'}{\langle r_1 r_2,a\rangle \Longmapsto \varsigma(r_1' r_2)}\,(\nu(r_1)=\varnothing)$$

$$\frac{\langle r\,r^*,a\rangle \Longmapsto r'}{\langle r^*,a\rangle \Longmapsto r'} \qquad \frac{\langle r_1,a\rangle \Longmapsto r_1' \quad \langle r_2,a\rangle \Longmapsto r_2'}{\langle r_1 r_2,a\rangle \Longmapsto \varsigma(\varsigma(r_1' r_2) \mid r_2')}\,(\nu(r_1)=\varepsilon)$$

$$\langle r,\varepsilon\rangle \Longmapsto r \qquad \frac{\langle r,a\rangle \Longmapsto r' \quad \langle r',x\rangle \Longmapsto r''}{\langle r,ax\rangle \Longmapsto r''}$$

(a) Big-step semantics: $\boxed{\cdot\Longmapsto\cdot \subset (\mathcal{R}\times\Sigma)\times\mathcal{R}}$ $\boxed{\cdot\Longmapsto\cdot \subset (\mathcal{R}\times\Sigma^*)\times\mathcal{R}}$

$$\langle\varnothing,ax\rangle \longmapsto \langle\varnothing,x\rangle \qquad \langle\varepsilon,ax\rangle \longmapsto \langle\varnothing,x\rangle \qquad \begin{array}{l}\langle a,ax\rangle \longmapsto \langle\varepsilon,x\rangle\\ \langle b,ax\rangle \longmapsto \langle\varnothing,x\rangle\end{array}$$

$$\frac{\begin{array}{c}\langle r_1,ax\rangle \longmapsto \langle r_1',x\rangle\\ \langle r_2,ax\rangle \longmapsto \langle r_2',x\rangle\end{array}}{\langle r_1 \mid r_2,\ ax\rangle \longmapsto \langle\varsigma(r_1' \mid r_2'),x\rangle} \qquad \frac{\langle r_1,ax\rangle \longmapsto \langle r_1',x\rangle}{\langle r_1 r_2,\ ax\rangle \longmapsto \langle\varsigma(r_1' r_2),x\rangle}\,(\nu(r_1)=\varnothing)$$

$$\frac{\langle r\,r^*,\ ax\rangle \longmapsto \langle r',x\rangle}{\langle r^*,\ ax\rangle \longmapsto \langle r',x\rangle} \qquad \frac{\begin{array}{c}\langle r_1,ax\rangle \longmapsto \langle r_1',x\rangle\\ \langle r_2,ax\rangle \longmapsto \langle r_2',x\rangle\end{array}}{\langle r_1 r_2,\ ax\rangle \longmapsto \langle\varsigma(\varsigma(r_1' r_2) \mid r_2'),x\rangle}\,(\nu(r_1)=\varepsilon)$$

(b) Small-step semantics: $\boxed{\cdot\longmapsto\cdot \subset (\mathcal{R}\times\Sigma^*)\times(\mathcal{R}\times\Sigma^*)}$ $\boxed{\langle r,\varepsilon\rangle\text{이면 끝마침}}$

(a와 b가 함께 나타나는 규칙에서는 $a \neq b$임을 가정)

〈그림 4.6〉 정규식 미분의 큰걸음(big-step) 및 작은걸음(small-step) 의미구조

계를 본따 프로그래밍언어의 문법구조(syntax)를 따라 분석하며 의미를 다루는 방식이 동작과정 의미구조라 볼 수 있다. 우리에게 익숙한 논리곱(logical and)에 대한 추론규칙들은 아래와 같이 표현한다. 선 위쪽에는 전제들을, 아래쪽에는 결론을 배치한다. 그리고 선 바로 옆에 규칙의 이름을 표시하기도 한다.

$$\wedge\text{I}\,\frac{A \quad B}{A \wedge B} \qquad\qquad \wedge\text{E}_1\,\frac{A \wedge B}{A} \qquad \wedge\text{E}_2\,\frac{A \wedge B}{B}$$

규칙 $\wedge$I는 A가 성립하고 B가 성립한다는 두 전제로부터 논리곱 $A \wedge B$가 성립한다는 결론을 증명할 수 있도록 허용한다. 규칙 $\wedge\text{E}_1$는 논리곱 $A \wedge B$가 성립한다는 하나의 전제로부터 A가 성립한다는 결론을 증명할 수 있도록 허용한다. 마찬가지로, 규칙 $\wedge\text{E}_2$는 논리곱 $A \wedge B$가 성립한다는 전제로부터 B가 성립함을 증명할 수 있도록 허용한다. 전제가 비어있는 추론규칙을 공리 혹은 공리꼴이라 하는데, 이런 공리나 공리꼴은 가로선을 생략하기도 한다. 예를 들어, 그림 4.6의 $\langle a, a\rangle \Longmapsto \varepsilon$이나 $\langle a, ax\rangle \longmapsto \langle \varepsilon, x\rangle$는 원래 $\overline{\langle a, a\rangle \Longmapsto \varepsilon}$이나 $\overline{\langle a, ax\rangle \longmapsto \langle \varepsilon, x\rangle}$에서 가로선이 생략된 것으로 이해하도 무방하다.

큰걸음과 작은걸음 의미구조 비교

큰걸음 의미구조에서는 $e \Longmapsto v$의 성립이 곧 e의 "계산과정"을 제대로 끝마친 것이다. 한편 작은걸음 의미구조에서는 "계산과정"이 제대로 끝났는지 확인하는 조건을 (누구나 짐작할만한 당연한 내용이 아니라면) 별도로 명시하며, 명시된 종료조건 이외에 계산을 더 진행할 수 없는 경우를 비정상 종료로 간주한다. 예컨대, 정수 산술식의 작은걸음 의미구조를 정의할 때, 정상 종료조건을 정수 리터럴 형태의 식으로 명시하고, 나눗셈 형태의 식 n_1/n_2에 적용할 규칙을 $n_2 \neq 0$인 경우에 대해서만 마련했다고 하자. 이 때, $n_1/0$인 형태의 식이 계산과정에 나타난다면 적용가능한 규칙이 없어 계산을 더 진행할 수도 없고 정상 종료조건에 해당하지도 않으므로 비정상적인 계산의 종료로 취급된다. 만일 작은걸음 의미구조에 종료조건이 별도로 제시되지 않았을 때는 더 이상 적용가능한 규칙이 없는 모든 경우를 계산과정의 끝마침으로 취급한다. 참고로, 그림 4.6b에 명시한 정규식 미분 계산과정의 종료조건은, 해당 조건이 제시되지 않았더라도 더 이상 적용할 규칙이 없는 경우와 일치하도록 작은걸음 의미구조가 정의되어 있다. 또한, 비정상 종료를 나타내는 형태의 식을 따로 두고 어떤 경우에 비정상 종료할지 명시적으로 나타내는 큰걸음 및 작은걸음 규칙을 포함시켜 프로그램의 비정상 종료를 더 세밀하게 처리하는 의미구조를 정의하기도 한다.

정규식 $(a \mid b)c^*$의 문자열 acc에 대한 미분을 그림 4.5의 공식을 활용하여

$$\begin{aligned}
\partial((a \mid b)c^*)/\partial(acc) &= \partial(\partial(\partial((a \mid b)c^*)/\partial a)/\partial c)/\partial c && (4.1)\\
&= \partial(\partial((\varepsilon \mid \varnothing)c^*)/\partial c)/\partial c && (4.2)\\
&= \partial(\partial c^*/\partial c)/\partial c && (4.3)\\
&= \partial(\partial(cc^*)/\partial c)/\partial c && (4.4)\\
&= \partial(\varepsilon c^* \mid \varnothing(\partial c^*/\partial c))/\partial c && (4.5)\\
&= \partial c^*/\partial c && (4.6)\\
&= \partial(cc^*)/\partial c && (4.7)\\
&= \varepsilon c^* \mid \varnothing(\partial c^*/\partial c) && (4.8)\\
&= c^* && (4.9)
\end{aligned}$$

위와 같이 손으로 풀어 나가듯 계산해 보았다. 이런 계산 과정에서는 계산을 진행하는 사람의 판단에 따라 한 단계의 등식 전개에 같은 공식을 여러 번 반복적으로 적용(식 4.1)하기도 하며, 공식에 나타나는 형태 그대로 치환하는 데에만 그치지 않고 정규식의 의미상 동치관계($r_1 \equiv r_2$)까지 동원해 정규식을 간소화(식 4.3, 4.6, 4.9)하기도 한다. 반면, 그림 4.6의 동작과정 의미구조에 따른 기계적인 계산 과정에서는 (지시적 의미구조에 바탕을 둔) 정규식의 동치관계 등을 포함해 규칙에 나타나지 않은 계산의 진행은 허용되지 않으며, $\langle r, a\rangle \Longrightarrow r'$와 $\langle r, x\rangle \Longrightarrow r'$ 형태의 큰걸음 계산과정을 나타내는 유도나무(derivation tree)를 구성하는 각 단계마다 규칙을 정확히 하나씩만 적용해야 한다. 앞서 손으로 계산했던 $(a \mid b)c^*$의 acc에 대한 미분을 큰걸음 의미구조(그림 4.6a)에 따라 기계적으로 계산하는 과정을 나타낸 유도나무는 대략 다음과 같은 모양이다.

$$\dfrac{\dfrac{\dfrac{\begin{array}{c}\langle a,a\rangle \Longrightarrow \varepsilon \\ \langle b,a\rangle \Longrightarrow \varnothing\end{array}}{\langle a \mid b, a\rangle \Longrightarrow \varepsilon}}{\langle (a \mid b)c^*, a\rangle \Longrightarrow c^*}\ {\scriptstyle (\nu(a \mid b)=\varnothing)} \qquad \dfrac{\dfrac{\vdots}{\langle c^*, c\rangle \Longrightarrow c^*} \quad \dfrac{\dfrac{\vdots}{\langle c^*, c\rangle \Longrightarrow c^*} \quad \langle c^*, \varepsilon\rangle \Longrightarrow c^*}{\langle c^*, c\rangle \Longrightarrow c^*}}{\langle c^*, cc\rangle \Longrightarrow c^*}}{\langle (a \mid b)c^*, acc\rangle \Longrightarrow c^*}$$

위에서 정규식의 간소화도 사람이 판단해서 임의로 진행하는 것이 아니라, 그림 4.6a에서 $\Longmapsto$를 정의하는 규칙에 간소화 함수(simplification function) ς가 나타나는 곳에서만 ς의 정의(그림 4.5)에 따라 정규식을 간소화하며 기계적으로 계산을 진행하는 것이다. 예를 들어, 방금 살펴본 유도나무의 왼쪽에 나타나는 $\langle (a \mid b)c^*, a\rangle \Longmapsto c^*$를 유도하는 부분 유도나무에 적용된 규칙의 형태를 그대로 옮기면 $\langle (a \mid b)c^*, a\rangle \Longmapsto \varsigma(\varepsilon c^*)$이므로 $\varsigma(\varepsilon c^*) = c^*$로 간소화되는 것이다.

마찬가지 미분을 이번에는 작은걸음 의미구조(그림 4.6b)에 따라 기계적으로 계산해 보자. 그러려면 아래에 연쇄적인 형태로 작성한 세 단계의 작은걸음 관계($\longmapsto$)가 성립함을 보이는 세 개의 유도나무를 구성해야 한다.

$$\langle (a \mid b)c^*, acc\rangle \overset{①}{\longmapsto} \langle c^*, cc\rangle \overset{②}{\longmapsto} \langle c^*, c\rangle \overset{③}{\longmapsto} \langle c^*, \varepsilon\rangle$$

위의 각 작은걸음 관계의 성립을 보이는 유도나무는 다음과 같다.

① $$\dfrac{\dfrac{\langle a, acc\rangle \longmapsto \langle \varepsilon, cc\rangle \qquad \langle b, acc\rangle \longmapsto \langle \varnothing, cc\rangle}{\langle a \mid b, acc\rangle \longmapsto \langle \varepsilon, cc\rangle}}{\langle (a \mid b)c^*, acc\rangle \longmapsto \langle c^*, cc\rangle}\,(\nu(a \mid b)=\varnothing)$$

② $$\dfrac{\dfrac{\langle c, cc\rangle \longmapsto \langle \varepsilon, c\rangle}{\langle cc^*, cc\rangle \longmapsto \langle c^*, c\rangle}\,(\nu(c)=\varnothing)}{\langle c^*, cc\rangle \longmapsto \langle c^*, c\rangle}$$

③ $$\dfrac{\dfrac{\langle c, c\rangle \longmapsto \langle \varepsilon, \varepsilon\rangle}{\langle cc^*, c\rangle \longmapsto \langle c^*, \varepsilon\rangle}\,(\nu(c)=\varnothing)}{\langle c^*, c\rangle \longmapsto \langle c^*, \varepsilon\rangle}$$

같은 언어에 대한 큰걸음과 작은걸음 의미구조는 정상적으로 종료되는 계산식에 대해 같은 계산과정을 나타내도록 동작해야 한다. 정규식 미분의 큰걸음과 작은걸음 의미구조(그림 4.6)도 다음의 성질을 만족하도록 정의되어 있다.

- $\langle r, x\rangle \Longmapsto r'$이면 $\langle r, x\rangle \longmapsto^* \langle r', \varepsilon\rangle$이고,
- $\langle r, x\rangle \longmapsto^* \langle r', \varepsilon\rangle$이면 $\langle r, x\rangle \Longmapsto r'$이다.

위에서 $\longmapsto^*$는 0회 이상 연쇄적인 작은걸음($\longmapsto$) 계산과정을 뜻한다. 즉, 여러 번의 작은걸음으로 정상종료 형태의 식에 도달한 경우에 큰걸음으로도 그 식에 해당하는 결과값이 계산되어야 하며, 반대로 큰걸음으로 계산한 결과값에 대해 여러 번의 작은걸음으로도 그 결과값에 해당하는 정상종료 형태의 식에 도달할 수 있어야 한다는 말이다.

4.2.3 비결정적 (작은걸음) 의미구조와 합류성

비결정적 의미구조(nondeterministic semantics)란 하나의 계산식에 두 가지 이상의 방법으로 규칙이 적용 가능한 경우가 있어 여러 갈래로 계산이 진행될 가능성이 있는 의미구조를 일컫는다. 우리가 아는 대부분의 수학 공식을 그대로 작은걸음 의미구조로 옮긴다면 자연스럽게 비결정적 의미구조가 될 것이다. 왜냐하면 큰 계산식에 공식을 적용할 수 있는 부분이 여러 곳에 있는 경우 어느 한 곳만이 아니라 그 중 어느 곳에든 적용해 계산을 진행해도 되는 경우가 많기 때문이다. 예컨데, 널($\varnothing$)과 엡실론(ε)이 포함된 정규식 $(\varepsilon \mid \varnothing)(\varnothing \mid \varepsilon)$을 차근차근 간소화(simplify)하려 할 때 다음과 같이 왼쪽 먼저 할 수도 있고 오른쪽 먼저 할 수도 있는 비결정성이 있으며, 그 다음 단계에서도 엡실론이 이어붙이기에 대한 항등원임을 활용할지 아니면 널이 합집합에 대한 항등원임을 이용할지에 따라 또다시 두갈래씩 계산 방향이 나누어진다.

$$(\varepsilon \mid \varnothing)(\varnothing \mid \varepsilon) = \begin{cases} \varepsilon(\varnothing \mid \varepsilon) = \begin{cases} \varnothing \mid \varepsilon \\ \varepsilon\varepsilon \end{cases} \\ (\varnothing \mid \varepsilon)\varepsilon = \begin{cases} \varepsilon\varepsilon \\ \varnothing \mid \varepsilon \end{cases} \end{cases}$$

그런데 여러 갈래로 계산을 진행할 수 있더라도 계속 진행하다 보면 어디선가 하나로 합쳐서서 최종 결과는 어떻게든 같아지는 성질을 가진 계산들도 상당히 많다. 바로 위에서 진행시키던 간소화도 계속해 보면 아래와 같이 어떤 갈래로 진행하든 결과는 모두 ε으로 합류한다.

$$(\varepsilon \mid \varnothing)(\varnothing \mid \varepsilon) = \left\langle \begin{array}{l} \varepsilon(\varnothing \mid \varepsilon) = \left\langle \begin{array}{c} \varnothing \mid \varepsilon \\ \varepsilon\varepsilon \end{array} \right\rangle \\ (\varnothing \mid \varepsilon)\varepsilon = \left\langle \begin{array}{c} \varepsilon\varepsilon \\ \varnothing \mid \varepsilon \end{array} \right\rangle \end{array} \right\rangle = \varepsilon$$

이와 같이 여러 갈래로 계산이 진행되는 비결정적인 의미구조라도 정상 종료되는 결과값에 와서는 하나로 합류하는 성질을 합류성(confluence)이라고 한다. 다시 말하자면, 수학에서 상당수의 대수적 계산식은 합류성을 갖도록 정의된 경우가 많다는 것이다. 작은걸음 의미구조가 비결정적이더라도 합류성을 만족한다면,

정상 종료되는 계산식은 그에 대응되는 큰걸음 의미구조에서 하나의 결과값으로 항상 수렴한다. 정리하면, 합류성은 계산 과정이 여러 갈래로 비결정적이더라도 계산 결과가 존재한다면 하나로 결정되도록 보장하는 성질이다.

동작과정 의미구조에 관해서는 소개할 내용이 더 있지만 앞으로도 이 책에서 동작과정 의미구조를 바탕으로 실행가능한 프로그래밍언어의 구현을 프로그램으로 작성해 보면서 새롭게 필요한 개념이 등장하면 그때 소개하기로 한다. 이 절을 마치며 사족을 달자면, 사실 그림 4.6b의 정규식 미분의 의미구조는 표면적인 포장은 분명 작은걸음 의미구조의 형태이기는 하나, 큰걸음 의미구조와 관련성이 잘 드러나면서 프로그램으로 옮기기 편하게 정의하다 보니, 다소 큰걸음의 풍미가 첨가되었다고 볼 수 있다. 전형적인 작은걸음 의미구조로 정의하려면 정규식의 미분 $\partial r/\partial x$를 을 나타내는 식 $r \frown\!\!\partial\!/\!\partial\, x$를 정규식의 문법구조에 추가하여

$$r \in \mathcal{R}_\partial \ ::= \ \varnothing \mid \varepsilon \mid a \mid r\,\textbf{|}\,r \mid rr \mid r^* \mid r \frown\!\!\partial\!/\!\partial\, x$$

위와 같이 같이 확장하고, 미분공식(그림 4.5)에 따라 이항관계 $\cdot \longmapsto \cdot \subset R_\partial \times R_\partial$를 적절히 정의하되 종료조건이 되는 계산식의 형태는 추가된 미분 연산자($\frown\!\!\partial\!/\!\partial$)를 포함하지 않는 원래의 정규식 $r \in \mathcal{R}$로 하면 된다.

4.3 공리적 의미구조

공리적 의미구조(axiomatic semantics)에 대해서는 이 책에서는 많이 다루지 않으므로 간략히 개념만 설명하고 넘어가겠다. 그렇다고 해서 중요하지 않은 프로그래밍언어의 의미구조 표현 방식이라는 뜻은 아니다. 어떤 관점에서는 공리적 의미구조야말로 지금까지 실용적 활용 사례[3]가 가장 많은 의미구조의 표현 방식이라 볼 수도 있다. 역사적으로도 공리적 의미구조의 기원이 되는 이론인 호어 논리(Hoare logic)[18]의 발표와 함께 프로그램 검증(program verification) 분야가 본격적으로 시작하였다[30]고 본다. 오늘날에는 호어 논리를 확장한 분리 논리(separation logic)[24, 38]를 프로그램 검증에 활용하는 추세다.

[3]단적으로, NASA에서도 활용한다. https://ti.arc.nasa.gov/tech/rse/publications/vnv/

호어 논리(Hoare logic) 외에도, 퀵정렬(Quicksort) 알고리듬과 동시에 실행되는 프로세스 사이의 통신을 표현하는 형식언어인 CSP를 고안하였으며, 데이커스트라(Dijkstra)와 함께 구조적 프로그래밍(structured programming)을 주창하며 ALGOL 언어의 설계에도 공헌하는 등 초기 컴퓨터과학의 발전에 크게 기여하였다. ALGOL에 널참조(null reference)라는 개념을 도입하는 바람에 이후 여러 다른 언어에도 쓰이게 되며 수많은 SW버그의 요인이 되는 것을 보고 후회했다는 언급을 하기도 했다.

〈그림 4.7〉 Sir Charles Antony Richard Hoare (2011 사진)

프로그램 검증은 일반적인 검사(testing) 방식의 한계를 극복할 수 있게 한다. 비유하자면 개미는 모두 검다는 성질을 확인하기 위해 10000마리의 개미를 확인해 보니 모두 검은 개미였다 할지라도 10001번째 잡은 개미가 붉은 개미일 수 있듯이, 프로그램이 어떤 성질을 만족한다는 10000개의 테스트를 통과했더라도 또 다른 10001번째 입력으로 실행했을 때 만족하리라는 보장이 없다는 것이 일반적인 검사 방식의 근본적인 한계이다. 프로그램을 실제로 실행하여 구체적인 입력 사례와 그 결과값을 개별적으로 확인하는 일반적인 검사 방식과 달리, 프로그램을 직접 실행하지 않고 그 설계도인 소스코드로부터 수학에서의 증명처럼 모든 가능한 경우에 대해 프로그램이 원하는 성질을 만족함을 보이는 것을 '프로그램 검증'이라 한다. 여기서 "원하는 성질"이 어떤 내용인지 분명하고 자세하면서도 정확하게 표현하기 위해 고안된 형식논리(formal logic) 체계가 바로 호어 논리이다. 참고로, 프로그램이 의도한 바대로 동작하기 원하는 성질을 분명하고 자세히 표현했다는 뜻에서 그러한 내용을 '명세'(specification)라 일컫는다. 정리하면, 프로그램이 항상 그 명세(specification)대로 동작할 것임을 소스코드로부터 입증하는 것을 '프로그램 검증'이라 하며 이러한 검증에 활용되는 대표적인 형식논리 체계가 '호어 논리'이다.

호어 논리의 문장(statement)은 $\{P\}\,C\,\{Q\}$ 형태로 작성되는데, P, C, Q의 세 요소로 구성되므로 호어 트리플(Hoare triple)이라고도 부른다. C는 명세의 대상이 되는 프로그래밍언어의 문장(statement) 혹은 명령(command)이며, 명세의 내용에 해당하는 P와 Q를 각각 전제조건(precondition)과 사후조건(postcondition)이라 한다. 참고로, C의 실행에 앞서 만족되어 있어야 할 조건인 P와 실행 이후에 만족되어야 할 조건인 Q를 그런 의미에서 선행조건(precondition)과 후행조건(postcondition)으로 옮기기도 한다. 실제 프로그램 소스코드보다 일상생활에서 친숙한 내용을 다음과 같은 호어 트리플로 작성해 볼 수 있다.

{밥 $n+1$공기 이상 있음} "밥 1공기 먹어" {밥 n공기 이상 있음} (단, $n \geq 0$)

이렇게 선행조건과 후행조건으로 기본적인 명령의 의미구조를 나타내는데, 위의 호어 트리플은 증명해야 할 대상이 아닌 형식논리 체계에서 받아들여야 하는 공리(axiom)로서의 역할을 하기 때문에 이러한 방식으로 프로그래밍언어의 의미구조를 정의하는 것을 '공리적 의미구조'라 일컫는다. 위에서 n은 하나의 값으로 정해진 것이 아니라 해당 명령을 사용하는 사례마다 적절히 다른 값으로 구체화할 수 있다. 그러니까 하나로 정해진 공리(axiom)가 아닌 여러 공리를 대표하는 일반적인 공리의 형태를 나타낸다는 뜻에서 공리꼴(axiom schema) 혹은 공리도식이라고 일컫는다.

(명령형) 프로그래밍언어에서는 여러 문장을 연달아 작성하여 차례대로 실행할 수 있다. 달리 말하자면 명령 C_1과 C_2를 순차적으로 실행하라는 복합적 명령 $C_1;C_2$를 작성할 수 있다는 이야기다. 따라서 밥 한 공기 먹고 나서 밥을 또 한 공기 먹는 복합적 명령은 다음과 같이 작성하면 된다.

"밥 1공기 먹어";"디저트 1그릇 먹어"

호어 논리에는 이런 복합적 명령에 대한 명세를 다루는 데 유용한 다음의 추론 규칙이 제공된다.

$$\text{composition}\frac{\{P\}C_1\{R\} \quad \{R\}C_2\{Q\}}{\{P\}\,C_1;C_2\,\{Q\}}$$

먼저 실행되는 C_1의 후행조건과 다음에 실행되는 C_2의 선행조건이 R로 일치할 경우 두 명령을 조합(composition)한 $C_1;C_2$에 대한 호어 트리플을 구성할 수 있음을 말한다.

방금 위에서 소개한 규칙에 따라 밥 한 공기 먹고 또 한 공기 더 먹는 복합명령에 대한 호어 트리플을 구성해 보자. 우선 우리가 앞서 살펴본 호어 트리플을, 내용이 길어지므로 이제부터 좀 더 간략한 표기로, 나란히 써놓고 살펴보자.

$$\{밥 \geq n' + 1\}\ \text{“밥 1 먹어”}\ \{\underline{밥 \geq n'}\} \qquad \{\underline{밥 \geq n+1}\}\ \text{“밥 1 먹어”}\ \{밥 \geq n\}$$

왼쪽과 오른쪽 호어 트리플에서 n값이 서로 다를 수 있으므로 한쪽을 n'로 구분하였다. 조합(composition) 규칙을 적용하려면 밑줄 친 왼쪽 명령의 후행조건과 오른쪽 명령의 선행조건이 일치해야 하므로, 왼쪽의 n'를 $n+1$로 구체화하여 일치시킨 후 아래와 같이 추론 가능하다.

$$\frac{\{밥 \geq (n+1)+1\}\ \text{“밥 1 먹어”}\ \{밥 \geq n+1\} \qquad \{밥 \geq n+1\}\ \text{“밥 1 먹어”}\ \{밥 \geq n\}}{\{밥 \geq (n+1)+1\}\ \text{“밥 1 먹어”;“밥 1 먹어”}\ \{밥 \geq n\}}$$

이렇게 복합명령에 대한 호어 트리플 $\{밥 \geq n+2\}$ “밥 1 먹어”;“밥 1 먹어” $\{밥 \geq n\}$을 공리꼴로부터 추론 규칙을 활용해 유도할 수 있음을 살펴보았다. 참고로, 호어 논리에는 연달아 실행하는 순차적 복합문 외에도 (명령형) 프로그래밍언어에 공통적으로 나타나는 조건문과 반복문에 대한 추론규칙들도 추가로 제공된다. 그런 추론 규칙들을 활용하면 공리꼴부터 다양한 프로그램에 대한 공리적 의미구조에 해당하는 호어 트리플을 도출할 수 있다.

지금까지 공리적 의미구조의 기본적인 개념을 다소 피상적인 비유를 통해 최대한 간단히 표면적으로나마 살펴보았다. 이런 공리적 의미구조가 프로그램 검증에 많이 활용되는 까닭은 프로그램 검증 분야의 초기부터 역사를 함께했다는 이유도 있지만 호어 로직 방식 명세의 유연함이라는 장점 또한 하나의 요인이 된다. 호어 트리플의 선행조건과 후행조건을 명세하는 구체적인 형식논리체계는 검증하고자 하는 성질에 적합한 것으로 선택할 수 있다. 또한 프로그램의 모든 의미를 포괄할 필요 없이 집중하고자 하는 성질에 대해서만 명세하고 나머지를 생략하는 것도 얼마든지 가능하다. 예컨대, 메모리를 얼마나 사용하는지 중점적으로 검증할 때에는 계산되는 대부분의 결과값을 무시하고 얼마나 많은 변수가 선언되고 메모리 할당이 일어났는지만을 중심으로 공리적 의미구조를 정의하는 것이 가능하며, 구현된 알고리즘의 복잡도와 관련된 개념을 검증하고자 할 때는 이를테면 비교 연산이나 산술 연산 등 핵심 연산이 얼마나 많이 수행되는지에만 집중하여 표현된 공리적 의미구조를 정의하는 것도 가능하다.

요점정리

- 지시적 의미구조(denotational semantics)는 프로그램 e의 의미를 수학적 구조 $[\![e]\!]$에 대응시킴으로써 정의한다. 예를 들면 정규식의 지시적 의미구조를 문자열의 '집합'인 언어에 대응시킴으로써 정의할 수 있다.
- 의미구조 괄호 $[\![\cdot]\!]$로 표기되는 함수를 지시함수(denotation function) 또는 의미값함수(semantic evaluation function)이라 한다.
- 지시적 의미구조는 원론적인 의미구조를 정의함으로써 대상 언어의 성질을 이론적으로 규명하기에 적합하다는 장점이 있다.
- 하나의 언어에 대한 지시함수를 다르게 정의하여 여러 가지로 지시적 의미구조를 정의할 수 있으며, 필요에 따라서는 실용적으로 활용가능한 컴파일러에 해당하는 지시적 의미구조도 정의할 수 있다.
- 하나의 언어를 대상으로 하는 서로 다른 의미구조가 서로 어긋남 없이 일관된 뜻을 나타낸다 엄밀한 이론적 증명이 필요하다.
- 동작과정 의미구조(operational semantics)는 프로그램의 의미구조를 외부의 대상에서 찾지 않고 프로그램이 결과값으로 바뀌어 가는 계산과정 자체를 의미구조로 정의한다. 따라서 프로그램으로 옮겨 대상이 되는 언어를 구현하기에 적합한 의미구조의 표현 방식이라 볼 수 있다.
- 동작과정 의미구조는 이항관계로 정의할 수 있는데, 프로그램(e)을 최종 결과값(v)과 연관짓는 ($e \Longmapsto v$) 큰걸음(bit-step) 의미구조와 계산 과정의 계산식(e)을 바로 다음 단계의 계산식(e')와 연관짓는 ($e \longmapsto e'$) 작은걸음 의미구조의 두 가지 정의 방식으로 크게 분류할 수 있다.
- 큰걸음 의미구조에서는 $e \Longmapsto v$의 성립 자체가 정상적인 계산의 종료를 의미한다.
- 작은걸음 의미구조에서는 계산이 정상 종료되는 계산식의 형태를 종료조건으로 명시하면 그 이외의 형태로 더 이상 진행할 수 없는 계산은 비정상 종료로 취급한다.

- 같은 언어에 큰걸음과 작은걸음 의미구조를 서로 같은 계산과정을 표현하도록 정의했다면, 큰걸음으로 $e \Longmapsto v$일 때 0회 이상의 여러 작은걸음으로 $e \longmapsto \cdots \longmapsto v$이어야 하고, 반대로 여러 작은걸음 $e \longmapsto \cdots \longmapsto e'$로 정상종료되는 계산과정은 큰걸음에서도 $e \Longmapsto e'$이며 이 때 e'는 큰걸음에서 최종 계산값의 형태에 부합한다.
- 여러 갈래로 진행될 가능성이 있는 계산을 포함하는 작은걸음 의미구조를 비결정적(nondeterministic)인 의미구조라 하는데, 이 때 정상 종료하는 계산에 대해서는 항상 갈라졌던 계산이 다시 하나로 합쳐지면서 유일무이한 결과값으로 수렴한다면 그러한 의미구조는 합류성(confluence)이 있다.
- 문자열을 둘로 자르는 모든 경우에 나타날 수 있는 앞쪽을 앞부분(prefix) 그리고 뒤쪽을 뒷부분(suffix 또는 postfix)이라고 한다.
- 문자열의 왼쪽에 x^{-1}라 쓰면 앞부분이 x인 문자열에서 그 앞부분 x를 떼내고 남은 뒷부분을 계산하는 연산이며 이를 문자열의 집합인 언어(L)로 확장한 개념이 바로 언어의 문자열에 대한 미분($x^{-1}L$)이다. 브쇼조브스키는 문자열의 미분을 기반으로 정의한 정규식의 미분을 연구하였다.
- 공리적 의미구조(axiomatic semantics)는 호어 논리(Hoare logic)에서 그 기원을 찾을 수 있으며, 역사적으로 호어 로직과 함께 프로그램 검증 분야가 본격적으로 시작되었기에 프로그램 검증에 실용적으로 가장 활발하게 응용되어 온 방식의 의미구조라 볼 수 있다.
- 프로그램 검증이란 프로그램을 실행해 특정 입력 사례에 대해 기대하는 결과가 계산되는지 알아보는 일반적인 프로그램 검사와 달리 일반적으로 모든 경우에 프로그램이 어떤 성질을 만족하는지 수학에서의 증명과 같이 논리적으로 검증하는 접근 방식이다.
- 공리적 의미구조는 프로그램(C)이 실행되기 전에 만족되어야 하는 선행조건(P)과 실행 후에 만족될 후행조건(Q)으로써 프로그램의 의미를 정의한다. 이렇게 프로그램과 그 선행조건 및 후행조건의 세 요소로 이루어진 표현 $\{P\}\,C\,\{Q\}$를 호어 트리플(Hoare triple)이라 한다.

연습문제

1. 덧셈과 곱셈을 포함하는 계산식에 대한 큰걸음 의미구조와 작은걸음 의미구조를 정의해 보라.
2. 앞의 문제에서 정의한 의미구조가 결정적인지 비결정적인지 따져보라.

탐구과제

1. 그림 4.2를 곧이곧대로 프로그램으로 옮길 경우 함수의 계산이 끝나지 않는 경우가 발생할 수 있다. 어떤 경우에 그런지 분석해 보고, 끝나지 않는 계산을 피하려면 어떤 부분을 신경써야 할지 생각해 보라.
2. 비결정적인 작은걸음 의미구조를 결정적인 의미구조로 바꾸려면 어떻게 해야 하는지 알아보라.
3. 동작과정 의미구조를 설명하는 본문의 끝부분에 더 작은걸음스러운 정규식 미분의 작은걸음 의미구조를 정의하려면 어떤 방향으로 접근해야 할지 제시했다. 실제로 구체적인 규칙을 정의해 가며 작은걸음 이런 방향으로 정규식 미분의 작은걸음 의미구조를 정의해 보라.
4. 호어 로직을 확장한 분리 논리(separation logic)의 특징과 응용 사례를 조사해 보라.

제 5 장

유효범위(Scope)와 타입(Type)

컴파일러 관련 기술을 논할 때, 구문분석(syntax analysis)을 마치고 가운데단의 중간 코드 생성(intermediate code generation) 및 최적화(optimization)와 뒷단의 코드 생성(code generation)을 하기 전, 앞단의 작업을 마무리하며 진행되는 일련의 작업을 대략 의미분석(semantic analysis)이라 부른다 [2]. 프로그램에서 이름(name) 혹은 식별자(identifier)가 유효범위(scope)에 맞게 사용되는지, 또 계산식이 타입(type)에 맞게 활용되는지 등에 대한 검사도 여기에 포함되며, 이런 작업을 진행하며 얻은 정보를 (추상)문법나무에 추가적인 속성(attribute)으로 추가하기도 한다. 하지만 그렇다고 해서 보통의 컴파일러에서 소위 '의미분석'으로 분류되는 모든 작업을 원론적으로 문법구조의 영역이 아닌 의미구조의 영역으로 딱 떨어지게 경계지을 수 있는 것은 아니며, 단지 지금까지 프로그래밍언어 구현을 보통 그런 식으로 구성했다는 말이다. 프로그래밍언어에서 유효범위(scope)와 타입(type)은 문법구조(syntax)일까 의미구조(semantics)일까?

5.1 이름의 유효범위와 문법구조

변수 등의 이름이 그 유효범위에 맞게 사용되는지는 문맥자유문법(CFG)의 표현 범위를 넘어선 문맥의존문법(CSG)까지 동원하면 형식문법으로 표현 가능하므로 이론적으로는 얼마든지 순수한 문법구조의 영역으로 볼 수 있다. 물론 일반적인 CSG는 프로그래밍언어 구현에서 현실적인 용도로 사용할 만큼 효율적인 알고리듬으로 처리하기 어렵기 때문에 지금까지의 대부분 프로그래밍 언어 구현에서 대략 CFG로 표현 가능한 만큼의 구문분석을 한 뒤에 유효범위 등은 별도로 처리하는 것이 일반적이었던 것이다. 하지만 문맥자유문법의 비교적 온건한 확장[39]으로도 이름 유효범위와 같은 기능을 처리할 수 있음이 밝혀져 있으므로, 새로운 언어 구현을 시도한다면 이를 구문분석 과정의 일부로 처리하는 것도 비현실적 접근은 아니다. 이 절에서는 특정 형식문법으로 효과적으로 표현 가능한가에 대한 내용보다는, 어째서 이름 유효범위를 의미구조보다 문법구조로 보는 것이 자연스러운지 직관적인 예시로 설명한다. 또한, 유효범위를 어떤 데이터 구조의 관점에서 접근하면 개념적으로 이해하기도 좋고 구현과 관련한 활용에도 유용한지 소개하려 한다.

5.1.1 이름의 유효범위(scope)와 납치(catpure)

그림 5.1에는 C/C++ 언어로 1부터 n까지의 합을 계산하는 함수를 처음에는 단순한 반복문으로 작성(그림 5.1a)하고, 이를 여러모로 수정해 보았다. 반복문 정도의 기초적인 프로그램 요소 정도에만 익숙하더라도 원래 함수인 그림 5.1a과 y를 z로 바꿔친 그림 5.1b는 똑같은 함수지만, y를 n으로 바꿔친 그림 5.1c는 전혀 다른 함수라는 것을 한눈에 알아볼 수 있을 것이다. 고정 크기 정수의 넘침(overflow)같은 컴퓨터 하드웨어를 고려한 정수 표현의 세부사항은 무시하고 수학적으로 이상적인 정수의 연산만을 생각한다면, 그림 5.1a과 5.1e는 조금 다른 측면에서 "같은" 함수이다. 그림 5.1a과 5.1b는 그냥 생긴 것만 봐도 같은, 즉 문법구조적으로도 거의 같지만, 그림 5.1a과 5.1e는 정수 덧셈, 곱셈, 나눗셈의 성질 등 수학적 의미를 따져보았을 때 의미구조상 같다고 정리할 수 있다.

그렇다면 그림 5.1b와 비슷한 방식으로 수정한 그림 5.1c은 어째서 우리가 한

```
1 int f(int n) {
2   int y = 0;
3   for (int x = 1; x <= n; x++)
4       y += x;
5   return y;
6 }
```

(a) n까지 더하는 함수

```
1 int f(int n) {
2   int z = 0;
3   for (int x = 1; x <= n; x++)
4       z += x;
5   return z;
6 }
```

(b) y를 z로 바꿔치기

```
1 int f(int n) {
2   int n = 0;
3   for (int x = 1; x <= n; x++)
4       n += x;
5   return n;
6 }
```

(c) y를 n으로 바꿔치기

```
1 int f(int n) {
2   int y = n - 100;
3   for (int x = 1; x <= n; x++)
4       y += x;
5   return x;
6 }
```

(d) 0을 n-100으로 바꿔치기

```
1 int f(int n) { return (n + 1) * n / 2; }
```

(e) 가우스의 덧셈 공식

〈그림 5.1〉 요렇게 저렇게 바꾸면 무엇이 무엇이 똑같은가?

눈에 보고 다른 함수라고 판단했을까? 프로그래밍에 대해 잘 모르는 친구가 이런 식으로 물어보면 뭐라고 설명할까 잠깐 고민하다가, 저렇게 고치면 1부터 n까지 합이 아닌 엉뚱한 계산을 한다고, 아마도 설명하려 들 것이다. 그런데 설명하려고 잠깐 고민하기 전부터 기초적인 프로그래밍이라도 직접 해본 사람이라면, 이미 이건 함수의 내용을 따지기 전에 뭔가 달라졌다고 직감했을 것이다. 이런 직감을 전문용어를 동원해 설명하자면 변수의 이름을 바꿔치기(substitution) 혹은 치환하면서 원래 함수에서 이름이 유효범위에 묶여있던 (name binding) 구조까지도 의도치 않게 바꿔버린 것이다. 그림 5.1b에서는 변수 y를 선언하고 사용하는 모든 곳에서 새로운 이름 z로 바꿔치더라도 이름이 유효범위에 묶여있는 구조는 변하지 않았다. 하지만 그림 5.1c에서 y를 n으로 바꿔치면, 원래 함수(그림 5.1a)에서 3째줄의 `x<=n`에 사용되는 n은 1째줄에 함수의 매개변수(parameter)로 선언된 n에 묶여있었는데 이름을 바꿔친 다음(그림 5.1c)에는 같은 3째줄의 `x<=n`에서 n이 이제는 함수의 지역 변수로 선언된 2째줄의 `int n`에 묶여있다. 즉, 3

째줄의 n이 원래 함수 전체 유효범위에 묶여있던 이름이였는데 수정한 다음에 함수의 일부인 2째줄 이후의 더 좁은 유효범위에 묶여있는 이름이 되어버린 것이다. 이렇게 의도치 않게 더 좁은 유효범위에 갇히는 상황을 이름이 납치(capture) 되었다고도 한다.

그림 5.1d에서는 그림 자체에 나타나 있지 않은 상황을 추가로 가정하자면, 함수 바깥에 프로그램의 다른 부분에서 상수로 사용하는 전역변수 n의 값이 100으로 정의되어 있다고 하자. 그러면 함수 바깥의 다른 곳에서는 n-100의 값이 0이므로 같은 값의 식끼리 치환을 시도한 상황이 된다. 그런데 하필 함수 파라메터의 이름이 n으로 전역변수의 이름과 겹쳐서 이 함수 안으로 들어온 2째줄의 n-100에서 n은 더이상 원래 의도했던 전역 유효범위가 아닌 더 좁은 범위의 함수 유효범위에 묶인 이름이 되어버린다. 유효범위가 의도한 것보다 더 좁은 곳에 묶인다는 점은 같지만 앞서 그림 5.1c에서는 내부적으로 사용하는 이름을 (더 가독성이 좋은 이름으로 새로 짓거나 하는 등의 이유에서) 일괄적으로 바꾸려다 의도치 않은 이름의 납치가 발생한 상황이라면 이번 경우는 바깥에서 사용하던 프로그램식을 안으로 옮겨 사용하려다 이름의 납치가 발생한 상황이다.

이렇듯 단순히 문서편집기에서 문자열을 다른 문자열로 바꿔치기(substitution)하는 방식으로는 이름 납치가 발생할 위험성이 있다. 그래서 기존에 작성했던 소스코드의 구조개선을 돕는 리팩토링(refactoring) 도구 등의 프로그래밍언어 소스코드의 문법구조를 따라 안전하게 일괄적으로 치환하는 기능이 필요한 도구에는 "납치없는 바꿔치기"(capture avoiding substitution)를 구현해야 한다. 예를 들면 방금 살펴본 그림 5.1d에서는 n-100을 함수 안으로 옮겨오기 전에 이름 납치의 가능성을 인지하고 함수 파라메터 이름을 n에서 m과 같은 겹치지 않는 이름으로 먼저 일괄적으로 바꿔 놓으면 된다. 물론 이렇게 내부적으로 이름을 치환하는 중에도 이름 납치가 발생하지 않도록 하면서 말이다.

5.1.2 이름의 유효범위 묶음(name binding)을 포함한 문법구조의 같음

앞서 다룬 바를 간단히 정리해 보면, $f(x) = x + x$와 $f(x) = 2 \times x$는 문법구조는 다르지만 의미구조상 같고, $f(x) = x + x$와 $f(y) = y + y$는 문법구조상 본질적으로 같다고 볼 수 있다. 이름(name)을 뭐라고 부르는가는 편의상 임의로 정했을

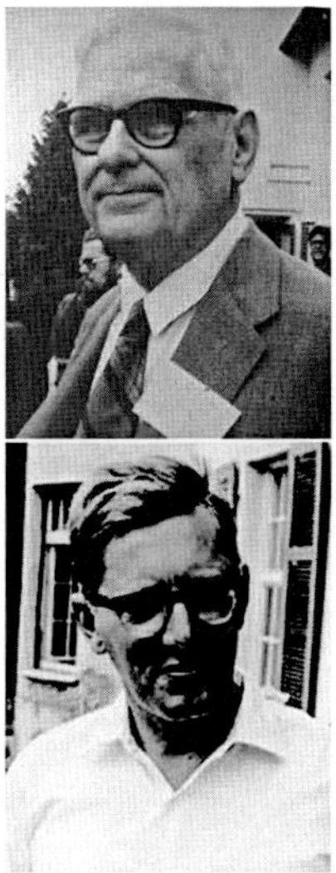

람다식의 문법구조

$$e \;::=\; x \mid \lambda x.e \mid e\,e$$

Y-combinator의 표준적 람다식 표기와

$$\lambda f.(\lambda x.\, f\,(x\,x))\,(\lambda x.\, f\,(x\,x))$$

$$\lambda\ \ (\lambda\ 2\,(1\,1))\,(\lambda\ 2\,(1\,1))$$

그에 상응하는 이름없는 람다식 표기

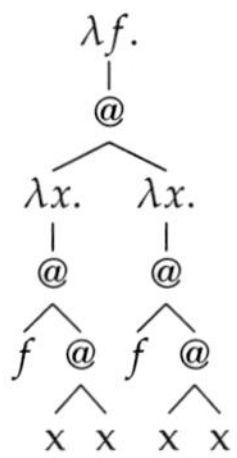

〈그림 5.2〉 람다계산법(λ-calculus)의 창시자인 알론조 처치(Alonzo Church, 상)와 이름없는 람다식 표기를 고안한 니콜라스 드 브루인(Nicholaas de Bruijn, 하) (사진 출처: MacTutor, 위키미디어 공용)

뿐 그 자체가 본질적인 것은 아니며 오히려 이름이 어느 유효범위에 묶여있는지(name binding)의 구조가 이름의 본질이라 할 수 있다. 따라서 함수 이름 f를 항상 작성하는 친숙한 표기 방식은 함수의 본질만 담은 최소한의 표기는 아니다. 이러한 관점에서 알론조 처치(Alonzo Church)는 함수 $f(x) = x + x$를 이름짓지 않고 $\lambda x.x + x$와 같이 표기하는 람다계산법(λ-calculus)을 1930년대 초에 창안[9]하였으며 매개변수의 이름만 바꾸면 (단, 바꾸면서 납치가 일어나지 않게) 똑같아질 수 있는 관계를 $\lambda x.x \equiv_\alpha \lambda y.y$와 같이 표기하고 α동치(α-equivalence)라 불렀다. 니콜라스 드브루인(Nicholaas de Bruijn)은 람다식 문법나무에서 이름이 몇번째로 가까운 유효범위에 묶여있는지 나타내는 정수값인 드브루인 인덱스(de Bruijn index)를 이름 대신에 표시함으로써 α동치인 람다식이 유일무이한 형태로 표기되는 람다식에 대한 이름없는 표기 방식[11]을 고안하였다. 그러니까 람다식을 드브루인 인덱스를 활용한 표기로 바꿔봤는데 똑같다면 서로 α동치라는 말이다.

그림 5.2에는 같은 람다식의 표준적 표기와 드브루인 인덱스를 활용한 이름 없는 표기를 나란히 비교해 놓았다. 문법나무를 살펴보면, x는 첫번째 가까운 $\lambda x.\cdots$로 시작하는 범위에서 나타되므로 1로, f는 두번째 가까운 $\lambda f.\cdots$로 시작하는 범위에서 나타되므로 2로 표시하고 있다. 그런데 같은 이름이라도 어디에서 쓰이느냐에 따라 다른 드브루인 인덱스로 표시될 수 있다는 점에 유의하라. 예를 들어 람다식 $\lambda f.f\,(\lambda x.f\ x)$는 $\lambda\ 1\ (\lambda\ 2\ 1)$에 상응한다. 오른쪽과 왼쪽의 f를 각각 1과 2의 서로 다른 드브루인 인덱스로 표시하고 있다. 왜냐하면 오른쪽 f가 묶여있는 $\lambda f.\cdots$는 가장 가까이 있지만 왼쪽 f는 $\lambda x.\cdots$ 안에 있으므로 묶여있는 곳을 찾아가려면 거기서 가장 가까운 $\lambda x.\cdots$를 거쳐 두번째로 가까운 $\lambda f.\cdots$로 가야 하기 때문이다.

람다식에 나타나는 모든 이름이 드브루인 인덱스로 변환되지는 않는다. 단적으로 이름 자체만으로 이루어진 x와 같은 람다식에서 이름 x는 드브루인 인덱스로 옮길 수 없다. 왜냐하면 이런 경우 x는 어디에도 묶이지 않고 자유롭기(free) 때문이다. 또한 $\lambda x.y\ x$의 경우도 $\lambda\ y\ 1$ 정도까지만 이름을 드브루인 인덱스로 변환할 수 있다. 왜냐하면 $\lambda x.y\ x$에서 x는 묶인이름(bound name)이지만 y는 자유이름(free name)이기 때문이다. 람다식에 자유이름이 있으면 열려있다(open)고 하고 자유이름이 없으면 닫혀있다(closed)고 한다. 보통 컴파일러의 의미분석 단계 작업의 하나로 분류되는 유효범위 분석(scope analysis)을 이런 관점에서 단순화해서 설명하면, 분석 대상이 되는 프로그램이 자유변수가 없는 닫힌 프로그램이면 통과시키고 자유변수를 포함하는 열린 프로그램이면 거부하며 오류를 내는 작업으로 볼 수 있다.

5.1.3 요약문법나무 + 이름의 유효범위 묶음 = 요약묶음나무

요약문법나무(abstract syntax tree, AST)에 이름의 유효범위 묶음(name binding)까지 표현된 구조를 요약묶음나무(abstract binding tree, ABT)라 한다 [17]. 람다계산법(그림 5.2)에서 λ와 같이 이름을 유효범위에 묶어주는 요소를 바인더(binder)라 하는데 순수한 람다식에서 바인더는 λ 하나 뿐이다. 참고로, 여러 부분식으로 이루어지는 식을 한데 모아 복합적인(compound) 식을 구성한다는 점에서는 바인더와 같지만 이름의 유효범위 묶음을 다루지는 않는 $e_1 + e_2$에서 +와

$$
\begin{aligned}
x &\in \mathcal{N} \\
e, e_i &\in E \\
&::= x \\
&\quad \mid \boldsymbol{\lambda} x \,.\, e \qquad (\text{binds } x \text{ in } e) \\
&\quad \mid e_1\ e_2 \\
&\quad \mid \textbf{let } x = e_1 \textbf{ in } e_2 \quad (\text{binds } x \text{ in } e_2)
\end{aligned}
$$

(a) Sewell 형식

$$
\begin{aligned}
x &\in \mathcal{N} \\
e, e_i &\in E \\
&::= x \\
&\quad \mid \boldsymbol{\lambda}(x.e) \\
&\quad \mid \boldsymbol{@}(e_1; e_2) \\
&\quad \mid \textbf{let}(e_1; x.e_2)
\end{aligned}
$$

(b) Harper 형식

〈그림 5.3〉 요약묶음나무(ABT)의 두 가지 표현 형식

같은 요소까지 아우르는 문법구조의 개념을 생성자(constructor)라고도 부른다. 실용적인 언어는 물론이고 이론적 연구 주제로 다루는 프로그래밍언어의 모형에서도 여러 종류의 바인더를 포함하는 문법구조는 드물지 않다. 요약묶음나무는 이렇게 여러 종류의 바인더를 포함한 언어의 문법구조를 다루기에 적합한 표현 방식이다.

람다식에 지역(local) 이름을 선언하는, 이를테면 let $x = 3$ in $x + 2$를 계산한 결과가 5인, 새로운 바인더 let $\cdots$ in $\cdots$ 으로 이루어지는 식을 추가하자. 일반적으로 let식의 형태를 let $x = e_1$ in e_2라 하면 여기서 e_1은 x의 값을 초기화하기 위한 식일 뿐 x의 유효범위에 포함되지 않고 실제 x가 묶이는 범위는 e_2로 한다. 이렇게 우리말 문장으로 설명해 놓으면 어떤 이름을 어떤 유효범위에 묶는지 뜻이 전달되기는 하지만 한눈에 잘 들어오지는 않는다. 이를 그림 5.3와 같이 추상묶음나무(ABT) 형식으로 정리하여 표시하면 추상문법나무(AST)가 나타내는 문법구조의 내용과 함께 각 바인더가 어떤 이름 유효범위 묶음(name binding) 구조를 구성하는지 한눈에 들어온다. 왼쪽(그림 5.3a)은 Sewell[45]이 개발을 주도한 의미구조 정의 자동화 도구인 OTT의 표기와 유사한 방식이다. OTT는 구체적문법을 처리하는 파서도 자동으로 생성하는 기능을 포함하므로 구체적문법에 가깝게 문법구조를 표현하고 바인더를 포함하는 식의 오른쪽에 이름이 묶이는 범위에 대한 부가조건을 명시한다. 오른쪽은 Harper [17]의 교재에 나타나는 표현 방식으로 추상문법 표현을 규격화하여 복합적인(compound) 문법요소을 만들어내는

생성자(constructor)를 앞부분(prefix)에 오도록 표현하며, 구체적문법에 나타나는 순서와 다르게 조정해서라도 이름 x와 그 유효범위에 해당하는 식 e를 항상 바로 옆에 놓고 한 덩어리로 묶어 $x.e$와 같이 표기한다. 이런 요약문법나무(ABT)로 정의된 문법구조는 납치없는 바꿔치기(capture avoiding substitution) 및 α 동치(α-equivalence) 등과 같은 이름의 유효범위 묶음(name binding)을 다루는 기본적인 연산이 제공된다고 가정한다. 실제로 ABT의 기능을 자체적으로 내장한 언어[46]나 ABT의 개념을 바탕으로 문법구조에서 이름의 유효범위를 편리하게 다루는 라이브러리[49]도 출시되어 있는데, 이런 언어나 라이브러리에서는 해당 연산을 미리 구현해 제공하거나 손쉽게 구현할 수 있는 기능을 마련하고 있다.

5.2 프로그래밍언어의 타입

대부분의 프로그래밍언어에는 정수, 부동소수점 수, 문자 등의 기본 타입(basic type) 혹은 원시 타입(primitive type)이 제공되며, 순서쌍, 구조체, 리스트, 배열 등 여러개의 자료를 하나로 묶는 복합 타입(compound type)이 제공된다. 또한 함수를 값으로서 다루는 프로그래밍언어에서는 함수 타입의 계산식이나 값을 직접 다룰 수 있다. 타입(type)을 '유형', '형', 또는 '꼴' 등의 우리말 용어로 옮기기도 하지만 워낙 프로그래밍 이외의 분야에서 일상용어로도 흔히 쓰는 외래어이므로 이 책에서는 그냥 '타입'이라 부르겠다.

5.2.1 정적 타입과 동적 타입

타입은 실행 전의 프로그램식이나 계산의 진행 과정에 있는 계신식 또는 계산의 결과값을 분류하는 유형이다. 정적(static) 타입은 실행 전에 계산식을 미리 분류하는 개념으로, 실행 중에도 그 성질이 유지될 것을 기대하며 최종적으로 어떤 종류의 값으로 계산될지도 가늠해 볼 수 있다. 동작과정 의미구조의 관점에서 표현해 보면 다음과 같다. 실행 전에 $e : \tau$, 즉 프로그램식 e가 타입 τ로 분류된다면, 작은걸음으로 $e \longmapsto e_1 \longmapsto e_2 \longmapsto \cdots$일 때 $e_1 : \tau$, $e_2 : \tau$, $\cdots$임을 기대하며 큰걸음으로 $e \Longmapsto v$일 때 $v : \tau$임을 기대한다는 말이다. 이렇게 정적 타입을 기반으로 한 언어에서 대표적으로 만족되기를 기대하는 실행 과정에서 타입이 유지되는 성질을 '타입보존'(type perservation)이라고 한다. 또한 잘 설계된 정적 타입 언어에서는 모든 구성 요소가 타입으로 잘 분류되는 (well-typed) 프로그램은 계산 도중에 비정상 종료되지 않고 원활히 진행(progress)되는 성질을 만족할 것도 기대한다. 정리하면, 이상적인 정적 타입 언어는 타입으로 잘 분류되는 프로그램이 실행 전에 분류된 타입대로 성질을 유지하며 원활히 계산이 진행되도록 타입 시스템이 안전성(safety 또는 soundness)을 보장하는 것을 추구한다. 실행 효율의 측면에서도 정적 타입 언어는 유리하다. 프로그램식이나 변수의 타입이 실행 중에 보존된다는 성질을 기대할 수 있으므로, 예를 들어 실행 전에 정수 타입으로 분류된 변수는 실행 중에 혹시 갑자기 문자열이나 함수로 내용이 바뀌지 않을까 동적 언어에서처럼 걱정하며 추가로 검사나 예외처리를 할 필요 없이 정수를 처리에 필요한 만큼만의 메모리를 배정하고 정수 타입에 최적화된 처리를 할 수 있기 때문이다.

그에 상대되는 개념인 동적(dynamic) 타입은, 더 이상 계산할 필요 없이 자명한 기본타입의 리터럴 등 일부 프로그램의 요소를 제외하고는, 일반적으로 실행 전의 프로그램식을 미리 분류하지 않고 실행하여 계산된 결과값에 대해서만 어떤 타입인지 확인하여 그 다음 계산 진행 과정에 적합한지 판단한다. 예를 들어 함수를 호출하는 위치에 해당하는 변수의 값을 계산해 그 결과를 확인해 보았는데, 결과값이 함수가 아닌 정수이거나 할 경우에는 그 다음의 계산 과정인 함수 호출이 불가능하므로 실행 오류가 발생하게 되는 것이다. 동적 언어는 이렇게 미리 오류를 검출하기 어렵고 실행 시간에 뒤늦게 오류가 드러나는 단점을 감수하고서라도 프로그래머가 표현하고자 하는 모든 정상적으로 계산 가능한 프로그램은 다 수용하겠다는 '완전성'(completeness)을 추구한다고 볼 수도 있다. 정적 타입 언어에서는 안전성을 추구하다 보니 실제로 실행해 보면 문제 없이 동작하는 일부 프로그램이 타입 시스템의 규칙에 부합하지 않는다는 이유로 바람직하지 못한 프로그램으로 취급되어 컴파일 및 실행이 거부되기도 한다.

참고로, 정적 타입을 기반으로 하는 언어에서도 동적 타입의 요소가 일부 가미되는 경우도 많다. 예를 들면 동적 디스패치를 기반으로 하는 객체지향 언어에서는 정적 타입으로 추상적인 상위 범주만 분류되고, 구체적으로 어떤 하위 범주로 분류되는 내용이 계산 과정이나 최종 결과값에 나타날지는 실행 시간에 동적 타입으로 확인가능한 경우도 있다. 그리고 조금 더 동적 타입에 가까운 요소로는 소위 리플렉션(reflection)이라 불리는, 프로그램 실행 중에 새로이 타입을 구성하는 기능을 제공하는 정적 타입 기반의 언어들도 있다. 이런 내용은 컴퓨터 관련 전공 교육과정에서 객체지향에 대한 이론을 다루거나 객체지향 언어로 실습하며 접할 기회들도 있을 것이므로 더 이상의 자세한 설명은 생략한다.

정적 타입을 기반으로 동적 타입의 요소를 가미하는 정도가 아닌, 동적 타입 언어로 작성하듯 프로그래밍할 수 있으면서 필요에 따라서 정적 타입의 기능을 일부 활용한다거나, 정적 타입 언어에서처럼 더 많은 타입 정보를 명세함으로써 더 원활한 동적 타입 언어의 활용을 꾀하는 등의 여러 가지 다양한 방식을 아울러 하이브리드(hybrid) 타입이라 부른다. 예를 들면 소위 소프트(soft) 타입[7]을 표방하는 언어 시스템은 추가적인 타입 정보를 동적 언어에 제공함으로써 실행 성능 향상을 도모하거나 실행 오류가 발생했을 때 추가적인 타입 정보를 함께 활용함으로써 더 나은 오류 처리를 도모하기는 하지만, 정적 타입의 가장 핵심적인 기능이자 장점인 실행 전에 프로그램에서 아귀가 맞지 않는 부분을 찾아 오류를 검출하는 기능을 도입하지는 않았었다. 최근 들어 업계에서도 인기가 높아지는 점진적(gradual) 타입[25]을 표방하는 언어 시스템은 정적 타입 검사로 실행 전에 오류를 검출할 수 있으면서도, 기존에 동적 타입 언어로 작성된 코드를 거의 그대로 활용하며 원하는 부분에 필요한 만큼만 정적 타입을 점진적으로 적용할 수 있도록 설계되어 있다.

5.2.2 요약된 의미로서의 타입

어떤 프로그래밍언어에 다음 기본 함수가 제공된다고 하자 (단, $\Sigma = \{a, b\}$).

$$\texttt{plus} : \mathbb{N} \times \mathbb{N} \to \mathbb{N} \qquad \text{자연수의 덧셈}$$

$$\texttt{slen} : \Sigma^* \to \mathbb{N} \qquad \text{문자열의 길이}$$

위의 각 함수의 지시적 의미구조는 다음과 같은 대응의 집합으로 정의하고,

$$[\![\texttt{plus}]\!] = \{(0,0) \mapsto 0,\ (0,1) \mapsto 1,\ (1,0) \to 1,\ (0,2) \mapsto 2,\ (1,1) \mapsto 2,\ \ldots\}$$

$$[\![\texttt{slen}]\!] = \{\varepsilon \mapsto 0, a \mapsto 1,\ b \mapsto 1,\ aa \mapsto 2,\ ab \mapsto 2,\ ba \mapsto 2,\ bb \mapsto 2,\ \ldots\}$$

자연수나 문자열의 의미는 $\llbracket 25 \rrbracket = \{25\}$나 $\llbracket abba \rrbracket = \{abba\}$ 같이 그 값 하나만으로 이루어진 집합(singleton set)으로, 그리고 순서쌍의 의미는 각 요소 의미의 곱집합인 $\llbracket (e_1, \ldots, e_k) \rrbracket = \llbracket e_1 \rrbracket \times \cdots \times \llbracket e_k \rrbracket$로 정의하자. 그러면 함수 호출의 의미는 다음과 같이 정의할 수 있다.

$$\llbracket f(e_1, \ldots, e_k) \rrbracket = \{v' \mid v \in \llbracket (e_1, \ldots, e_k) \rrbracket, v \mapsto v' \in \llbracket f \rrbracket\}$$

이런 의미구조는 실행했을 때 구체적으로 어떤 결과값일지 정확한 내용을 표현한다. 예컨대, 두 문자열 ab와 bba의 길이이 합을 구하는 프로그램을 지시함수 $\llbracket \cdot \rrbracket$의 정의에 따라 풀어가 보면 다음과 같다.

$$\begin{aligned}
& \llbracket \texttt{plus}(\texttt{slen}(ab), \texttt{slen}(bba)) \rrbracket \\
= \ & \{v' \mid v \in \llbracket (\texttt{slen}(ab), \texttt{slen}(\mathrm{bba})) \rrbracket, v \mapsto v' \in \llbracket \texttt{plus} \rrbracket\} \\
= \ & \{v' \mid v \in \llbracket \texttt{slen}(ab) \rrbracket \times \llbracket \texttt{slen}(bba) \rrbracket, v \mapsto v' \in \llbracket \texttt{plus} \rrbracket\} \\
= \ & \cdots \\
= \ & \{v' \mid v \in \{2\} \times \{3\}, v \mapsto v' \in \llbracket \texttt{plus} \rrbracket\} \\
= \ & \{v' \mid v \in \{(2, 3)\}, \ v \mapsto v' \in \llbracket \texttt{plus} \rrbracket\} \\
= \ & \{5\}
\end{aligned}$$

이번에는 같은 언어에 때한 다른 의미구조($\llbracket \cdot \rrbracket_t$)를 그림 5.4와 같이 정의해 보자. 가장 기본적인 값인 자연수와 문자열의 의미를 정확히 그 하나의 값으로만 이루어진 집합으로 좁히는 $\llbracket \cdot \rrbracket$과 달리, 이번에 정의한 지시함수 $\llbracket \cdot \rrbracket_t$는 크게 어림잡아 자연수 전체의 집합 $\mathbb{N}$과 문자열 전체의 집합 Σ^*이라는 아주 넓은 범위를 그 의미로 삼는다. 즉, 자연수끼리나 문자열끼리 구체적인 값이야 어찌되었든 의미를 구별하지 않고 뭉뚱그려 취급하는 것이다. 앞서 지시함수 $\llbracket \cdot \rrbracket$의 정의에 따라 풀어가 보았던 프로그램 $\texttt{plus}(\texttt{slen}(ab), \texttt{slen}(bba))$를 이번에는 $\llbracket \cdot \rrbracket_t$의 정의에 따라 풀어가 보자. $\llbracket \texttt{slen} \rrbracket_t = \Sigma^* \to \mathbb{N}$이고 $\llbracket ab \rrbracket_t = \Sigma^*$라서 $\llbracket \texttt{slen} \rrbracket_t = \llbracket ab \rrbracket_t \to \mathbb{N}$이 성립하므로, 그림 5.4에서 마지막의 함수 호출에 대한 지시함수 정의를 적용하면 $\llbracket \texttt{slen}(ab) \rrbracket_t = \mathbb{N}$이다. 마찬가지로 $\llbracket \texttt{slen}(bba) \rrbracket_t = \mathbb{N}$이며, 따라서 $\llbracket (\texttt{slen}(ab), \texttt{slen}(bba)) \rrbracket_t = \mathbb{N} \times \mathbb{N}$이다. $\llbracket \texttt{plus} \rrbracket_t = \mathbb{N} \times \mathbb{N} \to \mathbb{N}$이므로 $\llbracket \texttt{plus} \rrbracket_t = \llbracket (\texttt{slen}(ab), \texttt{slen}(bba)) \rrbracket_t \to \mathbb{N}$이 성립하므로, 다시 함수 호출에 대한

$$
\begin{aligned}
[\![\,\texttt{plus}\,]\!]_t &= \mathbb{N}\times\mathbb{N}\to\mathbb{N}\\
[\![\,\texttt{slen}\,]\!]_t &= \Sigma^*\to\mathbb{N}\\
[\![\,n\,]\!]_t &= \mathbb{N} \qquad (n\in\mathbb{N})\\
[\![\,x\,]\!]_t &= \Sigma^* \qquad (x\in\Sigma^*)\\
[\![\,(e_1,\ldots,e_k)\,]\!]_t &= [\![e_1]\!]_t\times\cdots\times[\![e_k]\!]_t\\
[\![\,f(e_1,\ldots,e_k)\,]\!]_t &= \begin{cases} B & [\![\,f\,]\!]_t = [\![(e_1,\cdots,e_k)]\!]_t\to B\\ \{\,\} & \text{otherwise}\end{cases}
\end{aligned}
$$

〈그림 5.4〉 요약된 의미로서의 타입을 나타내는 지시적 의미구조

정의를 적용하면 $[\![\texttt{plus}(\texttt{slen}(ab),\texttt{slen}(bba))]\!]_t = \mathbb{N}$이 된다. 구체적 의미구조로 $[\![\texttt{plus}(\texttt{slen}(ab),\texttt{slen}(bba))]\!] = \{5\}$였으므로 다음이 성립함을 알 수 있다.

$$[\![\texttt{plus}(\texttt{slen}(ab),\texttt{slen}(bba))]\!] \subset [\![\texttt{plus}(\texttt{slen}(ab),\texttt{slen}(bba))]\!]_t$$

일반적으로 구체적인 의미구조로 정확히 풀이된 의미는 요약된 의미구조로 어림잡아 계산된 포괄적인 의미의 부분집합이 될 것이다 (즉, $[\![e]\!] \subset [\![e]\!]_t$).

방금전의 요약된 의미구조 $[\![\cdot]\!]_t$에 따른 풀이 과정은, 타입 검사 과정에서 함수에 넘어가는 인자들의 타입과 함수 파라메터의 타입이 일치하는지 확인되면 해당 함수 호출식의 타입은 결과적으로 함수의 리턴 타입으로 분류되는 타입 검사과정의 논리구조와 동일하다. 이러한 점에서 프로그래밍언어의 정적 타입 시스템은 요약된 의미구조를 구현하고 있다고 볼 수 있으며, 그런 의미에서 정적 타입 시스템을 프로그래밍언어의 정적 의미구조(static semantics)라 부르기도 한다.

요점정리

- 프로그램에서 이름의 본질은 어떻게 불리냐가 아니라 이름이 어떤 유효범위에 묶여있는지(name binding)의 구조에 있다.
- 이름의 유효범위를 고려하지 않고 소스코드에서 문자열을 치환하듯 일괄적으로 이름을 바꿔치면 원래 의도했던 것보다 더 좁은 범위에 이름이 묶여버리는 이름 납치(capture)가 발생할 수 있다.
- 유효범위에 묶인(bound) 이름이 아닌 어디에도 묶여있지 않은 이름을 자유(free)이름이라 부른다. 자유이름이 있으면 열려있다(open)고 하며 자유이름 없이 묶인이름만 있으면 닫혀있다(closed)고 한다.
- 프로그램에서 변수 등의 이름이 유효범위에 맞게 사용되는지 검사하는 유효범위 분석(scope analysis)을 단순화해 설명하면, 닫힌(closed) 프로그램은 통과시키고 열린(open) 프로그램은 거부하며 오류를 내는 작업이다.
- 람다계산법은 함수에 이름을 붙이지 않고 함수의 내용을 나타내는 표기 방식으로 알론조 처치(Alonzo Church)가 1930년대 초에 창안하였다.
- 이름의 유효범위 묶음을 고려한 문법구조의 일치를 α동치라 부른다.
- 이름이 사용되는 곳에서 몇번째로 가까운 유효범위에 묶여있는지를 나타내는 정수값을 드브로인 인덱스(de Bruijn index)라 한다.
- 드브로인 인덱스를 활용하면 α동치인 람다식이 유일무이하게 표현되는 이름없는 방식의 람다식 표기가 가능하다.
- 추상문법나무(AST)에 이름의 유효범위 묶음(name binding)까지 포함된 문법구조의 표현을 추상묶음나무(ABT)라 한다.
- 람다식에서 λ와 같이 이름을 유효범위에 묶는 문법구조의 요소를 바인더(binder)라고 하며, 추상묶음나무로 바인더를 포함한 문법구조를 정의할 수 있다.
- 정적 타입 언어는 실행 전에 프로그램식을 타입으로 분류하므로 일찍 오류를 검출할 수 있다. 또한 계산 과정과 최종 결과값에 이르기까지 타입을

보존(preservation)하려 하므로 실행 성능에 있어서도 도중에 값의 종류가 바뀔지 모르는 동적 타입 언어보다 유리하다.

- 정적 타입 언어는 실행 전에 잘 분류된 프로그램 타입을 보존(preservation)하며 비정상 종료 없는 계산의 진행(progress)을 보장하는 타입 안전성(safety 또는 soundness)을 추구한다.
- 동적 타입 언어는 프로그래머가 재량껏 표현 가능한 모든 정상 실행 가능한 프로그램을 받아들이려는 완전성(completeness)을 추구한다고 볼 수 있다.
- 정적 타입은, 정확한 범위로 계산하는 구체적인 의미구조에 대비되는, 넓게 어림잡아 계산하는 요약된 의미구조로 이해할 수도 있다.

연습문제

(1) $\lambda x.\lambda x.x$	(3) $\lambda x.\lambda y.x$	(5) $\lambda y.\lambda x.x$	(7) $\lambda y.\lambda x.y$
(2) $\lambda x.\lambda x.y$	(4) $\lambda x.\lambda y.y$	(6) $\lambda y.\lambda x.y$	(8) $\lambda y.\lambda y.y$

1. 위의 각 람다식이 닫힌식인지 열린식인지 구분해 보라.
2. 위에서 α동치인 람다식끼리 모아 분류해 보라.
3. 위의 각 람다식을 드브루인 인덱스를 이용한 표기로 바꾸어 보라.

탐구과제

1. 업계에서 활용되는 점진적 타입(gradual type)에 기반한 프로그래밍언어에 대해 조사해 보라.

제 II 편

하스켈로 알아보는
의미구조와 타입 시스템

제 6 장

람다계산법과 하스켈

앞으로 이 책에서는 문법구조, 의미구조 등 프로그래밍언어에 관한 개념을 직접 하스켈(Haskell) 코드로 작성해 보는 실습과 함께 조금 더 구체적으로 알아볼 것이다. 하스켈은 람다계산법에 기반한 순수 함수형 프로그래밍언어로 게으른 값 계산(lazy evaluation)에 따라 실행되며 타입 유추(type inference)를 지원하는 강력한 정적 타입 시스템을 갖추고 있다. 여기서는 하스켈 컴파일러인 GHC를 주피터(Jupyter) 환경에서 사용하게 해 주는 IHaskell 커널을 도커 이미지로 포장한 ihaskell-notebook[1]을 기준이 되는 실습 환경으로 한다. 운영체제 종류나 GHC 버전에 신경쓸 필요 없이 ihaskell-notebook 페이지의 안내에 따라 컨테이너 이미지를 구동하면 미리 설정된 프로그래밍 환경을 사용할 수 있으며, 도커(Docker)를 통한 컨테이너 활용이 익숙치 않다면 페이지에서 launch binder 배너를 클릭하기만 하면 (성능이 제한되고 휘발성이긴 하지만) 클라우드에서 곧바로 실행해 볼 수도 있다.

이 장에서는 하스켈 언어의 기원에 대해 간단히 소개한 다음, 람다계산법과 관련지어 하스켈을 이해하도록 설명한다. 설명과 곁들인 하스켈 주피터 노트북 환경에서 실행되는 예제를 통해 하스켈 언어의 기본적인 개념과 문법, 또 앞으로 계속 사용하게 될 이 프로그래밍 환경과도 친숙해지기로 한다.

[1]https://github.com/IHaskell/ihaskell-notebook

(a) Moses Schönfinkel

(b) Haskell Curry

〈그림 6.1〉 조합논리(conbinatory logic)의 창시자인 모지스 쇤핑클과 이를 체계화 한 하스켈 커리 (사진 출처: 위키미디어 공용)

6.1 하스켈 프로그래밍언어의 기원

'하스켈'이라는 프로그래밍언어의 이름은 조합논리(combinatory logic)를 정립한 하스켈 커리의 이름을 따른 것이다. 하스켈이 함수형 프로그래밍언어라고 이 장의 첫머리에서 앞서 언급했는데, 함수형 언어가 무엇인지 아주 간단히 이야기자하면 람다계산법에 기반을 둔 프로그래밍언어의 부류라 할 수 있다. 그렇다면 왜 람다계산법의 창시자인 알론조 처치의 이름을 따라 '알론조'라 부르지 않았냐면 아마도 이미 선점[12]되었기 때문인 것 같다. 어디까지나 추측이지만 만일 선점되지 않았더라면 하스켈이 아닌 알론조라고 지었을 가능성도 있을 것 같다. 이왕 주제를 벗어난 김에 흥미로운 일화를 하나 소개하자면, 알론조 처치의 아들은 (본인의 말에 따르면) 하스켈 커리의 딸과 사귄 적이 있었다고 한다.[2]

다시 하스켈의 역사[21] 이야기로 돌아오면, 하스켈은 학계의 효율적인 연구 활동을 위해 학계에서 위원회를 구성해 만든 언어다. 1980년대 후반 즈음에는 게으른 값계산에 따라 실행되는 정적 타입을 갖춘 함수형 프로그래밍언어에 대하 연구하던 사람들이 각자 자신의 연구를 위해 비슷한 기능을 가진 학술 연구를 위한 실험용 언어를 중구난방으로 만들고 있던 상황이었다고 한다. 그래서 비슷한 주제에 관심을 가진 연구자들끼리 같이 쓸 수 있는 하나의 언어를 정의하면 서로 문법을 다르게 정의한 예제 코드를 포함한 논문을 읽어야 하는 소통의 부담

[2]https://importantshock.wordpress.com/2007/08/21/haskell-curry-yes-i-dated-his-daughter/

(a) John McCarthy (b) Robin Milner

〈그림 6.2〉 LISP의 창시자이자 인공지능의 아버지인 존 매카시,
ML과 파이계산법(π-calculus)의 창사자인 로빈 밀너
(사진 출처: media.csail.mit.edu, 위키미디어 공용)

도 줄이고 구현에 드는 중복된 노력도 덜 수 있으리라는 희망으로 새로운 언어를 만드는 위원회를 시작한 것이 그 기원이라고 한다.

사공이 많으면 배가 산으로 간다는 속담처럼 위원회가 만드는 언어는, 특히나 학계의 위원회라면, 그 위원회가 활동하는 동안에만 연구논문을 위한 실험적 용도로만 쓰다 이후에 다른 곳에는 아무도 쓰지 않는 것이 보통이며, 설령 그렇더라도 충분히 의미있는 경우도 있다. 예를 들어 ALGOL이 대표적으로 학계 위원회의 언어인데, 그 자체로는 업계에서 활발히 도입되지 않았겠지만 이후의 프로그래밍언어 설계 패러다임을 바꿀 만큼, 특히 GOTO를 버리고 구조적 프로그래밍을 지원하는 것이 당연시되도록, 지대한 영향을 미쳤다. 하스켈은 학계의 연구용 언어로서도 성공을 거뒀을 뿐 아니라 업계에서도 (C++, Java, Python, JavaScript 급의) 주류 개발 언어는 아니지만 여러 리눅스 배포판에 패키지가 안정적으로 제공되며 최근에는 블럭체인[28] 등 다양한 영역에서 활용되고 있다.

더 역사를 거슬러 올라가 보면 존 매카시가 최초의 함수형 언어로 볼 수 있는 리습(LISP)을 1950년대 말에 만들었고, 로빈 밀너의 주도로 타입 유추를 지원하는 정적 타입 시스템을 갖추고 있으며 적극적 값계산(eager evaluation)에 따라 실행되는 함수형 언어인 엠엘(ML)을 1970년대 초반에 만들었다. LISP은 Common Lisp, Scheme, Racket, Clojure 등 여러 사투리(dialect)로 나뉘었다. ML의 경우는 SML, OCaml, F#이 대표적인 사투리다. 그리고 그 이후 적극적 값계산과는 다른 값계산 전략(evaluation strategy)인 게으른 값계산(lazy evaluation)에 따르는 학계의 표준적 함수형 언어로 기획된 하스켈(Haskell)이 1980년대 후반부터 만들어지기 시작해서 1990년대 중반 즈음 지금에 가까운 정리된 모습을 갖추게 되었다[21].

6.2 람다계산법과 하스켈

앞서 람다계산법의 문법구조(그림 5.2)를 소개하며 수학에서 보통 $f(x) = e$ 형태로 정의되는 함수를 람다식으로는 이름을 붙이지 않고 $\lambda x.e$ 형태의 함수요약(function abstraction)식으로 표현한다고 설명했다. 여기서는 $e_1\ e_2$ 형태의 함수적용(function application)식을 포함한 람다계산법의 의미구조(그림 6.3)를 정리해 보자. 의미구조를 자세히 살펴보기 앞서 먼저 함수적용식 $e_1\ e_2$의 의미를 간단히 이야기하자면, 수학에서 일반적인 표기로는 $e_1(e_2)$를 뜻한다. 즉, 함수 f에 인자 v를 넘겨 계산한 값을 나타내는 $f(v)$를 람다식으로는 괄호를 쓸 필요 없이 $f\ v$로 표현할 수 있다는 말이다.

그렇다면 람다계산법에서 함수를 인자에 적용해 계산한다는 의미는 구체적으로 무엇일까? 함수적용식의 왼쪽이 명백한 함수의 형태, 즉 함수요약식일 때 함수 적용 계산 과정의 가장 핵심적인 단계를 진행할 수 있다. 즉 $(\lambda x.e)\ e_2$ 형태일 때 함수의 매개변수인 x에 인자 e_2를 넘겨 계산을 한 단계 더 진행하면 $\{x{\mapsto}e_2\}e$로 표시되는, e에 자유롭게 나타나는 x를 e_2로 납치없이 바뀌친 식을 얻는다. 즉, $(\lambda x.e)\ e_2 \longmapsto \{x{\mapsto}e_2\}e$가 바로 함수 적용의 계산과정 중 가장 핵심적인 단계를 나타내는 규칙(β)으로 그림 6.3에 정리된 작은걸음 의미구조의 규칙들 중 중 가장 처음으로 나타나 있다. 이렇게 β규칙을 적용해 나감으로써 계산을 진행하는 과정을 'β줄이기' 혹은 'β줄임'(β-reduction)이라고 하며, β규칙을 적용할 수 있는 $(\lambda x.e)\ e_2$ 형태의 식을 β규칙으로 줄어드는 식(β-reducible expression)의 줄임말인 'β줄식'(β-redex)이라 부른다. 마찬가지로 그 다음에 나타나는 η규칙의 경우에도 'η줄임'(η-reduction)과 'η줄식'(η-redex)의 개념을 생각해 볼 수 있다. 당분간은 η 규칙은 없이 나머지 규칙(β,λ,$@_1$,$@_2$)만 있다고 생각하자.

방금 설명한 β규칙과 같은 계산이 하스켈 언어에서도 이루어지고 있음을 확

$$\text{문법구조} \qquad e ::= x \quad \text{name} \mid \lambda x.e \quad \text{abstraction} \mid e\,e \quad \text{application}$$

작은걸음 의미구조

$$(\beta)\frac{}{(\lambda x.e)\ e_2 \longmapsto \{x{\mapsto}e_2\}e} \qquad (\eta)\frac{}{\lambda x.e\ x \longmapsto e}\big(x \notin \mathrm{fv}(e)\big)$$

$$(\lambda)\frac{e \longmapsto e'}{\lambda x.e \longmapsto \lambda x.e'} \qquad (@_1)\frac{e_1 \longmapsto e_1'}{e_1\ e_2 \longmapsto e_1'\ e_2} \qquad (@_2)\frac{e_2 \longmapsto e_2'}{e_1\ e_2 \longmapsto e_1\ e_2'}$$

〈그림 6.3〉 타입없는 람다계산법(untyped λ-calculus)의 문법구조와 의미구조

인해 보자. 우선 이 책에서 실습용으로 작성하는 하스켈 노트북의 첫 셀은 항상 다음과 같이 시작한다.[3]

[1]:
```
:opt no-lint                                  -- linter 끄기
{-# LANGUAGE ScopedTypeVariables #-} -- 추가 언어 기능 설정
```

하스켈 코드에서는 $\lambda x.e$와 같은 람다식을 `\x -> e`와 같이 표현한다. 아래와 같이 람다식으로 표현된 함수를 같이 인자에 적용해 보면 함수 몸체 e에 나타나는 자유로운 x를 넘겨받은 인자로 바꿔치기하며 β줄임처럼 계산됨을 관찰할 수 있다.

[2]:
```
(\x -> [x,x,x]) 7
```

```
[7,7,7]
```

[3]:
```
(\x -> [x,x,x]) "go"
```

```
["go","go","go"]
```

참고로 다음과 같이 하나의 셀에 여러 개의 식을 여러 줄에 걸쳐 작성하면 각각의 식을 실행한 결과를 출력한다.

[3] 불필요한 코딩 스타일 제안 메시지를 끄고 필요한 컴파일러 언어 기능 설정을 하는 내용으로, 세부 사항은 책의 내용을 이해하는 데 큰 관계가 없으니 이해하려 하지 않고 넘어가도 좋다.

[4]:
```
(\x -> [x,x,x]) 7
(\x -> [x,x,x]) "go"
```

```
[7,7,7]
["go","go","go"]
```

람다식의 의미구조(그림 6.3)에서 β규칙과 같이 계산 진행 단계의 핵심적인 내용을 표현하는 규칙 이외의 λ,$@_1$,$@_2$와 같은 규칙은 여러 부분으로 이루어진 복합식의 어느 부분식에서 핵심적인 계산의 내용을 진행시킬지 그 맥락을 정해준다. λ규칙은 함수요약식($\lambda x.e$)의 함수 몸체(e) 부분이라는 맥락에서, $@_1$와 $@_2$ 규칙은 함수적용식(e_1 e_2)의 함수(e_1)와 인자(e_2) 부분이라는 맥락에서 계산을 진행시킨다. 이렇게 의미구조에서 계산의 핵심적인 내용 자체를 정의하는 것이 아니라 복합식의 문법구조에 따라 어떤 맥락(context)에서 계산이 진행될지 정의하는 규칙을 맥락규칙(context rule)이라고 부른다. 복합식이 그 자체로는 β줄식(β-redex)가 아니더라도 맥락규칙에 따라 그 안에 포함된 β줄식인 부분식을 찾아 거기에 β규칙을 적용함으로써 β줄이기 계산을 진행시킬 수 있다.

[5]:
```
("Hello, Haskell", (\x -> [x,x,x]) 7, "Bye, Haskell")
```

```
("Hello, Haskell",[7,7,7],"Bye, Haskell")
```

[6]:
```
("Hello, Haskell", (\x -> [x,x,x]) "go", "Bye, Haskell")
```

```
("Hello, Haskell",["go","go","go"],"Bye, Haskell")
```

하스켈 코드에서도 위와 같이 줄식이 있는 부분의 맥락을 찾아 계산함을 관찰할 수 있다. 이처럼 하스켈의 핵심에는 람다식이 있으며 순수한 람다식의 세 가지 문법 요소 외에 앞서 유효범위에 대해 다루며 언급한 let식(그림 5.3)을 비롯해 바로 위의 예제에서 나타난 리스트(`[x,x,x]`)나 튜플(`(x,y,z)`) 등 프로그래밍에 쓸모있는 다양한 문법요소가 추가되어 있다.

하지만 하스켈의 의미구조가 그림 6.3에 나타난 람다계산법의 의미구조와 완전히 일치하지는 않는다. 람다계산법의 의미구조에서는 λ규칙에 따라 함수 안쪽인 몸체의 맥락에서도 $(\lambda y.(\lambda x.x)y) \longmapsto (\lambda y.y)$와 같이 줄임(reduction)이 진행된다. 하지만 하스켈을 비롯한 대부분의 프로그래밍언어에서는 함수를 인자에 적용함으로써 함수가 호출되지 않는 한 함수 안쪽의 내용을 계산하지는 않는다.

[7]:
```
\y -> (\x -> x) y
```

```
<interactive>:1:1: error:
    • No instance for (Show (p0 -> p0)) arising from a use of 'print'
        (maybe you haven't applied a function to enough arguments?)
    • In a stmt of an interactive GHCi command: print it
```

여기서 오류가 나는 까닭은 잘못된 식을 작성해서가 아니라 함수가 기본적으로 출력가능한 타입으로 분류되지 않기 때문이다.[4] 하스켈에서 함수는 이미 계산이 끝난 값으로 취급하므로 더 이상 계산할 필요 없이 곧바로 출력해보려 했으나 출력가능한 대상이 아니었다는 오류 메시지이다. 같은 함수를 인자에 적용해 보면, 아마도 `(\y->(\x->x) y) "hello"` $\longmapsto$ `(\x->x) "hello"` $\longmapsto$ `"hello"`와 같은 과정으로, 계산이 진행됨을 확인해 볼 수 있다.

[8]:
```
(\y -> (\x -> x) y) "hello"
```

```
"hello"
```

하스켈을 비롯한 대부분의 프로그래밍언어들이 취하는 이러한 계산 방식을 '값계산'(evaluation)이라 한다. 일반적으로 람다계산법의 줄임(reduction)과 대비되는 점은 다음과 같다. 줄임은 함수 몸체를 포함한 어떤 부분식의 맥락에서도 계산의 핵심 규칙을 더 이상 적용할 수 없는 형태인 표준형(normal form)에 이를 때까지 진행하는 반면, 값계산은 특정 맥락에서만 계산을 진행하며 줄임의 표준형 외에도 더 많은 형태의 식을 계산이 완료된 값(value)으로 취급한다. 또한 줄임(reduction)의 가장 자연스러운 작은걸음 의미구조 정의는 그림 6.3과 같이 어떤 맥락에서든 계산 진행을 허용하는 비결정적 의미구조인 반면, 값계산(evaluation)은 한 갈래로만 계산과정이 진행되도록 결정적으로 맥락(context)을 규정하는 것이 보통이다. 예컨대, $((\lambda x.x)(\lambda y.y))\ ((\lambda z.z)(\lambda w.w))$는 $@_1$과 $@_2$의 두 규칙 모두 적용 가능하므로 두 갈래로 계산이 진행 가능하며, 이같이 비결정

[4] 함수도 Show 클래스의 인스턴스를 선언해 주면 출력가능한 타입으로 분류시켜 줄 수도 있다.

적인 모든 갈래의 줄임(reduction) 과정을 그림으로 나타내면 아래와 같다.

$$
\begin{array}{ccc}
((\lambda x.x)(\lambda y.y))\ ((\lambda z.z)(\lambda w.w)) & \xrightarrow{@_2} & ((\lambda x.x)(\lambda y.y))\ (\lambda w.w) \\
\big\downarrow{\scriptstyle @_1} & & \big\downarrow{\scriptstyle @_1} \\
(\lambda y.y)\ ((\lambda z.z)(\lambda w.w)) & \xrightarrow{@_2} & (\lambda y.y)\ (\lambda w.w) \\
\big\downarrow{\scriptstyle \beta} & & \big\downarrow{\scriptstyle \beta} \\
(\lambda z.z)(\lambda w.w) & \xrightarrow{\beta} & (\lambda w.w)
\end{array}
$$

값계산(evaluation)의 경우에는 보통 함수적용식($e_1\ e_2$)의 왼쪽(e_1)이 함수요약식($\lambda x.e$)의 형태에 이를 때까지 왼쪽 부분식의 계산을 진행하여 β줄식(β-redex)의 형태로 만들어 놓는데, 그 이후 계산 과정은 어떤 값계산 전략인지에 따라 달라진다. 게으른 값계산(lazy evaluation)은 위 그림에서 $\downarrow^{@_1}\downarrow^{\beta}\xrightarrow{\beta}$의 경로를 취하며 β규칙으로 함수 적용부터, 적극적 값계산(eager evaluation)은 $\downarrow^{@_1}\xrightarrow{@_2}\downarrow^{\beta}$의 경로를 취하며 $@_2$규칙으로 인자 계산부터 먼저 진행하는 전략이다.

[9]:
```
import IHaskell.Display.Graphviz
dot ( "digraph { rankdir=\"LR\"; node [shape=\"none\"]"
  ++"\"((λx.x)(λy.y)) ((λz.z)(λw.w))\" -> \"((λx.x)(λy.y)) (λw.w)\";"
  ++"\"((λx.x)(λy.y)) ((λz.z)(λw.w))\" -> \"(λy.y) ((λz.z)(λw.w))\";"
  ++"\"(λy.y) ((λz.z)(λw.w))\" -> \"(λz.z)(λw.w)\" -> \"(λw.w)\";"
  ++"\"(λy.y) ((λz.z)(λw.w))\" -> \"(λy.y) (λw.w)\" -> \"(λw.w)\";"
  ++"\"((λx.x)(λy.y)) (λw.w)\" -> \"(λy.y) (λw.w)\";"
  ++"}" )
```

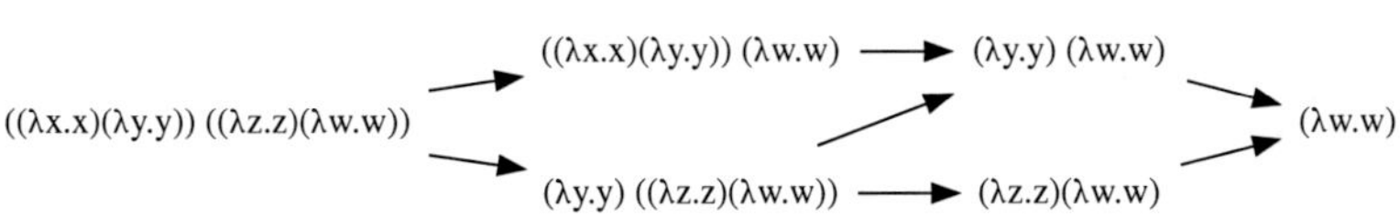

방금 전의 셀에서는 Graphviz를 연동하는 하스켈 라이브러리를 이용해 앞서 본문에서 보여준 람다식을 비결정적으로 줄이는 그림을 자동으로 생성하여 출력하고 있다. 이와 같이 ihaskell-notebook 환경에서는 웹브라우저를 매개로 한 대화형 프로그래밍 환경의 장점 살려 실행 결과를 평이한 텍스트 형태만이 아니라 HTML이나 그래픽 등의 형태로 출력하는 것도 가능하다.

하스켈이 적극적 값계산이 아닌 게으른 값계산에 따라 실행됨을 확인하는 실험을 하나 해보자. 함수 몸체(v)가 매개변수(x)에 의존하지 않고 (즉, $x \notin \mathrm{fv}(v)$) 이미 계산이 종료된 값인 함수요약식 ($\lambda x.v$)를 정상적인 값으로 계산이 끝나지 않고 오류가 발생하는 식 e_{bad}에 적용하는 함수적용식 ($\lambda x.v$) e_{bad}를 생각해 보라. 함수 인자부터 먼저 계산하는 전략인 적극적 값계산에 따르면 e_{bad}를 먼저 계산하려 하므로 오류가 발생할 것이다. 하지만 함수 적용부터 우선하는 전략인 게으른 값계산에 따르면 끝까지 계산되지 않은 e_{bad}가 함수 매개변수 x에 넘어가지만 v에 x에 의존하지 않으므로 x에 넘어간 e_{bad}는 계산할 필요 없이 버려지며 계산 결과값은 v가 된다. 실제로 하스켈로 ($\lambda x.v$) e_{bad}에 해당하는 프로그램을 작성해 보면 다음과 같이 게으른 계산법을 따름을 확인할 수 있다.

[10]:
```
error "bad"                   -- 오류를 발생시키는 error 함수의 실행 예시
```

```
bad
CallStack (from HasCallStack):
  error, called at <interactive>:1:1 in interactive:Ghci300
```

[11]:
```
(\x -> "good") (error "bad") -- 적극적 값계산에 따르면 오류가 발생해야
```

```
"good"
```

6.3 하스켈에서 변수와 함수의 선언

앞절에서 람다계산법과 하스켈의 관계에 대해 간단히 알아보았다. 여기서는 하스켈에서 람다계산법 이외의 추가적 문법요소 중 가장 기본적인 변수와 함수의 선언에 대해 알아본다.

6.3.1 지역 선언과 전역 선언

지역변수는 let식으로 선언하여 그 안에서만 활용한다.

[12]:
```
let x1 = 5 in x1 + x1          -- 지역변수를 선언하여 활용하는 let식
```

```
10
```

[13]:
```
let f1 = \x -> x * x in f1 7  -- 지역변수를 함수값을 나타내는 람다식으로 정의
```

49

[14]:
```
let x1 = 5                    -- 여러개의 지역변수가 필요하다면
 in let f1 = \x -> x * x      -- 이렇게 let식을 중첩해서 선언하고
     in f1 x1                 -- 활용하면 된다. (들여쓰기 필요!)
```

25

[15]:
```
let x1 = 5                    -- 이렇게 하나의 let식으로 한꺼번에
    f1 = \x -> x * x          -- 여러개의 지역변수를 선언하여
 in f1 x1                     -- 활용 가능하다. (들여쓰기 필요!)
```

25

[16]:
```
f1 x1                 -- 지역변수는 범위를 벗어난 곳에서 접근 불가
```

```
<interactive>:1:1: error: Variable not in scope: f1 :: t0 -> t
<interactive>:1:4: error: Variable not in scope: x1
```

전역변수는 별도의 키워드 없이 등식의 형태로 독립적으로 선언한다.

[17]:
```
x2 = 5              -- 전역변수 선언에는 키워드(예약어) 필요없음
```

[18]:
```
x2 + x2             -- 다른 셀의 계산식에서 활용 가능
```

10

[19]:
```
x2 = 5              -- 하나의 셀에서 선언과
x2 + x2             -- 계산식을 섞어 쓸 수도 있다
```

10

[20]:
```
f2 = \x -> x * x  -- 전역변수를 함수값을 나타내는 람다식으로 정의
f2 7
```

49

[21]:
```
f2 x2              -- 전역변수에는 이렇게 다른 셀에서도 접근 가능
```

```
25
```

또 다른 형태의 `where` 키워드를 이용한 지역 선언이 있다. `let x = e1 in e` 형태의 let식은 그 자체가 식(expression)으로 전체 let식의 값은 곧 e를 계산한 값과 같으며, 단지 e에서 활용할 지역변수를 그에 앞서 선언했을 따름이다. 식의 계산에 앞서 보조적인 지역 선언을 하는 let과 대조적으로, 선언(declaration)의 뒤에서 보조적인 지역 선언을 하는 키워드가 where이다. 같은 내용의 두 선언을 아래와 같이 하나는 where로 다른 하나는 let식으로 표현해 보았다.

[22]:
```
circleArea   =  pi * r^2 where r = 3

circleArea'  =  let r = 3 in pi * r^2
```

[23]:
```
circleArea

circleArea'
```

```
28.274333882308138
28.274333882308138
```

[24]:
```
pi  -- 참고로 pi는 표준 라이브러리에서 정의해 놓은 변수다
```

```
3.141592653589793
```

[25]:
```
rectArea = x * y
         where
           x = 3    -- 두 개 이상의 지역 변수도 한꺼번에
           y = 4    -- where로 선언 가능 (들여쓰기 필요!)
```

[26]:
```
rectArea
```

```
12
```

6.3.2 간략한 형태의 함수 선언과 함수요약식

람다식으로 선언하는 `f = \x -> e` 대신 `f x = e` 형태로도 함수를 선언할 수 있다.

[27]:
```
f2 = \x -> x * x   -- 함수요약식의 매개변수를 등호의 왼쪽으로 보내
f2'   x  = x * x   -- 람다식보다 더 간결한 형태로 똑같은 함수 선언
```

[28]:
```
f2  9
f2' 9
```

```
81
81
```

[29]:
```
f3 = \x -> \y -> x + y   -- 두 개 이상 중첩된 람다식으로 선언된 함수를
f3'   x  = \y -> x + y   -- 등호 왼쪽으로 가장 바깥의 매개변수를 옮기고
f3''  x      y  = x + y  -- 또 그 다음 매개변수도 옮겨서 이렇게 선언
```

[30]:
```
f3   4 5
f3'  4 5
f3'' 4 5
```

```
9
9
9
```

람다식의 구체적 문법에서 함수 적용은 좌결합(left associative)이며 하스켈에서도 마찬가지다. 즉, 위의 셀에서 연이은 함수적용식 `f3 4 5`는 `(f3 4) 5`와 같은 뜻이다. 그리고 `\x -> \y -> e`는 `\x ->(\y -> e)`와 같은 뜻이며, 이처럼 연달아 겹쳐진 함수요약식을 하스켈에서는 `\x y -> e`로 간략화해 작성할 수 있다.

[31]:
```
(\x -> \y -> x + y ) 4 5
(\x ->(\y -> x + y)) 4 5
(\x     y -> x + y ) 4 5
```

```
9
9
9
```

참고로, 다른 문법요소가 추가되지 않은 순수한 람다계산법에서는 이름, 함수요약, 함수적용의 세 문법요소를 모두 람다식이라고 한다. 한편, 그 외의 다양한 문법요소를 포함하는 프로그래밍언어의 소스코드에서 '람다식'이란 변수(이름)나 함수적용식의 형태가 아닌 `\x -> e` 형태의 함수요약식만을 일컫는다.

6.4 튜플과 패턴

하스켈에서는 순서쌍을 가장 익숙한 표기법대로 표현할 수 있으며, 각 요소가 계산이 완료된 순서쌍은 그 자체로 계산이 완료된 값이다.

[32]:
```
(3, 4)                   -- 같은 종류의 값으로 이루어진 순서쌍
("hello", 99)            -- 다른 종류의 값으로 이루어진 순서쌍
((3,4), ("hello",99)) -- 순서쌍을 요소로 갖는 중첩된 순서쌍
```

```
(3,4)
("hello",99)
((3,4),("hello",99))
```

두 개의 요소로 이루어진 순서쌍을 일반화한 구조가 튜플(tuple)이며, n개의 요소로 이루어진 튜플을 n튜플(n-tuple)이라 한다. 즉, 2튜플을 순서쌍(pair)이라고도 부르는 것이다. 그 이상의 요소로 이루어진 3튜플, 4튜플 등도 영어로는 트리플, 쿼드러플 등 다른 이름으로 부르기도 하지만 우리말로는 그냥 n튜플로 부르는 것이 보통이다. 참고로, 여닫는 괄호를 빈칸 없이 붙여 쓰면 아무런 요소를 갖지 않는 빈 튜플을 나타내는데, 이를 특별히 '유닛'(unit)이라 부르며 실행 결과를 신경쓰지 않는 함수의 계산값으로 주로 사용된다.

[33]:
```
()                     -- 0-tuple (unit)
(1,"two")              -- 2-tuple (pair)
(1,"two",3)            -- 3-tuple (triple)
(1,"two",3,"four")     -- 4-tuple (quadruple)
```

```
()
(1,"two")
(1,"two",3)
(1,"two",3,"four")
```

그런데, 1튜플(1-tuple)은 하스켈에 없다. 왜냐하면, 어차피 하나의 요소만으로 이루어진 튜플을 굳이 만들 필요도 없이 그 요소 자체를 사용하면 되기 때문이다. 산술식 ((2 + 3) + 4)에서 필요없는 괄호을 생략해 2 + 3 + 4로 표현할 수 있다. 그러니까 (e)는 1튜플이 아니라 그냥 e에 괄호를 둘렀을 뿐이다.

[34]:
```
(9)
9
((2 + 3) + 4)
2 + 3 + 4
```

```
9
9
9
9
```

튜플 중에서도 가장 자주 활용되는 순서쌍의 첫째와 둘째 요소를 선택하는 함수 fst와 snd를 하스켈 표준 라이브러리에서 기본적으로 제공한다.

[35]:
```
p1 = (3,4)

fst p1
snd p1
```

```
3
4
```

[36]:
```
x1 = fst p1  -- 순서쌍의 요소를 뽑아 하나씩
y1 = snd p1  -- 하나씩 변수들로 선언해 놓고

x1 + y1      -- 필요한 곳에 활용
```

```
7
```

변수 선언을 일반화한 패턴(pattern)으로 순서쌍과 같은 구조의 여러 요소에 대해 한꺼번에 여러 변수를 선언할 수 있다. 선언의 왼쪽에 순서쌍 패턴, 즉 변수 대신 순서쌍의 구조를 나타내는 괄호와 쉼표를 표시하고 각 요소들의 위치에 새로운 변수 이름들을 작성하면 된다. 뒤집어 말하자면 지금까지 살펴본 선언에서

변수란 구조 전체를 대표하는 가장 단순한 패턴으로 이해할 수 있다.

[37]:
```
(x2,y2) = p1  -- 순서쌍 p1의 첫째,둘째 요소가 x2,y2로 선언됨
```

[38]:
```
p1
x1
x2
```

```
(3,4)
3
3
```

필요하다면 @기호로 전체 구조를 대표하는 변수도 각각의 요소에 대한 변수와 함께 한꺼번에 선언 가능하다

[39]:
```
p3@(x3,y3) = p1 -- 순서쌍 p1 전체와 첫째,둘째 요소가 p3와 x3,y3로 선언됨
```

[40]:
```
p1
p3
x3
y3
```

```
(3,4)
(3,4)
3
4
```

전역 선언 외에도 지역 선언이나 함수 매개변수 등 변수가 유효범위에 묶이는 곳에 일반적으로 패턴이 올 수 있다.

[41]:
```
p1
(\(x,y) -> x) p1
(\(x,y) -> y) p1
```

```
(3,4)
3
4
```

순서쌍의 요소를 선택하는 표준 라이브러리 함수 fst와 snd도 사실은 패턴으로 작성되어 있다. 마찬가지 역할을 하는 myfst와 mysnd를 다음과 같이 선언하여 활용할 수 있다.

[42]:
```
myfst = \(x,y) -> x
mysnd    (x,y) =  y

myfst p1
mysnd p1
```

3
4

위의 myfst 선언에서 y와 mysnd 선언에서 x는 쓰이지 않는다. 이렇게 패턴에서 쓰이지 않는 요소를 와일드카드 패턴(_)으로 표시하면 코드의 가독성을 높일 수 있다.

[43]:
```
myfst = \(x,_) -> x  -- 선언되기만 하고 쓰이지 않는 변수 대신
mysnd    (_,y) =  y  -- 와일드카드 패턴을 사용하면 좋다

myfst p1
mysnd p1
```

3
4

인자를 무시하고 0만 돌려주는 함수도 와일드카드 패턴으로 선언할 수 있다.

[44]:
```
f0 _ = 0   -- 패턴 전체를 와일드카드 패턴으로 작성하는 것도 가능하다

f0 12
f0 999
```

0
0

여기서 다룬 튜플에 대한 패턴 외에도 정수 등의 기본타입이나 리스트 및 다른 사용자 정의 데이터 구조에 대한 패턴도 하스켈에 지원한다. 패턴에 대한 추가적인 내용은 그러한 내용을 활용하는 예제를 다루면서 자연스럽게 친숙해지기

로 하자. 좀더 차근차근 하스켈의 문법요소를 살펴보고 싶다면 하스켈 프로그래밍을 주제로 하는 교재[23]를 참고하라.

6.5 타입있는 람다계산법과 하스켈

지금까지 하스켈 소스코드에서 타입이 단 한 번도 등장하지 않았고 에러 메시지만 타입에 대한 내용이 조금 있었다. 그렇다고 해서 하스켈이 실행 중에만 타입을 따지는 동적 타입 언어는 결코 아니다. 사실 하스켈은 학계의 연구 결과를 상당히 적극적으로 반영한 매우 정교한 정적 타입 시스템이 돋보이는 언어다. 그럼에도 하스켈 소스코드에서 타입에 정보가 번잡스럽게 드러나지 않는 까닭은 프로그래머가 타입 정보를 자세히 알려주지 않아도 컴파일러가 자동으로 타입을 유추하기 때문이다. 참고로, 타입 유추(type inferene)에 관해 선구적인 업적으로 유명한 학자가 앞서 ML의 창시자로 소개한 로빈 밀너(Robin Milner)로, ML과 Haskell 등 많은 함수형 언어의 타입 시스템이 그의 연구[35]를 바탕으로 한다. 여기서는 타입 유추보다는 타입있는 람다계산법과 하스켈을 관련지어 설명한다.

알론조 처치는 그가 창시한 람다계산법을 논리체계와 연관지으려 할 때 발생하는 모순(paradox)을 피하고자 단순한 타입을 추가한 람다계산법인 단순타입 람다계산법[10]을 고안하였고, 그 이후로 더 다채로운 기능의 타입을 갖춘 람다계산법이 연구되었다. 이렇게 타입이 첨가된 부류의 람다계산법을 타입있는 람다계산법(typed λ-calculus)이라 부르며, 그에 대비되는 타입이 추가되기 전에 원래의 람다계산법을 타입없는 람다계산법(untyped λ-calculus)이라 부른다.

처치가 고안한 단순타입 람다계산법(STLC, 그림 6.4)에는 원래 람다식의 세 문법요소 외에 기본상수(c)가 또 한 가지 추가된다. 또한, 타입없는 람다계산법에서 함수요약식($\lambda x.e$)의 매개변수(x) 옆에 콜론(:)기호로 타입 표기가 추가된 $\lambda x{:}\tau.\,e$를 STLC의 함수요약식 형태로 삼는데, 여기서 $x{:}\tau$는 함수 매개변수 x에 넘어오는 인자의 타입이 τ여야 함을 나타낸다. 참고로, $e : \tau$는 타입 이론에서 식 e의 타입이 τ임을 뜻하는 통상적인 표기다. 물론 이런 타입을 표기하기 위해서는 타입에 대한 문법구조가 정의되어야 한다. STLC의 타입은 기본타입(t)이거나 함수타입($\tau \to \tau$)이다.

문법구조	$t \in B$ (기본타입)	$\tau \in T ::= t \mid \tau \to \tau$
	$c \in C$ (기본상수)	$e \in E ::= c \mid x \mid \lambda x{:}\tau.e \mid e\,e$
타입규칙	$\Delta ::= c:\tau, \Delta \mid \cdot$	$\Gamma ::= x:\tau, \Gamma \mid \cdot$

$$(\textsc{Con})\,\frac{}{\Gamma \vdash c:\tau}\,(c{:}\tau \in \Delta) \qquad (\textsc{Var})\,\frac{}{\Gamma \vdash x:\tau}\,(x{:}\tau \in \Gamma)$$

$$(\textsc{Abs})\,\frac{x:\tau_2, \Gamma \vdash e:\tau}{\Gamma \vdash \lambda x{:}\tau_2.e : \tau_2 \to \tau} \qquad (\textsc{App})\,\frac{\Gamma \vdash e_1 : \tau_2 \to \tau \quad \Gamma \vdash e_2 : \tau_2}{\Gamma \vdash e_1\,e_2 : \tau}$$

〈그림 6.4〉 처치(Church)의 단순타입 람다계산법(simply-typed λ-calculus)

STLC의 타입규칙은 $\Gamma \vdash e : \tau$ 형태의 판단(judgement)을 증명하기 위한 추론규칙의 형식으로 작성되어 있다. Γ를 지역적으로 가정할 때 $e : \tau$를 증명할 수 있다는 판단을 $\Gamma \vdash e : \tau$로 나타낸다. 상수나 이름과 타입을 관련짓는 가정으로 이루어진 Δ나 Γ와 같은 구조를 타입문맥(typing context) 혹은 타입환경(typing environment)이라고 부르며, 타입과 관련된 내용만을 다루는 혼란의 여지가 없는 맥락에서는 그냥 '문맥' 혹은 '환경'이라고 줄여서 부른다. 기본상수(c)의 타입에 관한 Con규칙은 미리 주어지는 전역환경 Δ에 따라 지역환경 Γ과 무관하게 기본상수 c의 타입이 판단됨을 뜻한다. 이름(x)의 타입에 관한 Var규칙은 지역환경 Γ에 따라 이름 x의 타입이 판단됨을 뜻한다. 함수요약식($\lambda x{:}\tau_2.e$)의 타입에 관한 Abs규칙은 함수 매개변수의 타입을 추가로 가정한 환경 $x : \tau_2, \Gamma$에서 함수 몸체 e의 타입을 τ로 판단할 수 있다면 함수요약식 $\lambda x{:}\tau_2.e$의 타입을 $\tau_2 \to \tau$로 판단할 수 있음을 뜻한다. 함수적용식($e_1\,e_2$)의 타입에 관한 App규칙은 같은 환경 Γ에 따라 왼쪽 e_1의 타입은 $\tau_2 \to \tau$으로 오른쪽 e_2의 타입은 τ_2으로, 즉 e_1의 함수타입에서 정의역(화살표 왼편)과 e_2의 타입이 일치하도록, 판단할 수 있다면 함수적용식 $e_1\,e_2$의 타입을 e_1의 함수타입에서 공역(화살표 오른편)에 해당하는 τ로 판단할 수 있음을 뜻한다.

기본타입의 집합(B), 기본상수의 집합(C), 전역환경(Δ)를 설정함으로써 구체적인 버전의 STLC가 정의된다. 예를 들어 $B = \{\texttt{bool}\}$, $C = \{c_{\mathsf{F}}, c_{\mathsf{T}}, c_{\neg}, c_{\wedge}\}$, $\Delta = c_{\mathsf{F}}{:}\texttt{bool}, c_{\mathsf{T}}{:}\texttt{bool}, c_{\neg}{:}\texttt{bool}\to\texttt{bool}, c_{\wedge}{:}\texttt{bool}\to\texttt{Bool}\to\texttt{bool}, \cdot$로 설정하면 진

리값 및 관련 연산인 논리부정과 논리곱을 다루는 버전의 STLC 문법구조와 타입 규칙이 그림 6.4의 틀에 따라 정의된다. 그런데 지금까지 STLC의 설명에서 빠진 부분이 하나 있으니 그것은 바로 의미구조이다. STLC는 정적 타입 언어와 같이 실행 전에 타입규칙으로 타입검사가 가능하다. 따라서 STLC의 의미구조는 기본적으로 타입없는 람다계산법(그림 6.3)과 같지만, 한 가지 더 추가된 문법요소인 기본상수(c)를 어떻게 실행할지에 대한 규칙을 설정에 맞게 아래와 같이 추가로 정의할 필요가 있다. 이런 추가적인 규칙을 δ규칙이라고도 부른다.

$$c_\neg\ c_\mathsf{F} \longmapsto c_\mathsf{T} \qquad c_\neg\ c_\mathsf{T} \longmapsto c_\mathsf{F} \qquad c_\wedge\ c_\mathsf{F}\ e \longmapsto c_\mathsf{F} \qquad c_\wedge\ c_\mathsf{T}\ e \longmapsto e$$

하스켈에서 아래와 같이 사용자 정의 데이터 타입과 관련 연산을 함수로 선언하는 것이 STLC에서 B, C, Δ를 설정하고 δ규칙을 정의하는 것에 해당한다.

[45]:
```
-- 기본타입 Tbool과 기본상수 CF,CB가 선언됨
data Tbool = CF | CT    deriving (Eq, Ord, Show)

-- 기본상수 cNeg와 관련 δ규칙 선언됨
cNeg CF = CT
cNeg CT = CF

-- 기본상수 cAnd와 관련 δ규칙 선언됨
cAnd CF e = CF
cAnd CT e = e
```

[46]:
```
-- Δ는 타입 유추를 통해 위 셀의 선언으로부터 자동으로 설정됨
:type CF
:type CT
:type cNeg
:type cAnd
```

```
CF :: Tbool
CT :: Tbool
cNeg :: Tbool -> Tbool
cAnd :: Tbool -> Tbool -> Tbool
```

참고로, 하스켈에서 데이터 타입 및 생성자의 이름은 `Tbool` 및 `CF`, `CT`처럼 대문자로 시작하며, 함수나 변수의 이름은 `cNeg`, `cAnd`나 `e`처럼 소문자로 시작한다.

실제로 하스켈 표준 라이브러리에서는, 여기서 설명을 위해 작성한 Tbool 코드와 마찬가지 방법으로, 하스켈의 표준적인 진리값 타입인 Bool 및 생성자 False, True, 그리고 논리부정(not)과 논리곱(&&) 등 관련 연산을 선언하여 제공한다.

하스켈 컴파일러에게 대화식으로 요청하거나 환경설정을 하는 콜론(:)으로 시작하는 명령들이 있다. :type <식>으로 식의 타입을 유추해 달라고 요청하고 :info <이름>으로 타입, 생성자, 함수, 변수 등의 정보를 알려달라고 요청한다.

[47]:
```
:info Bool
```

```
type Bool :: *
data Bool = False | True
        -- Defined in ‘GHC.Types’
instance Bounded Bool -- Defined in ‘GHC.Enum’
instance Enum Bool -- Defined in ‘GHC.Enum’
instance Eq Bool -- Defined in ‘GHC.Classes’
instance Ord Bool -- Defined in ‘GHC.Classes’
instance Show Bool -- Defined in ‘GHC.Show’
instance Read Bool -- Defined in ‘GHC.Read’
```

[48]:
```
:type False
:type True
:type not
:type (&&)
```

```
False :: Bool
True :: Bool
not :: Bool -> Bool
(&&) :: Bool -> Bool -> Bool
```

[49]:
```
not False
not True
```

```
True
False
```

[50]:
```haskell
False && False
False && True
True  && False
True  && True
```

```
False
False
False
True
```

하스켈 컴파일러에서 나오는 메시지를 유심히 봤으면 이미 알아차렸을텐데, 타입 이론에서 통상적인 $e : \tau$ 표기와 비슷하지만 약간 다르게 콜론(:)을 두 번 써서 하스켈에서는 `e :: T` 형태로 표현한다. 컴파일러 메시지만이 아니라 코드를 작성할 때도 같은 표현을 쓸 수 있다. 아래에서 read의 예처럼 식의 타입을 표시하거나, betweenAtoZ의 예처럼 선언되는 함수나 변수의 타입을 표시하거나, 람다식의 예처럼 패턴의 타입을 표시할 수도 있다.

[51]:
```haskell
:type read -- 문자열(String)을 여러 타입(a)으로 변환
```

```
read :: forall a. Read a => String -> a
```

[52]:
```haskell
read "123" :: Int      -- Int로 변환
read "123" :: Double   -- Double로 변환
```

```
123
123.0
```

[53]:
```haskell
betweenAtoZ :: Char -> Bool
betweenAtoZ c = 'A' <= c && c <= 'Z'
```

[54]:
```haskell
betweenAtoZ 'B'
betweenAtoZ '3'
```

```
True
False
```

[55]:
```
:type \x -> x  -- 상당히 일반적인 타입으로 유추된다
```

```
\x -> x :: forall p. p -> p
```

[56]:
```
(\x -> x) 3          -- Int 타입 인자도 넘길 수 있고
(\x -> x) "hello"    -- String 타입 인자도 넘길 수 있다
```

```
3
"hello"
```

[57]:
```
(\(x :: Int) -> x) 3     -- 타입있는 람다계산법처럼 함수 매개변수에 타입 표시
```

```
3
```

[58]:
```
(\(x :: Int) -> x) "hello"   -- 타입 표시로 Int만 받는 함수가 되므로 오류
```

```
<interactive>:1:20: error:
    • Couldn't match expected type ‘Int’ with actual type ‘String’
    • In the first argument of ‘\ (x :: Int) -> x’, namely ‘"hello"’
      In the expression: (\ (x :: Int) -> x) "hello"
      In an equation for ‘it’: it = (\ (x :: Int) -> x) "hello"
```

위의 read나 `\x -> x`의 경우처럼, 하스켈은 STLC보다 훨씬 다양한 형태와 기능을 갖춘 타입을 다루고 있다. 이러한 내용을 여기에서 한꺼번에 다 소개하지 않지만, 가장 기본적인 형태의 타입을 다루는 STLC와 하스켈을 관련지어 이해할 수 있다면 더 다양한 형태의 타입을 다루는 타입있는 람다계산법을 하스켈과 관련지어 이해하는 데 도움이 될 것이다.

6.6 함수 매개변수는 딱 한 개면 충분

람다계산법 그리고 람다계산법을 기반으로 한 하스켈에서 원론적으로 함수 매개변수는 항상 한 개이다. 람다계산법에서 $\lambda x.\lambda y.e$, 즉 $\lambda x.(\lambda y.e)$는 두 개의 인자에 한꺼번에 적용하는 함수가 아니라, 한 개의 인자 e_1에 적용하면 결과값으로 함수인 $\lambda y.\{x \mapsto e_1\}e$가 계산되고 ($x \neq y$, $y \notin \mathrm{fv}(e_1)$라고 가정), 그렇게 계산된

$\lambda y.\{x \mapsto e_1\}e$를 또 한 개의 인자 e_2에 적용하면 결과값으로 $\{y \mapsto e_2\}(\{x \mapsto e_1\}e)$가 계산되는 함수인 것이다.

$$((\lambda x.(\lambda y.e))\ e_1)\ e_2 \longmapsto (\lambda y.\{x \mapsto e_1\}e)\ e_2 \longmapsto \{y \mapsto e_2\}(\{x \mapsto e_1\}e)$$

이를 염두에 두고, 나중에 나타나는 정수(y)에서 먼저 나타나는 정수(x)를 뺀 값(y - x)을 계산하는 비슷한 두 하스켈 함수 fu와 fc를 비교해 보자. 참고로, 수학에서 $x \in A$와 $y \in B$로 이루어진 순서쌍 $(x,y) \in A \times B$ 혹은 타입 이론의 표기로는 $x : A$와 $y : B$로 이루어진 순서쌍 $(x,y) : A \times B$를, 하스켈에서는 x::A와 y::B로 이루어진 순서쌍 (x,y)::(A,B)로 표기한다. 즉, 수학이나 타입 이론에서 곱집합이나 곱타입 $A \times B$는 하스켈 순서쌍 타입 (A,B)에 해당한다.

[59]:
```
fu :: (Int,Int) -> Int      -- 순서쌍 하나를 받으면 정수값이 결과
fu (x,y) = y - x
```

[60]:
```
fu (3,7) -- fu는 이렇게만 사용
```

4

[61]:
```
fc :: Int -> (Int -> Int) -- 정수 하나를 받으면 (Int - >Int)함수값이 결과
fc  x y  = y - x
```

[62]:
```
fc 3 7 -- 이렇게 인자를 하나씩 연달아 두 번에 걸쳐 적용하며 활용할 수도
```

4

[63]:
```
sub3 = fc 3  -- 한 번만 적용해 계산된 함수값을 sub3로 선언해 놓고
sub3 7  -- 7보다 3작은 수 계산, 이렇게도 활용하고
sub3 5  -- 5보다 3작은 수 계산, 요렇게도 활용할 수도
```

4
2

참고로, fu와 fc를 아래와 같이 람다식으로 바꿔서 선언해 보면 오히려 타입을 이해하기 쉬워지는 측면도 있다. 두 번 연이은 함수적용식 $e\ e_1\ e_2$는 왼쪽에서부터 괄호로 묶은 $(e\ e_1)\ e_2$와 같으므로, 연이어 두 번 인자를 받는 함수 타입

$t_1 \to t_2 \to t$는 오른쪽에서부터 괄호로 묶은 $t_1 \to (t_2 \to t)$와 같은 타입이다. 따라서 fc의 타입을 괄호를 생략한 Int -> Int -> Int라고 해도 괜찮다.

[64]:
```
fu :: (Int,Int) -> Int
fu = \( x , y ) -> y - x
fc :: Int -> (Int -> Int  )
fc = \x   -> (\y  -> y - x)
```

한 요소씩 여러 번에 걸쳐 인자를 적용하는 fc같은 함수를 커리된(curried) 함수, 순서쌍으로 한꺼번에 묶인 인자에 적용하는 fu같은 함수를 커리되지 않은 (uncurried) 함수라고 부른다. 이는 하스켈 커리(Haskell Curry)의 성씨인 커리 (Curry)를 따라 만들어진 용어다. 하스켈에서는 의미상 순서쌍이 자연스러운 경우를 제외하면 일반적으로 커리된 함수 형태의 선언을 장려한다. 람다계산법과 마찬가지로 괄호 등 함수적용을 나타내는 별도의 기호 없이 인자를 한 번에 하나씩만 넘기는 함수적용 문법을 하스켈도 따르고 있어 커리된 함수를 활용하기 편리하다.

그런데 커리된 함수를 경우에 따라 커리되지 않은 방식으로 한꺼번에 묶인 순서쌍에 적용하고 싶거나, 반대로 커리되지 않은 함수를 커리된 함수처럼 각각의 요소를 하나씩 두 번 적용한다던가 혹은 순서쌍의 두 요소 중 하나만 적용해 활용하고 싶은 경우가 생길 수도 있다. 그래서 하스켈 표준 라이브러리에서는 fu 함수를 fc처럼 활용할 수 있도록 바꿔주는 curry와, 또 반대로 fc함수를 fu처럼 활용할 수 있도록 바꿔주는 uncrry라는 고차함수(higher-order function)을 제공한다. 고차함수에 대해서는 다음 장에서 다시 설명하기로 하자.

[65]:
```
:type curry     -- ((a, b) -> c) -> (a -> b -> c)
:type uncurry   -- (a -> b -> c) -> ((a, b) -> c)
```

```
curry :: forall a b c. ((a, b) -> c) -> a -> b -> c
uncurry :: forall a b c. (a -> b -> c) -> (a, b) -> c
```

[66]:
```
fu (3,7)
(curry fu) 3 7      -- fu를 fc처럼 하나씩 두 번 호출하도록 바꿔줌
```

```
4
```

```
4
```

```
[67]: fc 3 7
      (uncurry fc) (3,7)  -- fc를 fu처럼 순서쌍으로 호출할 수 있게 바꿔줌
```

```
4
4
```

요점정리

- 게으른 계산법(lazy evaluation)을 따르는 정적 타입 함수형 언어를 주제로 연구하는 학계의 표준적인 언어를 만들고자 모인 위원회가 하스켈(Haskell) 프로그래밍언어의 기원이다.
- 함수형 언어의 역사에서 중요한 세 언어인 LISP, ML, Haskell의 대표적인 특징은, LISP은 최초의 함수형 언어, ML은 타입 유추를 지원하는 정적 타입 시스템을 갖춘 함수형 언어, Haskell은 게으른 계산법에 따르는 순수 함수형 언어라는 점이다.
- 람다계산법에서 줄임(reduction)은 함수 안쪽의 함수 몸체를 포함하여 가능한 모든 맥락(context)에서 핵심적인 계산 규칙을 적용하며, 작은걸음 의미구조로 표현했을 때 여러 갈래로 계산과정이 진행가능한 비결정적인 의미구조가 되는 것이 자연스럽다.
- 람다계산법에 기반한 프로그래밍언어의 의미구조에 주로 활용되는 값계산(evaluation)은 함수를 계산이 완료된 값으로 보는 등 특정 맥락(context)에서만 결정적으로 핵심 계산 규칙을 적용한다.
- 줄임이 끝나는 표준형(normal form)에 해당하지 않는 함수요약식 등 더 많은 형태의 식을 값계산(evaluation)이 끝난 값(value)로 본다.
- 적극적 값계산(eager evaluation)은 함수 인자의 계산부터, 게으른 값계산(lazy evaluation)은 β규칙에 따른 함수 적용부터 우선한다.
- 하스켈에서 전역 선언은 키워드 없는 등식 형태로 한다. 지역 선언은 식에 앞서 보조적인 지역 변수를 선언는 let식이나 선언의 뒤에서 보조적인 지역 변수를 선언하는 where 키워드를 활용한다.

- 람다계산법에서 람다식의 세 가지 문법요소 중 $\lambda x.e$ 형태의 함수적용식만을 프로그래밍언어에서는 '람다식'이라고 부른다.
- 변수 선언을 일반화한 패턴(pattern)으로 하스켈 데이터 구조의 여러 부분을 한꺼번에 여러 개의 변수로 선언할 수 있다.
- 타입있는 람다계산법은 원래의 람다계산법에 타입을 추가하여 타입을 검사할 수 있는 타입규칙을 정의한 부류의 람다계산법을 통칭한다.
- 가장 기본적인 타입있는 람다계산법인 단순타입 람다계산법(STLC)에서 타입은 기본타입 또는 함수타입의 형태를 갖는다.
- 기본타입의 집합(B), 기본상수의 집합(C), 전역 타입환경(Δ)을 설정하고 의미구조에 기본상수의 계산을 다루는 δ규칙을 정의함으로써 구체적인 버전의 STLC가 하나 정의된다.
- 하스켈을 타입있는 람다계산법인 STLC와 연관지어 이해하자면, 하스켈에서 데이터 타입과 그 생성자 및 관련 연산을 선언이 STLC에서 기본타입 및 기본상수를 설정하고 δ규칙을 정의하는 것에 해당하며 전역 타입한경 내용의 대부분이 타입 유추에 의해 자동으로 설정될 수 있다.
- 타입 이론에서 $e : \tau$와 비슷하게 하스켈에서는 타입 정보를 `e :: T` 형태로 표시한다
- 람다계산법과 마찬가지로 하스켈에서도 함수 매개변수는 항상 한 개이며, 한 개씩 여러 번에 걸쳐 인자를 커리된(curried) 함수 또는 한꺼번에 튜플로 묶인 인자에 적용하는 않은(uncurried) 함수의 두 가지 다른 형태로 결과적으로 같은 계산을 하는 함수를 정의할 수 있다.

연습문제

1. 이 장에서 예시로 든 진리값을 다루는 버전의 STLC에 논리합을 나타내는 기본상수 $c_\vee$를 추가해 보라.
2. 위 문제의 논리합까지 추가된 버전의 STLC에 맞도록 `[45]`번 셀의 하스켈 코드도 수정해 보라.

3. 다음의 타입없는 람다계산법의 람다식을 STLC의 타입규칙에 맞게 함수적용식에 타입 표시를 추가한 STLC의 람다식 형태로 바꿔보라. 참고로 하나의 타입없는 람다식에 해당하는 STLC 람다식은 딱 하나로 정해져 있지 않으며, 타입 표시만 다른 여러 개의 STLC 람다식들로 바꿀 수 있으므로 그 중 적절히 간단한 것으로 하면 된다. 그런데 아래 중 일부는 STLC의 타입 규칙에 맞는 람다식으로 바꿀 수 없다. 바꿀 없다고 판단되는 것들은 왜 불가능한지도 설명해 보라. STLC의 설정은 단순하게 $B = \{o\}$, $C = \{c_o\}$, $\Delta = \{c_o : o\}$이며 추가적인 δ규칙은 없다고 하자.

   - $(\lambda x.\, x)\,(\lambda x.\, x)$
   - $(\lambda y.\, y\ (\lambda x.\, x))$
   - $(\lambda y.\, y\ y)$
   - $(\lambda y.\, (\lambda x.\, x)\ y)$
   - $(\lambda x.(\lambda y.\, y\ x))$

탐구과제

1. 대략 20년 간격으로 나타난 함수형 언어들인 LISP, ML, Haskell이 책에서 간략히 소개한 것 외에 또 어떤 공통점 및 차이점이 있는지 조사해 보라.
2. 이 장에서 소개한 모든 맥락에서의 비결정적 줄임(reduction)에 대비되는 특정 맥락에서만 계산을 진행하는 줄임 전략인 표준순서(normal order) 줄임 및 적용순서(applicative order) 줄임에 대해 알아보고, 이 장에서 소개한 값계산 전략인 게으른 값계산 및 적극적 값계산과 비교해 보라.
3. STLC 말고 다른 타입있는 람다계산법은 어떤 것들이 있는지 알아보라.
4. 알론조 처치가 고안한 처치 방식(Church-style) 타입있는 람다계산법 외에도 하스켈 커리의 이름을 딴 커리 방식(Curry-style) 타입있는 람다계산법도 있다. 커리 방식이 처치 방식과 어떻게 다른지 알아보라.

제 7 장

산술식을 하스켈로 다루기

정수 리터럴과 덧셈만 있는 아주 간단한 산술식을 하스켈으로 다뤄보자.

[1]:
```
:opt no-lint                                -- linter 끄기
{-# LANGUAGE ScopedTypeVariables #-}  -- 추가 언어 기능 설정
```

문법구조 $\begin{array}{l} n \in \mathsf{Int} \\ e \in \mathsf{Expr} \ ::= \ n \ \mid \ e+e \end{array}$ 는 데이터 타입으로 선언하면 된다.

[2]:
```
data Expr = I Int             -- n
          | Add Expr Expr     -- e + e
      deriving (Eq,Ord,Show) -- Eq 같은지, Ord 순서 비교, Show 출력 가능
```

작은걸음 의미구조

$$\frac{}{n_1+n_2 \longmapsto n}(n \equiv n_1+n_2) \qquad \frac{e_1 \longmapsto e_1'}{e_1+e_2 \longmapsto e_1'+e_2} \qquad \frac{e_2 \longmapsto e_2'}{e_1+e_2 \longmapsto e_1+e_2'}$$

는 모든 맥락에서 핵심 계산($n_1+n_2 \longmapsto n$)을 진행하는 비결정적 의미구조이다. 우선 이 의미구조 그대로를 하스켈 프로그램으로 옮겨 다루어 보고, 그 다음에는 결정적 의미구조로 변형하는 방법에 대해 생각해 보자.

7.1 작은걸음 의미구조 검산기

[3]:
```
Add (I n1) (I n2) ...> I n   =  n == n1 + n2
Add e1 e2 ...> Add e1' e2    =  e1 ...> e1'   -- 좌변에 변수 e2 중복
Add e1 e2 ...> Add e1  e2'   =  e2 ...> e2'   -- 좌변에 변수 e1 중복
_          ...> _            =  False  -- 다른 경우에는 진행 불가
```

```
<interactive>:2:8: error:
    • Conflicting definitions for ‘e2’
      Bound at: <interactive>:2:8-9
                <interactive>:2:24-25
    • In an equation for ‘...>’
<interactive>:3:5: error:
    • Conflicting definitions for ‘e1’
      Bound at: <interactive>:3:5-6
                <interactive>:3:20-21
    • In an equation for ‘...>’
```

[4]:
```
Add (I n1) (I n2) ...> I n   =  n == n1 + n2
Add e1 e2 ...> Add e1' e2'   =  e1 ...> e1' && e2 == e2'  ||
                                e2 ...> e2' && e1 == e1'
_          ...> _            =  False  -- 다른 경우에는 진행 불가
```

[5]:
```
:type (...>)
```

```
(...>) :: Expr -> Expr -> Bool
```

[6]:
```
Add (I 1) (I 2) ...> I 3  -- 검산 성공
I 1 `Add` I 2   ...> I 3
Add (I 1) (I 2) ...> I 4  -- 검산 실패
```

```
True
True
False
```

참고로, 하스켈에서 전위(prefix) 표현인 생성자나 함수의 이름을 역따옴표(`)로 감싸면 중위(infix) 연산자처럼 사용할 수 있다.

[7]:
```
Add(I 1 `Add` I 2)(I 3 `Add` I 4) ...> Add(I 3)(I 3 `Add` I 4)
Add(I 1 `Add` I 2)(I 3 `Add` I 4) ...> Add(I 1 `Add` I 2)(I 7)
Add(I 1 `Add` I 2)(I 3 `Add` I 4) ...> Add(I 3)(I 7) -- 한꺼번에 2걸음
```

```
True
True
False
```

7.2 작은걸음 의미구조 계산기

비결정적인 작은걸음 관계($\longmapsto\ \subset$ Expr $\times$ Expr)를 함수($f_{\longmapsto}$)로 만드는 방법은 모든 가능한 다음 단계를 한꺼번에 모아놓은 집합을 결과값으로 하면 된다. 즉, 식($e \in$ Expr) 하나에 식의 집합($\{e'_1, e'_2, \ldots, e'_k\} \in 2^{\text{Expr}}$) 하나를 대응시키는 함수 $f_{\longmapsto}$: Expr $\to 2^{\text{Expr}}$를 $f_{\longmapsto}(e) = \{\, e' \mid e \longmapsto e' \,\}$로 정의하면 된다. 이 정의는 단순명료하지만 작은걸음 의미구조의 계산기를 작성하는 데 적합하지 않다. 식 e의 문법구조를 따라 정의된 작은걸음 의미구조처럼 $f_{\longmapsto}$를 귀납적(inductive)으로 다음과 같이 정의하면 프로그램으로 옮기기에 좋다. 단, 마지막 등식에서 $e_1 + e_2$는 위의 경우들과 겹치지 않는 형태($e_1 + e_2 \neq n_1 + n_2$)라고 가정한다.

$$
\begin{aligned}
f_{\longmapsto} &\ :\ \text{Expr} \to 2^{\text{Expr}} \\
f_{\longmapsto}(n) &= \{\} \\
f_{\longmapsto}(n_1 + n_2) &= \{n\} \qquad (n \equiv n_1 + n_2) \\
f_{\longmapsto}(\, e_1 + e_2 \,) &= \{e'_1 + e_2 \mid e_1 \longmapsto e'_1\} \quad \cup \quad \{e_1 + e'_2 \mid e_2 \longmapsto e'_2\} \\
&= \{e'_1 + e_2 \mid e'_1 \in f_{\longmapsto}(e_1)\} \cup \{e_1 + e'_2 \mid e'_2 \in f_{\longmapsto}(e_2)\}
\end{aligned}
$$

위 정의를 하스켈 리스트로 집합을 표현하는 step 함수로 옮기면 다음과 같다.

[8]:
```
step :: Expr -> [Expr] -- 리스트로 집합을 표현
step (I n)             = []
step (I n1 `Add` I n2) = [ I n ]  where n = n1 + n2
step (Add e1 e2)       = [ Add e1' e2  | e1' <- step e1 ] ++
                         [ Add e1  e2' | e2' <- step e2 ]
```

[9]:
```
step (I 3)                              -- step 함수 선언의 첫번째 등식에 패턴 매치
step (I 1 `Add` I 2)                                  -- 두번째 등식에 패턴 매치
step (Add (I 1 `Add` I 2) (I 3 `Add` I 4)) -- 세번째 등식에 패턴 매치
```

```
[]
[I 3]
[Add (I 3) (Add (I 3) (I 4)),Add (Add (I 1) (I 2)) (I 7)]
```

7.2.1 하스켈 리스트

[10]:
```
:type 'a'            -- 문자
:type ['a','b','c'] -- 문자 리스트 = 문자열(String)
:type False          -- 진리값
:type [False, True] -- 진리값 리스트
:type (&&)           -- 함수
:type [(&&), (||)]  -- 함수 리스트
```

```
'a' :: Char
['a','b','c'] :: [Char]
False :: Bool
[False, True] :: [Bool]
(&&) :: Bool -> Bool -> Bool
[(&&), (||)] :: [Bool -> Bool -> Bool]
```

[11]:
```
[True,False,'a','b'] -- 같은 타입끼리만 리스트 구성 가능하므로 오류
```

```
<interactive>:1:13: error:
    • Couldn't match expected type ‘Bool’ with actual type ‘Char’
    • In the expression: 'a'
      In the expression: [True, False, 'a', 'b']
      In an equation for ‘it’: it = [True, False, 'a', ...]
<interactive>:1:17: error:
    • Couldn't match expected type ‘Bool’ with actual type ‘Char’
    • In the expression: 'b'
      In the expression: [True, False, 'a', 'b']
      In an equation for ‘it’: it = [True, False, 'a', ...]
```

리스트 이어붙이기 연산자

두 개의 리스트를 다음 연산자로 이어붙일 수 있다.

[12]:
```
:type (++)
```

```
(++) :: forall a. [a] -> [a] -> [a]
```

[13]:
```
[1,2,3] ++ [4,5,6] -- 정수 리스트 이어붙이기
```

```
[1,2,3,4,5,6]
```

리스트로 집합을 표현한다면 ++ 연산자는 합집합 연산에 해당한다.

참고로, 중위(infix) 연산자만 단독으로 괄호로 감싸면 전위(prefix) 표현인 함수 이름처럼 사용할 수 있다.

[14]:
```
(++) [1,2,3] [4,5,6]
```

```
[1,2,3,4,5,6]
```

리스트 조건제시법

set comprehension 수학에서 집합 조건제시법(set comprehension)과 비슷한 형태의 문법인 리스트 조건제시법(list comprehension)으로 하스켈 리스트를 작성할 수 있다.

$$\{(x,y) \mid x \in \{1,2\},\ y \in \{1,2,3\}\}$$

[15]:
```
[ (x,y) | x <- [1,2], y <-[1,2,3] ]
```

```
[(1,1),(1,2),(1,3),(2,1),(2,2),(2,3)]
```

$$\{(x,y,z) \mid x,y,z \in \{1,\ldots,20\},\ x^2+y^2=z^2,\ x<y,\ x\text{와 }y\text{는 서로 소}\}$$

[16]:
```
[ (x,y,z) | x <- [1..20], y <- [1..20], z <- [1..20],
            x^2 + y^2 == z^2, x < y, gcd x y == 1 ]
```

```
[(3,4,5),(5,12,13),(8,15,17)]
```

[17]:
```
[1..20]    -- 1부터 1씩 증가하는 20까지의 등차수열
[1,3..20] -- 원소 2개로 시작하면 등차수열 간격 설정
```

```
[1,2,3,4,5,6,7,8,9,10,11,12,13,14,15,16,17,18,19,20]
[1,3,5,7,9,11,13,15,17,19]
```

[18]:
```
[ 2^x | x <- [0..10] ] -- 순서쌍 외에 수식, 함수 등으로 계산한 값도 활용 가능
```

```
[1,2,4,8,16,32,64,128,256,512,1024]
```

7.2.2 여러 걸음(step) 진행하려면

[19]:
```
e0 = (Add (I 1 `Add` I 2) (I 3 `Add` I 4))

step e0          -- (1+2)+(3+4)를 1걸음 진행
```

```
[Add (I 3) (Add (I 3) (I 4)),Add (Add (I 1) (I 2)) (I 7)]
```

[20]:
```
step (step e0) -- (1+2)+(3+4)를 2걸음 진행???
```

```
<interactive>:1:7: error:
    • Couldn't match expected type ‘Expr’ with actual type ‘[Expr]’
    • In the first argument of ‘step’, namely ‘(step e0)’
      In the expression: step (step e0)
      In an equation for ‘it’: it = step (step e0)
```

[21]:
```
:type step
```

```
step :: Expr -> [Expr]
```

함수 step은 산술식(Expr)에 적용해야 하는데 step의 결과는 산술식의 리스트([Expr])이므로 연쇄적으로 적용하려면 타입이 맞지 않는다. $g : A \to A$처럼 정의역과 공역이 같은 함수라야 $g(g(a))$와 같이 연쇄적으로 적용할 수 있다. 일반적으로 $f : A \to 2^A$처럼 하나의 원소를 같은 종류 원소들의 집합으로 대응시키는 함수의 정의역(A)을 공역(2^A)에 맞도록 확장한 버전의 함수 $\hat{f} : 2^A \to 2^A$를 $\hat{f}(\{a_1,\ldots,a_k\}) = f(a_1) \cup \cdots \cup f(a_k)$, 즉 $\hat{f}(S) = \bigcup_{a \in S} f(a)$로 정의한다.

그렇다면 함수 step의 정의역(Expr)을 치역([Expr])에 맞도록 확장한 버전의 함수를 정의해 보자. 우선 첫번째 시도로 아래와 같이 리스트 조건제시법을 이용하면 정의역이 [Expr]인 stepList 함수를 작성할 수 있기는 한데 치역이 [[Expr]]로 2겹 리스트가 되어버린다.

[22]:
```
es0 = [e0, I 1 `Add` I 2] -- 산술식 리스트
ess1 = [step e | e <- es0] -- 산술식 리스트의 리스트
:type es0
:type ess1
es0
ess1
```

```
es0 :: [Expr]
ess1 :: [[Expr]]
[Add (Add (I 1) (I 2)) (Add (I 3) (I 4)),Add (I 1) (I 2)]
[[Add (I 3) (Add (I 3) (I 4)),Add (Add (I 1) (I 2)) (I 7)],[I 3]]
```

[23]:
```
stepList :: [Expr] -> [[Expr]]
stepList es = [step e | e <- es]
```

[24]:
```
es0
stepList es0
```

```
[Add (Add (I 1) (I 2)) (Add (I 3) (I 4)),Add (I 1) (I 2)]
[[Add (I 3) (Add (I 3) (I 4)),Add (Add (I 1) (I 2)) (I 7)],[I 3]]
```

[25]:
```
concat [ [1,2,3], [4,5], [6] ] -- 2겹 리스트를 이어붙여 1겹 리스트로
```

```
[1,2,3,4,5,6]
```

concat [es1,es2,es3] = es1 ++ es2 ++ es3와 같이 동작하는 하스켈 표준 라이브러리 함수 concat :: [[a]] -> [a]을 이용하면, step의 정의역 Expr을 [Expr]로 확장한 함수 step'을 간단히 정의할 수 있다.

[26]:
```
step' :: [Expr] -> [Expr]
step' es = concat [step e | e <- es]
```

[27]:
```
[e0]  -- 식 하나만으로 이루어진 리스트로 시작
step' [e0]                    -- e0에서 1걸음
step' (step' [e0])            -- e0에서 2걸음
step' (step' (step' [e0])) -- e0에서 3걸음
```

```
[Add (Add (I 1) (I 2)) (Add (I 3) (I 4))]
[Add (I 3) (Add (I 3) (I 4)),Add (Add (I 1) (I 2)) (I 7)]
[Add (I 3) (I 7),Add (I 3) (I 7)]
[I 10,I 10]
```

산술식의 계산은 그 과정이 여러갈래로 나누어지더라도 하나의 같은 결과로 수렴하는 수렴성이 있다. 리스트를 내용에 관계없이 그냥 이어붙이는 ++ 연산을 이용하는 step'을 연쇄적으로 적용하는 과정에서 Add (I 3) (I 7)이나 I 10이 중복되어 나타난다. 표준 라이브러리 Data.List 모듈로부터 리스트에서 중복된 원소를 제거한 새로운 리스트를 계산하는 함수 nub을 불러들여 활용하면 중복 없는 리스트를 계산하도록 step'을 다시 정의해 볼 수도 있다.

[28]:
```
import Data.List (nub)
nub [1,2,3,2,4,3,5,1]
nub [I 10, I 10]
```

```
[1,2,3,4,5]
[I 10]
```

[29]:
```
step' :: [Expr] -> [Expr]
step' es = nub (concat [step e | e <- es])
```

[30]:
```
[e0] -- 식 하나만으로 이루어진 리스트로 시작
step' it   -- e0에서 1걸음 (it은 직전 실행한 식의 결과값)
step' it   -- e0에서 2걸음 (it은 직전 실행한 식의 결과값)
step' it   -- e0에서 3걸음 (it은 직전 실행한 식의 결과값)
```

```
[Add (Add (I 1) (I 2)) (Add (I 3) (I 4))]
[Add (I 3) (Add (I 3) (I 4)),Add (Add (I 1) (I 2)) (I 7)]
[Add (I 3) (I 7)]
[I 10]
```

7.2.3 고차함수(higher-order function)

step을 확장한 step'은 일반적으로 함수 $f : A \to 2^A$를 $\hat{f} : 2^A \to 2^A$로 확장하는 특별한 사례일 뿐이다. 그렇다면 일반적으로 함수에 적용해 확장된 함수를 계산하는 $\hat{\cdot} : (A \to 2^A) \to (2^A \to 2^A)$ 연산 자체를 하스켈 프로그램으로 표현할 수는 없을까? 하스켈과 같은 함수형 언어에서는 너무나 당연하고 자연스럽게 아래와 같이 가능하다.

[31]:
```
hat f = \es -> nub (concat [f e | e <- es])
```

[32]:
```
step' = hat step  -- hat으로 step' 선언
:type step'
[e0]  -- 식 하나만으로 이루어진 리스트로 시작
step' [e0]                    -- e0에서 1걸음
step' (step' [e0])            -- e0에서 2걸음
step' (step' (step' [e0])) -- e0에서 3걸음
```

```
step' :: [Expr] -> [Expr]
[Add (Add (I 1) (I 2)) (Add (I 3) (I 4))]
[Add (I 3) (Add (I 3) (I 4)),Add (Add (I 1) (I 2)) (I 7)]
[Add (I 3) (I 7)]
[I 10]
```

하스켈과 같은 함수형 언어에서는 hat처럼 함수를 인자로 받는 함수를 고차함수라고 한다. 참고로, 커리된 함수를 자연스럽게 다루지 못하는 프로그래밍언어에서는 함수를 인자로 받지 않더라도 함수의 결과값이 함수이면 고차함수라고 부르기도 한다. 하스켈처럼 커리하기(currying)를 잘 지원하고 장려하는 언어에서는 대부분 함수를 커리된 함수로 정의하므로 함수가 결과값인 함수는 너무나 보편적이라 따로 분류해 생각할 필요조차 없다.

중고교 수학과정을 통해 친숙한 대표적인 고차함수는 바로 함수 합성 연산자 $\cdot \circ \cdot : (B \to C) \to (A \to B) \to (A \to C)$로, $g : B \to C$와 $f : A \to B$의 합성함수 $h = g \circ f$는 $h(x) = g(f(x))$와 같이 동작하는 함수다. 하스켈에 표준 라이브러리에서는 함수 합성 연산자 `(.) :: (b -> c) -> (a -> b) -> (a -> c)`를 제공한다.

[33]:
```
:type (.)
```

```
(.) :: forall b c a. (b -> c) -> (a -> b) -> a -> c
```

[34]:
```
:type \(x :: Int) -> [x, x+1, x+2]
:type \(xs::[Int]) -> [(x,x^2) | x <- xs]
```

```
\(x :: Int) -> [x, x+1, x+2] :: Int -> [Int]
\(xs::[Int]) -> [(x,x^2) | x <- xs] :: [Int] -> [(Int, Int)]
```

[35]:
```
f1 = \(x :: Int) -> [x, x+1, x+2]
g1 = \(xs::[Int]) -> [(x,x^2) | x <- xs]
h1 = g1 . f1
:type h1
```

```
h1 :: Int -> [(Int, Int)]
```

[36]:
```
f1 3
g1(f1 3)
h1 3
```

```
[3,4,5]
[(3,9),(4,16),(5,25)]
[(3,9),(4,16),(5,25)]
```

논리부정 `not :: Bool -> Bool`과 빈 리스트인지 검사하는 `null :: [a] -> Bool`의 합성 `(not . null) :: [a] -> Bool`은 채워진 리스트인지 검사한다.

[37]:
```
null [1,2]
null []
```

```
False
True
```

[38]:
```
(not . null) [1,2]
(not . null) []
```

```
True
False
```

리스트를 다루는 고차함수

고차함수가 아닌 표준 라이브러리 함수 take, drop :: Int -> [a] -> [a]는 특정 개수만큼의 원소로 이루어진 앞부분과 그 앞부분을 제외한 나머지 리스트를 아래와 같이 계산한다. 참고로 하스켈은 게으른 계산법을 따르므로 무한 리스트를 다루는 계산도 표현 가능하며, 무한 리스트로부터 필요로 하는 만큼의 유한한 내용만 최종적인 결과로 유도하는 실용적인 계산 과정에 활용할 수 있다.

[39]:
```
take 3 [1,3,5,7,9] -- 유한한 리스트의 앞부분 3개
drop 3 [1,3,5,7,9] -- 앞부분 3개를 제외한 나머지
take 3 [1..]       -- 무한한 리스트의 앞부분 3개
-- drop 3 [1..]    -- 이걸 실행하면 무한 리스트 [4..]
```

```
[1,3,5]
[7,9]
[1,2,3]
```

고차함수 takeWhile, dropWhile :: (a -> Bool) -> [a] -> [a]는 개수 대신 특정 조건을 검사하는 함수를 인자로 받아 그 조건이 유지되는 앞부분과 그 앞부분을 제외한 나머지 리스트를 아래와 같이 계산한다.

[40]:
```
takeWhile (\x -> x<6) [1,3,5,7,9] -- 유한 리스트의 6미만으로 유지되는 앞부분
dropWhile (\x -> x<6) [1,3,5,7,9] -- 6미만이 유지되는 앞부분을 제외한 나머지
takeWhile (\x -> x<6) [1..]       -- 무한 리스트의 6미만으로 유지되는 앞부분
-- dropWhile (\x -> x<6) [1..]    -- 이걸 실행하면 무한 리스트 [7..]
```

```
[1,3,5]
[7,9]
[1,2,3,4,5]
```

고차함수 iterate :: (a -> a) -> a -> [a]는 주어진 함수를 특정 초기값에 반복해서 연쇄적으로 적용한 각 단계의 계산 결과를 나열하는 무한 리스트를 만들어낸다. 즉, iterate f x = [x, f x, f(f x), f(f(f x)), ...]처럼 동작한다. 예컨대, 1로 시작하는 등비 2의 무한 수열을 iterate (\x -> x*2) 1로 나타낼 수 있다. 그 중 앞부분 12개만 취해 보면 다음과 같다.

[41]:
```
take 12 (iterate (\x -> x*2) 1)
```

```
[1,2,4,8,16,32,64,128,256,512,1024,2048]
```

확장된 작은걸음 함수 step'에 iterate를 적용하여 각 단계의 작은걸음 계산 결과를 나열하는 무한 리스트를 만들어낼 수 있다. 적절한 개수의 앞부분을 take로 취해 보면 계산이 완료되어 더 이상 진행할 수 없는 단계부터는 빈 리스트가 계속 나타남을 확인할 수 있다. 따라서 비어있지 않은 채워진 리스트라는 조건(not . null)이 유지되는 앞부분만 takeWhile로 취하면 산술식의 작은걸음 계산이 완료되는 단계까지만을 나열한 산술식 리스트의 리스트를 얻을 수 있다.

[42]:
```
take 10              (iterate step' [e0])
takeWhile (not . null) (iterate step' [e0])
```

```
[[Add (Add (I 1) (I 2)) (Add (I 3) (I 4))],[Add (I 3) (Add (I 3) (I␣
↪4)),Add (Add (I 1) (I 2)) (I 7)],[Add (I 3) (I 7)],[I␣
↪10],[],[],[],[],[],[]]
[[Add (Add (I 1) (I 2)) (Add (I 3) (I 4))],[Add (I 3) (Add (I 3) (I␣
↪4)),Add (Add (I 1) (I 2)) (I 7)],[Add (I 3) (I 7)],[I 10]]
```

[43]:
```
mapM_ print [1,2,3] -- 리스트의 각 원소를 한줄씩 출력해 보려면 이렇게
```

```
1
2
3
```

[44]:
```
mapM_ print (takeWhile (not . null) (iterate step' [e0]))
```

```
[Add (Add (I 1) (I 2)) (Add (I 3) (I 4))]
[Add (I 3) (Add (I 3) (I 4)),Add (Add (I 1) (I 2)) (I 7)]
[Add (I 3) (I 7)]
[I 10]
```

7.3 결정적 작은걸음 의미구조

항상 왼쪽을 우선하며 핵심적인 계산($n_1 + n_2 \stackrel{L}{\longmapsto} n$)을 진행하는 산술식의 결정적 작은걸음 의미구조($\stackrel{L}{\longmapsto}$)를 다음과 같이 정의할 수 있다.

$$\frac{}{n_1 + n_2 \stackrel{L}{\longmapsto} n}(n \equiv n_1 + n_2) \qquad \frac{e_1 \stackrel{L}{\longmapsto} e_1'}{e_1 + e_2 \stackrel{L}{\longmapsto} e_1' + e_2} \qquad \frac{e_2 \stackrel{L}{\longmapsto} e_2'}{n_1 + e_2 \stackrel{L}{\longmapsto} n_1 + e_2'}$$

이 장 앞부분에 소개했던 비결정적 의미구조 $\longmapsto$과 차이점은 마지막 규칙에서 덧셈식의 왼항이 계산이 완료된 정수값 형태(n_1)일 때만 오른항(e_2)의 계산을 진행하도록 제한한다는 점이다. 위의 의미구조 $\stackrel{L}{\longmapsto}$은 모든 산술식에 대해 단 하나의 규칙만이 대응된다. 덧셈식의 양쪽 항이 모두 정수값 형태인 경우는 첫째 규칙만, 오른항의 계산이 완료되지 않은 형태의 식이면 둘째 규칙만, 오른항이 정수값 형태이고 왼항이 계산이 완료되지 않은 형태의 식이면 마지막 셋째 규칙만 적용 가능하다.

[45]:
```
-- 제대로 동작하지 않는 검산기 구현 시도
Add (I n1) (I n2) /..> I n          = n == n1 + n2                -- 첫째
Add e1      e2 /..> Add e1'     e2' = e1 /..> e1' && e2 == e2' -- 둘째
Add (I n1) e2 /..> Add (I n1') e2'  = e2 /..> e2' && n1 == n1' -- 셋째
_              /..> _               = False  -- 다른 경우에는 진행 불가
```

작은걸음 규칙을 차례대로 하스켈 연산자 /..>로 선언하여 위와 같은 옮겨보면 거의 올바른 듯이 보이지만 셋째 규칙을 구현한 등식이 제대로 동작하지 않는다.

[46]:
```
Add (I 1) (I 2) /..> I 3 -- 검산 성공
Add (I 1 `Add` I 2) (I 7) /..> Add (I 3) (I 7) -- 검산 성공
Add (I 7) (I 1 `Add` I 2) /..> Add (I 7) (I 3) -- 검산 성공해야 하는데??
```

```
True
True
False
```

왜냐하면 /..>의 선언에서 둘째 등식의 왼쪽 매개변수 패턴 Add e1 e2가 셋째 등식의 왼쪽 매개변수 패턴 Add (I n1) e2보다 일반적이라서, 위에서부터 아래

로 가장 먼저 맞춰지는 패턴에 따라 실행되기 때문에 셋째 등식의 패턴에 맞춰질 만한 인자는 모두 둘째 등식에서 이미 맞춰지므로 둘째 등식이 실행되고 셋째 등식은 실행되는 경우가 없게 된다. 추론규칙의 형태로 정의한 의미구조는 규칙이 배치된 순서와 무관하게 가능한 규칙을 모두 적용하지만, 하스켈 프로그램은 위에서부터 아래 순서로 가장 먼저 매칭되는 패턴에 해당하는 내용만 실행한다는 점에 유의해야 한다. 따라서 아래와 같이 다시 더 구체적인 패턴을 다루는 둘째 규칙에 대한 등식이 셋째 등식에 대한 규칙보다 앞서 나타나도록 정의해야 의미구조 $\stackrel{L}{\longmapsto}$를 추론규칙으로 정의한 의도한 대로 동작하게 된다.

[47]:
```
Add (I n1) (I n2) /..> I n           = n == n1 + n2                -- 첫째
Add (I n1) e2 /..> Add (I n1') e2'  = e2 /..> e2' && n1 == n1'  -- 셋째
Add e1      e2 /..> Add e1'      e2'  = e1 /..> e1' && e2 == e2'  -- 둘째
```

[48]:
```
Add (I 1) (I 2) /..> I 3 -- 검산 성공
Add (I 1 `Add` I 2) (I 7) /..> Add (I 3) (I 7) -- 검산 성공
Add (I 7) (I 1 `Add` I 2) /..> Add (I 7) (I 3) -- 검산 성공!!
```

```
True
True
True
```

[49]:
```
stepL :: Expr -> [Expr]
stepL (I n1) = []
stepL (I n1 `Add` I n2) = undefined -- 계산기를
stepL (I n1 `Add` e2)    = undefined -- 완성하는
stepL (e1   `Add` e2)    = undefined -- 연습문제
```

[50]:
```
-- 완성한 stepL을 적절히 테스트해 보라
```

[51]:
```
stepL' :: [Expr] -> [Expr]  -- 확장된 작은걸음 함수를
stepL' es = undefined        -- 작성하는 연습문제
```

[52]:
```
-- 작성한 stepL'를 적절히 테스트해 보라
```

7.4 값계산 맥락(evaluation context)

문법구조의 각 요소마다 계산의 핵심 규칙을 어느 맥락에 적용할지 규정하는 맥락규칙을 개별적인 추론규칙으로 작성하는 방식은 자리를 많이 차지하므로 지면을 낭비하여 다양한 요소를 갖춘 문법구조를 다룰수록 한눈에 알아보기 어려운 측면이 있다. 이 장에서 예시로 다루는 정수 리터럴과 덧셈만으로 이루어진 산술식(Expr)은 간단한 예시를 만들고자 최소한의 요소만으로 이루어져 있으므로 핵심 규칙 하나 외에 맥락 규칙은 두 개밖에 없다. 하지만 여기에 순서쌍, 조건식 등 다양한 복합적 문법요소가 추가된다면 각 요소마다 여러개의 맥락 규칙이 함께 추가되어야 한다.

이렇게 핵심 규칙에 비해 맥락 규칙의 개수가 훨씬 많아지는 의미구조 정의의 번잡함을 줄이고자, 맥락(context)이라는 개념을 명시적으로 드러내 활용하며 개별적으로 작성하던 맥락 규칙들을 하나의 맥락규칙으로 통합하여 나타내는 아래와 같은 작은걸음 의미구조의 표현방식을 '맥락적 의미구조'(contextual semantics)라 일컫는다. 특히 계산식을 실행한 값을 다루는 의미구조에서 이러한 맥락 $\mathcal{E}$를 '값계산 맥락'이라고도 부른다.

$$\frac{}{n_1 + n_2 \overset{B}{\longmapsto} n}\,(n \equiv n_1 + n_2) \qquad \frac{e \overset{B}{\longmapsto} e'}{\mathcal{E}[e] \overset{C}{\longmapsto} \mathcal{E}[e']}$$

맥락적 의미구조($\overset{C}{\longmapsto}$)에서는 맥락 $\mathcal{E}$를 어떻게 정의하느냐에 따라 조금씩 다른 계산 우선순위를 따르는 의미구조가 정의된다. 값계산 맥락을 7.1로 정의하면 이 장의 첫머리에 소개한 비결정적 의미구조($\longmapsto$)와 일치하며 7.2로 정의하면 왼쪽부터 계산하는 결정적 의미구조($\overset{L}{\longmapsto}$)와 일치하게 된다.

$$\mathcal{E} ::= \bullet \mid \mathcal{E} + e \mid e + \mathcal{E} \tag{7.1}$$

$$\mathcal{E} ::= \bullet \mid \mathcal{E} + e \mid n + \mathcal{E} \tag{7.2}$$

맥락 $\mathcal{E}$를 직관적으로 설명하자면 산술식의 어떤 부분에 원래 그 부분을 차지하고 있던 부분식 대신 구멍(•)을 뚫어놓아 필요하다면 원래 부분식과 다른 부분식을 그 차리에 채워넣을 수 있도록 만들어 놓은 것으로 이해하면 된다. 그리고 위의

7.1이나 7.2같은 $\mathcal{E}$의 정의는 어느 부분에 구멍을 뚫어도 되는지 허용하는 귀납적인 규칙이다. $\bullet$은 식 전체에, $\mathcal{E} + e$는 덧셈식 왼쪽에 어딘가에, $e + \mathcal{E}$는 덧셈식 오른쪽 어딘가에 (귀납적 규칙에 따라) 구멍을 뚫을 수 있음을 나타내며, $n + \mathcal{E}$은 덧셈식 왼쪽이 정수값인 경우에만 오른쪽 어딘가에 (귀납적 규칙에 따라) 구멍을 뚫을 수 있음을 나타낸다. 맥락에는 항상 1개의 구멍만 뚫려 있어야야 하므로 $\mathcal{E} + \mathcal{E}$처럼 구멍이 두 군데 뚫려 있다고 나타내는 식의 맥락 정의는 허용되지 않는다. 맥락 규칙에서 맥락을 활용하는 표현 $\mathcal{E}[e]$는 맥락 $\mathcal{E}$의 구멍 뚫린 부분에 e를 채워넣어 만들어진 구멍 없는 온전한 산술식을 나타낸다. 예컨대, $\mathcal{E} = 4 + (3 + \bullet)$이고 $e = 2 + 1$이라면 $\mathcal{E}[e] = (4 + (3 + \bullet))[2 + 1] = 4 + (3 + (2 + 1))$이다.

맥락을 하스켈 데이터 타입으로 정의할 수도 있지만[22] 여기서는 식을 인자로 받아 새로운 식을 계산하는 함수로 정의하겠다. 방금 위에서 살펴본 예에서도 $4 + (3 + \bullet)$이라는 맥락은 식 $2 + 1$를 받아서 새로운 식 $4 + (3 + (2 + 1))$를 만들어 내도록 활용되었다. 따라서 $4 + (3 + \bullet)$를 하스켈 함수로 다음과 같이 옮겨 ctx1으로 선언하고 활용할 수 있다.

[53]:
```
ctx1 = \e -> Add (I 4) (I 3 `Add` e)
:type ctx1
ctx1 (I 2 `Add` I 1)
ctx1 (I 99)
```

```
ctx1 :: Expr -> Expr
Add (I 4) (Add (I 3) (Add (I 2) (I 1)))
Add (I 4) (Add (I 3) (I 99))
```

맥락적 의미구조에서는 맥락 규칙이 적용 가능한 모든 맥락을 다 고려해야 한다. 여기서는 비결정적 의미구조에 해당하는 7.1의 맥락 정의를 따르자. 즉, 맥락 규칙으로 한걸음 $e_0 \xrightarrow{C} e_1$을 진행하려면 주어진 식 e_0에 대해 $e_0 = \mathcal{E}[e]$인 가능한 모든 맥락 $\mathcal{E}$와 구멍뚫린 위치에 있는 부분식 e를 생성하여, 그 중에서 전제조건 $e \xrightarrow{B} e'$에 맞는 맥락에만 e'를 채워넣은 $e_1 = \mathcal{E}[e']$로 진행 가능하다.

7.1의 맥락 정의에 따라, 주어진 식에 대한 맥락과 구멍뚫린 곳의 부분식으로 이루어진 가능한 모든 순서쌍 $(\mathcal{E}, e)$를 생성하는 하스켈 함수 split :: Expr -> [(Ctx,Expr)]를 다음과 같이 선언할 수 있다.

[54]:
```
type Ctx = Expr -> Expr -- 타입 별명으로 긴 타입을 한 단어로 줄여 표시
split :: Expr -> [(Ctx,Expr)]
split (I n)        = [(\e-> e, I n)]
split (Add e1 e2) = [(\e-> e, Add e1 e2)]
                 ++ [(\e-> Add (ctx e) e2, e) | (ctx,e) <- split e1]
                 ++ [(\e-> Add e1 (ctx e), e) | (ctx,e) <- split e2]
```

[55]:
```
-- (1+2)+(3+4)에 구멍을 뚫는 모든 경우를 나열한 리스트
split (Add (I 1 `Add` I 2) (I 3 `Add `I 4))
```

```
<interactive>:1:1: error:
    • No instance for (Show (Expr -> Expr)) arising from a use of
‘print’
        (maybe you haven't applied a function to enough arguments?)
    • In a stmt of an interactive GHCi command: print it
```

맥락의 타입에 해당하는 Ctx는 함수 타입인 Expr -> Expr의 타입 별명이다. 그런데 하스켈에서 함수는 기본적으로 문자열로의 변환을 통해 출력되는 부류의 타입이 아니다. 그러니까 맥락을 알아볼 수 있도록 출력하기 위해 Ctx에 대한 타입 클래스 Show의 인스턴스를 직접 제공하여 출력되는 부류의 타입으로 등록한 다음 split으로 계산한 결괏값을 다시 확인해 보자.

[56]:
```
{-# LANGUAGE FlexibleInstances #-}
instance Show Ctx where
  show ctx = show (ctx (I minBound)) -- 구멍 위치에 정수 리터럴 최소값 표시
```

[57]:
```
split (Add (I 1 `Add` I 2) (I 3 `Add `I 4))
```

```
[(I (-9223372036854775808),Add (Add (I 1) (I 2)) (Add (I 3) (I␣
 ↪4))),(Add (I (-9223372036854775808)) (Add (I 3) (I 4)),Add (I 1) (I␣
 ↪2)),(Add (Add (I (-9223372036854775808)) (I 2)) (Add (I 3) (I 4)),I␣
 ↪1),(Add (Add (I 1) (I (-9223372036854775808))) (Add (I 3) (I 4)),I␣
 ↪2),(Add (Add (I 1) (I 2)) (I (-9223372036854775808)),Add (I 3) (I␣
 ↪4)),(Add (Add (I 1) (I 2)) (Add (I (-9223372036854775808)) (I 4)),I␣
 ↪3),(Add (Add (I 1) (I 2)) (Add (I 3) (I (-9223372036854775808))),I␣
 ↪4)]
```

[58]:
```
mapM_ print it -- 직전 결과값 리스트의 원소를 한줄에 하나씩 출력
```

```
(I (-9223372036854775808),Add (Add (I 1) (I 2)) (Add (I 3) (I 4)))
(Add (I (-9223372036854775808)) (Add (I 3) (I 4)),Add (I 1) (I 2))
(Add (Add (I (-9223372036854775808)) (I 2)) (Add (I 3) (I 4)),I 1)
(Add (Add (I 1) (I (-9223372036854775808))) (Add (I 3) (I 4)),I 2)
(Add (Add (I 1) (I 2)) (I (-9223372036854775808)),Add (I 3) (I 4))
(Add (Add (I 1) (I 2)) (Add (I (-9223372036854775808)) (I 4)),I 3)
(Add (Add (I 1) (I 2)) (Add (I 3) (I (-9223372036854775808))),I 4)
```

기본적인 핵심 계산 규칙($\overset{B}{\longmapsto}$)과 하나로 통합된 맥락 규칙($\overset{C}{\longmapsto}$)을 구현하는 계산기 함수 stepB와 stepC를 다음과 같이 split을 활용해 선언할 수 있다.

[59]:
```
stepB :: Expr -> [Expr]
stepB (I n1 `Add` I n2) = [I n] where n = n1 + n2
stepB _                 = []
stepC :: Expr -> [Expr]
stepC e0 = [ctx e' | (ctx,e) <- split e0, e' <- stepB e]
```

비결정적 의미구조를 실행해 보았을 때와 같은 산술식(e0)에 stepC를 확장한 hat stepC를 연쇄적으로 적용하여 여러 단계를 진행한 단계별 결과를 다음과 같이 확인해 보면 지금까지 우리가 구현한 맥락적 의미구조(stepC)가 비결정적 의미구조(step)와 똑같이 계산이 진행됨을 확인해 볼 수 있다.

[60]:
```
mapM_ print ( takeWhile (not . null) (iterate (hat stepC) [e0]) )
```

```
[Add (Add (I 1) (I 2)) (Add (I 3) (I 4))]
[Add (I 3) (Add (I 3) (I 4)),Add (Add (I 1) (I 2)) (I 7)]
[Add (I 3) (I 7)]
[I 10]
```

7.5 큰걸음 의미구조

계산의 진행 과정보다는 계산의 결과값에만 주로 관심이 있을 때 적합한 동작과정 의미구조가 바로 큰걸음 의미구조이다. 지금까지 작은걸음 의미구조로 다루던 산술식에 나눗셈 연산을 추가한 산술식 $e \in \mathsf{Expr}\ ::=\ n\ \mid\ e+e\ \mid\ e \div e$의

큰걸음 의미구조는 다음과 같이 표현할 수 있다.

$$\frac{}{n \Longmapsto n}$$

$$\frac{e_1 \Longmapsto n_1 \quad e_2 \Longmapsto n_2}{e_1 + e_2 \Longmapsto n}\left(n \equiv n_1 + n_2\right) \qquad \frac{e_1 \Longmapsto n_1 \quad e_2 \Longmapsto n_2}{e_1 \div e_2 \Longmapsto n}\left(n_2 \neq 0,\ n \equiv n_1 \div n_2\right)$$

이를 하스켈 프로그램으로 옮기면 다음과 같다.

[61]:
```
data Expr = I Int | Add Expr Expr | Div Expr Expr
          deriving (Eq,Ord,Show)
```

[62]:
```
bigStep :: Expr -> [Int]
bigStep (I n)        = [ n ]
bigStep (Add e1 e2) = [ n1   +   n2 | n1 <- bigStep e1,
                                      n2 <- bigStep e2 ]
bigStep (Div e1 e2) = [ n1 `div` n2 | n1 <- bigStep e1,
                                      n2 <- bigStep e2, n2 /= 0 ]
```

[63]:
```
bigStep (I 3)
bigStep (Add (I 1 `Add` I 2) (I 3 `Add` I 4))
bigStep (I 10 `Div` I 4)
bigStep (I 10 `Div` I 0) -- 규칙에 따라 값을 구할 수 없으면 빈 리스트
```

```
[3]
[10]
[2]
[]
```

큰걸음 의미구조는 결과값만을 중시하므로 합류성(confluence)이 만족하는 경우라면 계산 과정에서의 연산 우선순위에 크게 관계없이 같은 결과값에 도달하므로 여러 가지 작은걸음 의미구조에 대응될 수 있다.

참고로, 정수 리터럴과 몇 가지의 연산으로만 이루어진 산술식과 같이 단순한 언어의 경우에는 큰걸음 의미구조의 정의와 지시적 의미구조의 정의가 거의 비슷한 구조를 갖는다. 다음의 지시적 의미구조에서, $+_M$와 $\div_M$는 양쪽 피연산자가 모두 정수인 경우에는 정수 덧셈과 나눗셈을 하지만 두 피연산자 중 하나라도 오류를 의미하는 $\bot$인 경우에는 연산의 결과도 $\bot$이다. 추가로 $\div_M$에서는 양쪽

피연산자가 모두 정수라도 나누는 수인 오른쪽 피연산자가 0인 경우에는 연산의 결과가 ⊥이 된다.

$$
\begin{aligned}
[\![\cdot]\!] &: \mathsf{Expr} \to \{\bot\} \cup \mathbb{Z} \\
[\![n]\!] &= n \\
[\![e_1 + e_2]\!] &= [\![e_1]\!] +_{\mathrm{M}} [\![e_2]\!] \\
[\![e_1 \div e_2]\!] &= [\![e_1]\!] \div_{\mathrm{M}} [\![e_2]\!]
\end{aligned}
$$

이를 하스켈 프로그램으로 옮기면 아래와 같다. Maybe Int 타입으로 $\{\bot\} \cup \mathbb{Z}$을 나타내며, 이 타입의 값들인 Nothing은 ⊥를 Just n는 그냥 정수 n을 나타낸다.

[64]:
```
eval :: Expr -> Maybe Int
eval (I n) = Just n
eval (Add e1 e2) = eval e1 `addM` eval e2
eval (Div e1 e2) = eval e1 `divM` eval e2

addM :: Maybe Int -> Maybe Int -> Maybe Int
Just n1 `addM` Just n2 = Just (n1 + n2)
_       `addM` _       = Nothing
divM :: Maybe Int -> Maybe Int -> Maybe Int
Just n1 `divM` Just 0  = Nothing
Just n1 `divM` Just n2 = Just (n1 `div` n2)
_       `divM` _       = Nothing
```

[65]:
```
eval (I 3)
eval (Add (I 1 `Add` I 2) (I 3 `Add` I 4))
eval (I 10 `Div` I 4)
eval (I 10 `Div` I 0) -- 0으로 나누면 오류
```

```
Just 3
Just 10
Just 2
Nothing
```

하스켈에서 Maybe a 타입은 보통의 정상적인 결과값은 a타입으로 계산되지만 정상적인 값에 대응되지 않는 경우도 있는 함수의 공역을 나타내는 용도로 쓰이며, 표준 라이브러리에 다음과 같은 데이터 타입으로 선언되어 있다.

```
data Maybe a = Nothing | Just a   deriving (Eq, Ord, ...... )
```

위의 데이터 타입 선언은 하나의 구체적인 타입을 정의하는 것이 아니라 타입 매개변수(type parameter) a가 어떤 타입으로 구체화(instantiate)되느냐에 따라 여러 가지 다른 타입으로 구체화된다. 위의 eval 코드에서는 Maybe의 타입 매개변수를 Int로 구체한 Maybe Int라는 타입을 활용하며, 그에 따라 생성자 Just의 인자로 Int 타입의 정수값이 온다. 즉, n :: Int일 때 Just n :: Maybe Int이다. 한편, Nothing은 a와 무관하게 정의되므로 타입 매개변수 a가 어떻게 구체화되든 관계없이 항상 사용할 수 있다. 이렇게 Maybe와 같이 타입 매개변수를 활용해 선언된 타입을 '매개변수화된 타입'(parameterized type)이라 일컫는다.

요점정리

- 작은걸음 의미구조에서 한 걸음 $e \longmapsto e'$이 의미구조를 정의하는 규칙에 맞는지 판별하는 검산기는 Expr -> Expr -> Bool 타입의 이항 연산으로 작성할 수 있다.
- 작은걸음 의미구조의 규칙에 따라 주어진 식으로부터 한 걸음 다음의 산술식을 구하는 계산기는 Expr -> [Expr] 타입의 하스켈 함수로 작성할 수 있다. 함수의 결과값이 리스트인 이유는 더 이상 진행할 수 없는 값은 한 걸음 다음의 식이 0개이며 비결정적 의미구조인 경우에는 한 걸음 다음으로 가능한 식이 여럿일 수도 있기 때문이다.
- Expr -> [Expr] 타입의 작은걸음 계산기는 연쇄적으로 적용하기 불편하므로 정의역을 치역과 일치시킨 [Expr] -> [Expr] 타입의 확장된 함수를 선언하여 활용하면 여러 작은걸음 이후의 식을 계산하기에 좋다.
- 하스켈처럼 커리하기(currying)를 잘 지원하는 언어에서 고차함수는 함수를 인자로 받는 함수를 말한다. 커리된 함수를 활용하기 번거로운 언어에서는 함수를 결과값으로 계산하기만 해도 고차함수라 부르기도 한다.
- 리스트를 다루는 고차함수를 활용하면 [Expr] -> [Expr] 타입의 확장된 산술식 작은걸음 계산기를 적용한 계산의 각 진행 단계에 나타나는 산술식을 한 줄의 하스켈 프로그램으로 간단히 확인해볼 수 있다.

- 결정적 의미구조는 하나의 식에 적용할 수 있는 의미구조 규칙이 최대 한 개씩만 있도록 정의된다.
- 비결정적 의미구조를 결정적 의미구조로 변경하는 방법은 일부 규칙이 더 제한된 형태의 식에만으로 적용되도록 그 적용 범위를 좁히도록 변경함으로써 다른 규칙들과 적용 범위가 겹치지 않도록 하는 것이다.
- 맥락적 의미구조는 기본적 핵심 계산 규칙 이외에 핵심 계산을 적용하는 맥락을 규정하는 규칙들을 하나의 맥락 규칙으로 통합하여 정의하는 의미구조이다. 이렇게 통합된 맥락 규칙은 식에 구멍이 하나 뚫려 있는 구조인 값계산 맥락(evaluation context)을 이용해 정의된다.
- 값계산 맥락을 어떻게 정의하느냐에 따라 맥락적 의미구조가 비결정적 의미구조와 일치할 수도 있고 특정 맥락의 계산을 우선하는 결정적 의미구조와 일치할 수도 있다.
- 큰걸음 의미구조는 계산 과정보다는 계산의 결과값만을 주로 다루기에 적합한 동작과정 의미구조의 정의 방식이다. 그렇기에 큰걸음 의미구조는 계산의 결과는 같지만 계산 과정에서 우선 순위가 다른 여러 가지 작은걸음 의미구조에 대응될 수 있다.

연습문제

1. 작은걸음 계산기 `step`이 규칙에 맞게 구현되었는지 검산기(...>)로 확인해 보라. `step`을 적용한 인자와 계산된 결과값 리스트의 원소를 반복해서 검산기로 확인하는 하스켈 코드를 여러 개의 식으로 작성하는 방법 말고, 인자를 리스트의 모든 원소에 대해 하나의 식으로 한꺼번에 검산하는 방법을 생각해 보라.
2. 확장된 작은걸음 계산기 `step'`이 규칙에 맞게 구현되었는지 검산기(...>)로 확인해 보라. `step'`을 적용한 인자 리스트의 원소와 계산된 결과 리스트의 원소를 반복해서 연관지어 가며 검산기로 확인하는 하스켈 코드을 여러 개의 식으로 작성하는 방법 말고, 인자와 결과값 리스트의 모든 원소에 대해 하나의 식으로 한꺼번에 검산하는 방법을 생각해 보라.

3. 왼쪽 맥락부터 핵심 계산을 진행하는 결정적 작은걸음 의미구조 계산기 `stepL`의 선언를 완성하고 이를 연쇄적으로 적용하기 편리하게 확장한 함수 `stepL'`의 선언도 작성해 보라. 또 제대로 이 두 함수가 제대로 선언되었는지 확인하는 적절한 테스트를 각각의 함수에 대해 수행하라.
4. 오른쪽 맥락부터 핵심 계산을 진행하는 결정적 작은걸음 의미구조 $\xmapsto{R}$을 정의해 보라. 또한 $\xmapsto{R}$과 일치하는 맥락적 의미구조($\xmapsto{C}$)가 되도록 값계산 맥락 $\mathcal{E}$를 정의해 보라.
5. 위 문제의 맥락 정의에 맞게 `[45]`번 셀의 `split` 함수를 수정하고 `[60]`번 셀까지 실행 결과가 어떻게 바뀌는지 확인해 보라.
6. 나눗셈까지 포함된 산술식의 큰걸음 의미구조에 대응되는 맥락적 의미구조를 정의해 보라. 비결정적인 의미구조로 정의해 보아도 좋고 결정적인 의미구조로 정의해 보아도 좋다.

탐구과제

1. 하스켈 표준 라이브러리에는 `map`, `filter`, `foldr`, `foldl` 등 이 장에서 소개하지 않은 리스트를 다루는 고차함수들이 더 많이 있다. 이들에 대해 조사헤 보라.
2. 동작과정 의미구조와 지시적 의미구조, 증명 이론과 모델 이론은 어떤 관련이 있는지 알아보라.

제 *8* 장

매개변수 다형성(Parametric Polymorphism)

여러가지 다른 타입의 대상을 같은 형태의 프로그램으로 다룰 수 있도록 허용하는 경우를 폭넓게 아울러 다형성(polymorphism)을 지원한다고 말한다. 일반적으로 정적 타입 언어를 대상으로 한 개념이며, 실행 시간에 타입을 검사하는 동적 타입 언어는 애초에 정적 타입 언어보다 훨씬 느슨한 기준으로 프로그램의 실행을 허용하므로 일반적으로 다형성의 지원에 대한 논의에서는 사실상 논외이다. 같은 식별자의 함수나 연산자를 여러 다른 타입에 대해 적용하는 오버로딩(overloading)을 '임시변통(ad-hoc) 다형성'이라고도 부른다. Simula의 영향을 받아 타입 사이의 포함관계를 나타내는 계층구조를 기반으로 하는 상당수의 객체지향 언어에서는 상위타입의 변수로 여러 부류의 하위타입 대상을 아우르며 활용하는 '하위타입(subtype) 다형성' 혹은 '포함관계(inclusion) 다형성' 지원을 강조한다. 이 장에서 주로 다룰 '매개변수 다형성'(parameteric polymorphism)은 지난 장의 끝부분에 소개한 `Mabye a` 타입과 같이 모든 타입을 대표하는 타입 매개변수(a)에 대해 일관되게 동작하는 데이터 구조 및 함수를 한 번만 선언하여 타입 매개변수를 구체화한 모든 타입에 활용할 수 있음을 말하며, ML이나 Haskell 같은 함수형 언어에서 가장 자연스럽게 지원되고 있다. 이 장에서는 단순타입 람다계산법(STLC)으로부터 타입 매개변수를 다루도록 확장한 '다형 람다계산법'(polymorphic λ-calculs, a.k.a. System F)과 하스켈을 연관지어 설명하며 매개변수 다형성에 대해 알아본다.

8.1 람다계산법과 재귀

지금은 영국 고액권 지폐 인물(그림 8.1)인 앨런 튜링에 관해서는 관련 분야 전공자라면 그가 계산이론(theory of computation)의 기초를 놓은 튜링기계(Turing machine)을 고안했으며 그의 이름을 딴 튜링상(A. M. Turing Award)이 컴퓨터 과학 분야의 노벨상에 해당한다는 것을 알 것이다. 그 외에도 튜링 테스트라는 인공지능과 관련된 아이디어나 영화로도 만들어진 세계 제 2차 대전 때 독일군 암호해독 기계를 개발한 것은 대중적으로도 나름 알려져 있다. 그보다 조금 덜 알려진 이야기는 람다계산법을 창시한 알론조 처치가 튜링기계를 고안한 앨런 튜링의 박사학위 지도교수였다는 사실이다. 앨런 튜링을 컴퓨터 과학의 아버지라고 비유하기도 하는데 그런 비유의 연장선에서 알론조 처치를 컴퓨터 과학의 할아버지 정도로 비유할 수 있지 않을까? 앨런 튜링 외에도, 이 책에서 앞서 정규식의 별표 연산을 도입한 스티븐 클레이니(그림 3.5)나 지시적 의미구조의 원조 격인 두 사람 중 하나인 데이나 스콧(그림 4.1)의 지도교수도 알론조 처치다.

(이미지 출처: https://www.bankofengland.co.uk/banknotes/polymer-50-pound-note)

〈그림 8.1〉 2021년부터 발행된 영국 50£ 지폐 뒷면의 앨런 튜링(Alan Turing)

8.1.1 처치–튜링 명제(Church-Turing thesis)

논리로 수학의 토대를 놓으려는 시도에 관한 연구하려는 비슷한 목적으로 고안된, 처치의 타입없는 람다계산법은 바꿔치기의 개념으로 표현된 함수를 기반으로 하며 튜링의 튜링기계는 상태를 변화시키는 추상적인 기계를 기반으로 하므로 표면적으로는 상당히 다르게 보인다. 그런데 학위과정의 스승과 제자로 만나 각자의 아이디어를 비교해 보니 똑같은 범위의 '계산'을 다루고 있었다는 것을 알게 되었다고 한다. 대서양 건너편의 미국과 영국에서 두 천재가 비슷한 시기에 비슷한 주제를 놓고 상당히 다르게 보이는 도구를 고안했는데 우연찮게 그 표현범위가 일치하였고, 이후로도 지금까지 이 범위를 벗어나는 '계산'을 아직 인류는 발견하지 못했다. 그래서 컴퓨터 혹은 기계로 수행할 수 있는 '계산'이란 처치와 튜링이 생각한 그 이상의 것은 아마도 없을 것이라 가정하고 '계산'의 잠정적인 정의를 곧 람다계산법이나 튜링기계가 다룰 수 있는 범위로 보자는 일종의 경험법칙이 바로 "처치–튜링 명제"이다. 다시 말하자면 아무리 좋은 프로그래밍언어나 컴퓨터를 설계하더라도 좀더 편리하고 빠르게 계산할 수는 있을지언정 람다계산법이나 튜링기계로 못하는 새로운 계산을 할 수는 없다는 이야기다.

처치–튜링 명제를 받아들인다면 프로그래밍언어를 다음의 두 부류로 분류할 수 있다. 첫째 부류는 람다계산법이나 튜링기계와 같은 범위의 모든 계산이 표현가능한 튜링완전(Turing-complete) 언어이고 둘째 부류는 그보다 적은 범위의 일부 계산만 표현가능한 튜링완전하지 않은 언어다. 튜링완전 언어는 끝나지 않는 계산 등 다양한 내용을 표현할 수 있는 일반적인 재귀나 반복을 허용한다. 하스켈을 비롯한 일반적인 프로그래밍을 위해 설계된 범용(general-purpose) 프로그래밍언어는 대부분 튜링완전하다. 그런데 우리가 흔히 접하는 프로그래밍언어에 비해 문법구조와 의미구조가 너무나 간단한 처치의 타입없는 람다계산법이 어떻게 모든 계산을 표현할 수 있는지, 이 책에서 처치–튜링 명제를 처음 접한 독자라면 상당히 의아할지도 모르겠다. 여기 8.1절에서는 타입없는 람다계산법이 충분히 강력하다는 본보기로 계산이 끝나지 않는 람다식과 일반적인 재귀를 표현할 수 있는 고정점(fixpoint)에 대해 알아본다.

[1]:
```
:opt no-lint
{-# LANGUAGE ScopedTypeVariables TypeApplications
             RankNTypes          KindSignatures   #-}
```

8.1.2 계산이 끝나지 않는 람다식

람다식 작은걸음 $(\lambda x.x\ x)\ e_2 \longmapsto e_2\ e_2$를 생각해 보자. 여기서 e_2가 적용하는 함수 $(\lambda x.x\ x)$와 똑같은 식인 경우에 어떤 일이 벌어질까? 바로 아래와 같이 된다.

$$(\lambda x.x\ x)(\lambda x.x\ x) \longmapsto (\lambda x.x\ x)(\lambda x.x\ x) \longmapsto (\lambda x.x\ x)(\lambda x.x\ x) \longmapsto \ldots$$

β규칙에 따라 함수 몸체 $x\ x$에서 x를 $(\lambda x.x\ x)$로 바꿔치면 원래 처음 시작했던 식인 $(\lambda x.x\ x)(\lambda x.x\ x)$가 되어버린다. 그래서 아무리 여러 번 β줄임을 반복해도 제자리걸음만 할 뿐 계산이 끝나지 않는다. 이제 드브루인 인덱스(그림 5.2)를 활용해 타입없는 람다계산법에서 끝나지 않는 계산을 하스켈로 다뤄보자. 우선 람다계산법의 문법구조를 아래와 같은 데이터 타입으로 선언한다.

[2]:
```
data DExpr = DI Int | DAbs DExpr | DApp DExpr DExpr deriving (Eq,Ord)
```

[3]:
```
-- GHC가 자동으로 deriving하는 Show 인스턴스가 아닌  더 간략한 출력을 위해
instance Show DExpr where    -- 직접 작성한 DExpr에 대한 Show 인스턴스
  showsPrec _ (DI i) = showString (show i)
  showsPrec p (DAbs e) = showParen (p > 1) $
              showString "\\" . showsPrec 1 e
  showsPrec p (DApp e1 e2) = showParen (p > 9) $
              showsPrec 9 e1 . showString " " . showsPrec 10 e2
```

[4]:
```
DAbs (DAbs (DI 1 `DApp` DI 2))         -- \x.\y.x y
DAbs (DI 1) `DApp` DAbs (DI 1)         -- (\x.x)(\x.x)
DAbs ((DI 1 `DApp` DI 1) `DApp` DI 1) -- \x.x x x
DAbs (DI 1 `DApp` (DI 1 `DApp` DI 1)) -- \x.x (x x)
```

```
\\1 2
(\1) (\1)
\1 1 1
\1 (1 1)
```

그리고 매개변수에 넘겨받은 인자를 자기 자신에 적용(self-appliation)하는 함수 $\lambda x.x\ x$는 드브루인 인덱스를 활용한 표현으로는 $\lambda 1\ 1$이다. 이를 w로 선언해 놓고 앞으로 의미구조를 하스켈로 구현하여 w w가 제자리걸음함을 확인해 보자.

[5]:
```
w = DAbs (DI 1 `DApp` DI 1) -- \x.x x

w           -- self-application 함수인 w
DApp w w    -- w를 자기 자신에 적용한 식
```

```
\1 1
(\1 1) (\1 1)
```

작은걸음 의미구조는 β규칙 및 맥락 규칙들로 정의할 수 있다.

$$(\lambda\, e)\ e_2 \longmapsto\ \downarrow^1_0 \{1 \mapsto (\uparrow^1_0 e_2)\}e$$

$$\frac{e_1 \longmapsto e_1'}{e_1\ e_2 \longmapsto e_1'\ e_2} \qquad \frac{e_2 \longmapsto e_2'}{e_1\ e_2 \longmapsto e_1\ e_2'} \qquad \frac{e \longmapsto e'}{\lambda\, e \longmapsto \lambda\, e'}$$

위에서 $\downarrow^k_m$, $\uparrow^k_m$와 바꿔치기 $\{i \mapsto e\}$가 어떻게 동작하는지만 확실히 하면 나머지 맥락 규칙에 대한 처리는 산술식 작은걸음 계산기인 step을 작성하듯 선언하면 된다. $\downarrow^k_m = \uparrow^{-k}_m$이며, 일반적으로 $\downarrow^k_m e$는 식 e에서 m보다 큰 드브루인 인덱스를 k만큼씩 증가시킨 식을 나타내는 표현으로 왼쪽 아래처럼 정의할 수 있다. 함수요약식에 대한 정의에서 함수 전체에는 m이다가 함수 몸체에서 $m+1$이 되는 이유는 바인더 λ가 한 겹 더 감싸진 몸체 안에서는 그 바깥에서와 같은 대상을 나타내는 드브루인 인덱스가 1씩 더 큰 수가 되기 때문이다. 바꿔치기 $\{i \mapsto e\}$는 $\uparrow^k_m$ 표현을 활용해 오른쪽 아래와 같이 정의할 수 있다.

$$\begin{aligned}
\uparrow^k_m i &= \begin{cases} i+k & (i > m) \\ i & (i \le m) \end{cases} &\qquad \{i \mapsto e\}j &= \begin{cases} e & (i = j) \\ j & (i \ne j) \end{cases} \\
\uparrow^k_m (\lambda\, e) &= \lambda\,(\uparrow^k_{m+1} e) & \{i \mapsto e\}(\lambda\, e_1) &= \lambda\ \left\{(i{+}1) \mapsto (\uparrow^1_0 e)\right\} e_1 \\
\uparrow^k_m (e_1\ e_2) &= (\uparrow^k_m e_1)\,(\uparrow^k_m e_2) & \{i \mapsto e\}(e_1\ e_2) &= \{i \mapsto e\}e_1\ \{i \mapsto e\}e_2
\end{aligned}$$

위 정의를 하스켈로 옮기면 다음과 같다.

[6]:
```haskell
up m k (DI i)        = DI (if i>m then i+k else i)
up m k (DAbs e)      = DAbs (up (m+1) k e)
up m k (DApp e1 e2) = DApp (up m k e1) (up m k e2)

dn m k = up m (-k)

subst i e (DI j)        = if i==j then e else DI j
subst i e (DAbs e1)     = DAbs (subst (i+1) (up 0 1 e) e1)
subst i e (DApp e1 e2) = DApp (subst i e e1) (subst i e e2)
```

[7]:
```haskell
:type up
:type dn
:type subst
```

```
up :: Int -> Int -> DExpr -> DExpr
dn :: Int -> Int -> DExpr -> DExpr
subst :: Int -> DExpr -> DExpr -> DExpr
```

위의 up, dn, subst를 활용해 나음과 같이 하스켈로 β규칙을 작성할 수 있다.

[8]:
```haskell
beta :: DExpr -> [DExpr]   -- 일단 베타 규칙만 작성
beta (DApp (DAbs e) e2) = [ dn 0 1 (subst 1 (up 0 1 e2) e) ]
beta _                  = []
```

[9]:
```haskell
DApp w w          -- (\x.x) (\x.x)
beta (DApp w w) -- 제자리걸음 확인!
```

```
(\1 1) (\1 1)
[(\1 1) (\1 1)]
```

[10]:
```haskell
step :: DExpr -> [DExpr]
step (DI _)        = []
step (DApp e1 e2) = undefined -- undefined 대신 의미규칙대로
step (DAbs e)      = undefined -- step 함수를 완성하는 연습문제
```

[12]:
```
-- step이 제대로 동작하는지 다음 내용으로 테스트해 보라
eee1 = DAbs . DAbs $ DI 1 `DApp` DI 2 `DApp` DI 3
eee2 = DAbs . DAbs $ DI 1 `DApp` DI 3
DAbs $ DApp eee1 eee2 -- \x.(\y.\z.z y x) (\w.\v.v x)
step it               -- \x.\y.\z.z (\w.\v x) x
```

```
\(\\1 2 3) (\\1 3)
[\\1 (\\1 4) 2]
```

8.1.3 타입없는 람다계산법에서 고정점(fixpoint)

수학에서 함수 f의 고정점(fixpoint)이란 $x \equiv f(x)$인 x를 말한다. 타입없는 람다계산법에는 아무 함수에 적용해 그 함수의 고정점을 계산하는 고정점 조합자(fixpoint combinator)가 여럿 존재한다. 하스켈 커리가 발견한 $Y = \lambda f.(\lambda x.f\,(x\;x))\,(\lambda x.f\,(x\;x))$는 Y조합자(Y-combinator)라 불리는 람다계산법의 대표적인 고정점 조합자로, 다음과 같이 $Y\,f \equiv_\beta f(Y\,f)$를 만족함을 보일 수 있다.

$$
\begin{aligned}
Y\,f \longmapsto (\lambda x.f\,(x\,x))\,(\lambda x.f\,(x\,x)) &\longmapsto f\,((\lambda x.f\,(x\,x))\,(\lambda x.f\,(x\,x))) \\
f(Y\,f) &\longmapsto f\,((\lambda x.f\,(x\,x))\,(\lambda x.f\,(x\,x)))
\end{aligned}
$$

이런 고정점의 성질을 활용하면 $Y\,f \equiv_\beta f(Y\,f) \equiv_\beta f(f(Y\,f)) \equiv_\beta \cdots$처럼 함수 f를 몇 번이고 반복해서 적용하는 계산을 표현할 수 있다.

Y조합자를 드브루인 인덱스를 활용하는 람다식을 나타내는 하스켈 데이터 타입인 DExpr로 표현하여 다음과 같이 yC로 선언하자.

[13]:
```
yC = DAbs (DApp e211 e211) -- \f.(\x.f(x x))(\x.f(x x))
  where e211 = DAbs (DApp (DI 2) (DI 1 `DApp` DI 1))
```

[14]:
```
yC -- 드브루인 인덱스로 나타낸 Y조합자
```

```
\(\2 (1 1)) (\2 (1 1))
```

Y조합자를 항등함수($\lambda z.z$)에 적용하면 세 작은걸음만에 앞서 살펴본 계산이 끝나지 않는 람다식을 유도할 수 있다.

$$\begin{aligned}(\lambda f.(\lambda x.f\,(x\;x))\,(\lambda x.f\,(x\;x)))\;(\lambda z.z) &\longmapsto (\lambda x.(\lambda z.z)(x\;x))\,(\lambda x.(\lambda z.z)(x\;x))\\ &\longmapsto (\lambda x.x\;x)\,(\lambda x.(\lambda z.z)(x\;x))\\ &\longmapsto (\lambda x.x\;x)\,(\lambda x.x\;x)\end{aligned}$$

산술식에서처럼 step을 확장한 step'를 고차함수 hat을 통해 선언하자.

[15]:
```
import Data.List (nub)
hat f es = nub (concat [f e| e <- es])

step' :: [DExpr] -> [DExpr]
step' = hat step
```

[16]:
```
DApp yC (DAbs (DI 1)) -- yC (\x.x)
```

```
(\(\2 (1 1)) (\2 (1 1))) (\1)
```

step' 함수를 세 번 연달아 적용한 결과로 나오는 리스트의 모든 원소를 다음과 같이 한 줄에 하나씩 출력해 보자. 앞서 step 함수를 제대로 완성했다면, 아래의 출력 결과 중에 계산이 끝나지 않는 람다식 $(\lambda x.x\;x)\;(\lambda x.x\;x)$에 해당하는 (\1 1) (\1 1)도 출력됨을 확인할 수 있을 것이다. 참고로 리스트의 원소들이 출력되는 순서는 step을 작성한 방식에 달라질 수도 있다.

[17]:
```
-- yC (\x.x)로부터 세 작은걸음 진행한 모든 람다식을 한 줄에 하나씩 출력
mapM_ print $ (step' . step' . step') [ DApp yC (DAbs (DI 1)) ]
```

```
(\(\1) (1 1)) (\(\1) (1 1))
(\1) ((\1) ((\(\1) (1 1)) (\(\1) (1 1))))
(\1) ((\1 1) (\(\1) (1 1)))
(\1) ((\(\1) (1 1)) (\1 1))
(\1 1) (\1 1)
(\1) ((\1 1) (\1 1))
(\1 (1 (1 ((\2 (1 1)) (\2 (1 1)))))) (\1)
```

8.1.4 하스켈에서 고정점 조합자 선언하기

타입없는 람다계산법에서 자기 자신에 대한 적용(self-application)을 이용해 끝나지 않는 계산을 표현하거나 Y조합자와 같은 고정점 조합자를 람다식으로 정의할 수 있음을 알아보았다. 그렇지만 하스켈에서는 순수한 람다식만으로 끝나지 않는 계산이나 고정점 조합자를 표현하기는 어렵다. 왜냐하면 하스켈은 타입있는 람다계산법을 기반으로 하는데, 타입있는 람다계산법에서는 자기 자신에 대한 적용 $x\ x$에 적절한 타입을 부여하기 어렵기 때문이다. 인자 부분인 오른쪽의 $x : \tau$라면 함수 부분인 왼쪽의 $x : \tau \to \tau_1$여야 한다. 단순타입 람다계산법(STLC)에서는 같은 식의 타입이 τ이면서 $\tau \to \tau_1$이기도 하기란 불가능하다. 앞으로 소개할 다형 람다계산법에서는 자기 자신에 대한 적용에 타입을 부여할 수는 있지만 무한한 계산을 표현할 수는 없다. 애초에 타입있는 람다계산법을 고안하게 된 동기가 바로 끝없는 계산처럼 논리적 모순에 대응되는 람다식을 허용하지 않기 위해서다. 그래서 튜링완전한 범용 함수형 언어에서는 람다식과 별도로 재귀적 표현을 위한 문법요소를 제공한다.

[18]:
```
:type \x -> x x  -- 하스켈에서 self-application 람다식은 타입 오류
```

```
<interactive>:1:9: error:
    • Occurs check: cannot construct the infinite type: t ~ t -> t1
    • In the first argument of ‘x’, namely ‘x’
      In the expression: x x
      In the expression: \ x -> x x
    • Relevant bindings include x :: t -> t1 (bound at <interactive>:
  ↪1:2)
```

그런데 만일 하스켈에서 딱 한 번만 재귀함수를 선언할 수 있고 다른 곳에서는 재귀적인 표현을 허용하지 않도록 제약을 가한다면 우리는 어떤 재귀함수를 선언해야 할까? 다음과 같이 고정점 조합자를 딱 한 번만 선언하면 다른 곳에서 재귀적 표현이 금지되더라도 일반적인 재귀함수를 얼마든지 만들어낼 수 있다.

[19]:
```
fix f = f (fix f) -- 고정점 조합자의 성질을 재귀함수로 선언
```

[20]:
```
:type fix
```

```
fix :: forall t. (t -> t) -> t
```

정수 n을 받아 팩토리얼 $n!$를 계산하는 함수를 두 가지 방법으로 선언하여 비교해 보자. 처음에는 직접 재귀함수로 선언해 보고, 그 다음에는 고정점 조합자 `fix`와 다른 재귀적이지 않은 함수를 활용해 선언해 보겠다. 프로그램의 단순화를 위해 팩토리얼 함수를 음수에 적용하는 것은 고려하지 않고 0이상의 자연수에만 적용한다고 가정하자.

[21]:
```
fact :: Integer -> Integer -- 직접 재귀함수로 팩토리얼 선언
fact 0 = 1                 -- 0! = 1
fact n = n * fact (n-1)    -- n! = n * (n-1)!
```

[22]:
```
fact 0
fact 5
```

```
1
120
```

[23]:
```
factF :: (Integer -> Integer) -> (Integer -> Integer)
factF f 0 = 1            -- f를 원래 파라메터 앞에 추가
factF f n = n * f (n-1) -- 재귀함수 호출 위치에 f 사용

fact' = fix factF -- 고정점 조합자를 활용한 팩토리얼 선언
```

[24]:
```
:type fact'
```

```
fact' :: Integer -> Integer
```

[25]:
```
fact' 0
fact' 5
```

```
1
120
```

(a) Jean-Yves Girard (b) John C. Reynolds

문법구조 $t \in B$ (기본타입) $\quad \tau \in T \ ::= \ t \mid \tau \to \tau \mid \alpha \mid \forall \alpha.\tau$

$c \in C$ (기본상수) $\quad e \in E \ ::= \ c \mid x \mid \lambda x:\tau.e \mid e\,e \mid \Lambda\alpha.e \mid e@\tau$

타입규칙 $\quad \Delta \ ::= \ c:\tau, \Delta \mid \cdot \qquad \Gamma \ ::= \ \alpha:\star, \Gamma \mid x:\tau, \Gamma \mid \cdot$

$$(\textsc{Con})\frac{}{\Gamma \vdash c:\tau}\,(c:\tau \in \Delta) \qquad (\textsc{Var})\frac{}{\Gamma \vdash x:\tau}\,(x:\tau \in \Gamma)$$

$$(\textsc{Abs})\frac{x:\tau_2, \Gamma \vdash e:\tau}{\Gamma \vdash \lambda x:\tau_2.e:\tau_2 \to \tau} \qquad (\textsc{App})\frac{\Gamma \vdash e_1:\tau_2 \to \tau \quad \Gamma \vdash e_2:\tau_2}{\Gamma \vdash e_1\,e_2:\tau}$$

$$(\textsc{TAbs})\frac{\alpha:\star, \Gamma \vdash e:\tau}{\Gamma \vdash \Lambda\alpha.e:\forall\alpha.\tau} \qquad (\textsc{TApp})\frac{\Gamma \vdash e:\forall\alpha.\tau}{\Gamma \vdash e@\tau_1:\{\alpha \mapsto \tau_1\}\tau}$$

의미구조 $$(\beta_{\to})\frac{}{(\lambda x{:}\tau.e)\,e_2 \longmapsto \{x \mapsto e_2\}e} \qquad (\beta_{\forall})\frac{}{(\Lambda\alpha.e)@\tau \longmapsto \{\alpha \mapsto \tau\}e}$$

$$\mathcal{E} \ ::= \ \bullet \mid \lambda x:\tau.\mathcal{E} \mid \mathcal{E}\,e \mid e\,\mathcal{E} \mid \Lambda\alpha.\mathcal{E} \mid \mathcal{E}@\tau \qquad (\mathcal{E})\frac{e \longmapsto e'}{\mathcal{E}[e] \overset{C}{\longmapsto} \mathcal{E}[e']}$$

〈그림 8.2〉 System F로도 불리는 다형 람다계산법을 고안한 장-이브 지라르와 존 레이놀즈 (사진 출처: CACM[51], 위키미디어 공용)

8.2 다형 람다계산법

프랑스의 논리학자인 장-이브 지라르[14]는 System F라는 이름의, 미국의 컴퓨터 과학자 존 레이놀즈[43]는 이후 다형 람다계산법(polymorphic λ-calculus) 혹은 다형타입 람다계산법(polymoprphically typed λ-calculus)으로 불리게 된, 알고 보니 똑같은 타입있는 람다계산법(그림 8.2)을 1970년대 초반에 각자 독립적으로 고안했다. '다형 람다계산법'보다는 'System F'가 더 짧으므로 주로 System F로 부르겠다. System F의 타입은 STLC의 타입을 구성하는 요소 외에도 타입변수(α)와 다형타입($\forall\alpha.\tau$)을 포함한다. System F의 식은 STLC의 식을 구성하는 요소 외에도 타입요약식(type abstraction)과 타입적용식(type application)을 포함한다. 함수요약식($\lambda x{:}\tau.e$)이 식을 식에 대응시키는 함수를 표현한다면 타입요약식($\Lambda\alpha.e$)은 타입을 식에 대응시킨키는 함수를 표현한다. 식을 식에 적용하는 함수적용식($e_1\ e_2$)과의 차이를 뚜렷이 드러내기 위해 식을 타입에 적용하는 타입적용식($e\ @\tau$)에서는 인자로 넘기는 타입 앞에 @기호를 표기한다. 참고로, 표준적인 타입적용식의 표기는 레이놀즈의 논문[43]에서처럼 $e[\tau]$이다. 하지만 실행맥락의 구멍을 채워넣는 표현($\mathcal{E}[e]$)에도 같은 괄호를 사용하므로, 여기서는 혼동의 여지를 줄이고자, 하스켈에서 명시적인 타입 적용을 표현하도록 지원하는 GHC확장기능의 문법을 따라 $e\ @\tau$와 같이 표기하였다.

타입요약식에 대한 타입규칙(TAbs)은 타입요약식이 다형타입이 됨을 규정한다. 타입적용식에 대한 타입규칙(TApp)은 왼쪽의 적용하는 식(e)이 다형타입($\forall\alpha.\tau$)이어야 하며 전체 타입적용식($e\ @\tau_1$)의 타입은 τ에 자유로이 나타나는 α를 오른쪽의 타입 인자 τ_1로 구체화한 타입이 됨을 규정한다. 그 외의 다른 타입규칙은 STLC에서와 같다.

그림 8.2의 의미구조는 $\beta_{\rightarrow}$규칙과 $\beta_{\forall}$규칙을 적용하는 순서를 제약하지 않는 단순한 형태의 의미구조이다. System F를 바탕으로 하는 정적 타입 함수형 언어의 실제 구현은 실행 전의 타입 검사 단계에서 $\beta_{\forall}$규칙만을 미리 적용해 타입을 가능한 한 구체화해 놓고, 실행 시간에 $\beta_{\rightarrow}$규칙을 적용하며 계산을 진행하는 것으로 이해할 수 있다.

8.2.1 다형 람다계산법과 하스켈

[26]:
```
:type id  -- 표준 라이브러리 항등함수 id는 다형타입
```

```
id :: forall a. a -> a
```

[27]:
```
:type id @Int       -- Int에 명시적 타입 적용
:type id @String    -- String에 명시적 타입 적용
```

```
id @Int :: Int -> Int
id @String :: String -> String
```

[28]:
```
id      3 -- 타입 인자가 생략되어 있어도 타입유추로 알아서 척척
id @Int 3
```

```
3
3
```

[29]:
```
id         "hello" -- 타입 인자가 생략되어 있어도 타입유추로 알아서 척척
id @String "hello"
```

```
"hello"
"hello"
```

[30]:
```
id @Int "hello" -- 명시적으로 구체화한 타입과 다르게 사용하면 타입 오류
```

```
<interactive>:1:9: error:
    • Couldn't match expected type ‘Int’ with actual type ‘String’
    • In the second argument of ‘id’, namely ‘"hello"’
      In the expression: id @Int "hello"
      In an equation for ‘it’: it = id @Int "hello"
```

위에서 살펴본 바와 같이 하스켈에서 다형 함수 적용은 System F와 사실상 같은 문법이다. 하스켈은 타입유추를 잘 지원하므로 대부분의 경우 명시적 타입 적용을 생략하더라도 컴파일러가 이후에 연이어 적용하는 인자로부터 필요한 타입 정보를 얻어 드러나 보이지 않게 타입적용이 수행된다.

한편, 하스켈에는 타입요약식($\Lambda\alpha.e$)에 직접적으로 대응되는 문법요소는 없다. 다만 아래와 같이 함수 선언에 앞서 `myid :: forall a. a -> a` 또는 줄여서 `myid :: a -> a`로 다형타입을 선언함으로써 `myid`를 System F의 타입요약식으로 선언한 것과 같은 효과를 볼 수 있다. 참고로, 타입 선언 없이도 마찬가지 다형타입이 유추되지만 `@`기호를 사용하는 명시적 타입적용은 사용할 수 없다.

```
[31]: myid :: a -> a
      myid = \x -> x
```

```
[32]: :type myid
      :type myid @Int
      :type myid @String
```

```
myid :: forall a. a -> a
myid @Int :: Int -> Int
myid @String :: String -> String
```

8.2.2 람다계산법과 데이터 타입

타입없는 람다계산법은 튜링기계와 마찬가지로 모든 계산을 표현할 수 있다는 처치–튜링 명제를 언급한 바 있다. 우리가 흔히 접하는 프로그래밍언어에서는 진리값이나 정수와 같은 기본 타입을 비롯해 순서쌍이나 리스트 등의 복합적 데이터 타입을 다루는 계산을 한다. 그런데 함수만 있는 람다계산법으로 어떻게 이런 계산을 표현했을까? 람다계산법의 창시자 알론조 처치가 데이터를 함수로 표현하는 방법으로 고안한 Church encoding|see처치 인코딩, 처치 인코딩(Church encoding)을 통해 가능했던 것이다.

진리값

이해하기 좋은 기초적인 사례로 진리값 상수에 대한 처치 인코딩(그림 8.3)을 살펴보자. 프로그래밍언어에서 진리값을 활용하는 대표적인 요소는 바로 `if` b then e_1 `else` e_0와 같은 형태의 조건식(conditional expression)인데, 이를 람다식의 함수 `ifte`로 생각하면 `ifte` b e_1 e_0에서 b가 `true`로 계산될 경우는 e_1과 같도록 b가 `false`로 계산될 경우는 e_0과 같이 동작해야 한다. 처치 인코딩의 핵심 아이

$$\begin{aligned} \texttt{true} &= \lambda x.\lambda y.x \\ \texttt{false} &= \lambda x.\lambda y.y \\ \texttt{ifte} &= \lambda b.\lambda x.\lambda y.b\ x\ y \ \equiv_\eta\ \lambda b.b \end{aligned}$$

〈그림 8.3〉 진리값에 대한 처치–인코딩(Church encoding)

디어는 데이터를 사용하는 대표적인 연산의 실제 의미를 데이터 상수 그 자체에 담아놓자는 것이다. 진리값의 경우 조건식의 유의미한 계산은 진리값 상수를 인코딩한 true나 false에 담겨있다는 말이다. 그래서 조건식을 표현하는 ifte는 항등함수의 형태로 사실상 유의미한 계산 없이 진리값 인자를 그대로 내어주도록 (즉, ifte $b\ e_1\ e_0 \equiv_\beta b\ e_1\ e_0$) 인코딩되어 있다. 이를 우리가 잘 아는 조건식의 동작에 맞추려면, true $e_1\ e_0 \equiv_\beta e_1$이고 false $e_1\ e_0 \equiv_\beta e_0$가 되도록, 진리값 상수 true를 $\lambda x.\lambda y.x$로 false를 $\lambda x.\lambda y.y$로 인코딩하면 된다.

그런데 단순타입 람다계산법(STLC)에서는 처치–인코딩과 같이 데이터 상수를 별도로 설정하지 않고 순수한 람다식만으로 인코딩해 활용하기는 곤란하다. 조건식을 나타내는 ifte에 BOOL $\rightarrow T \rightarrow T$와 같은 타입을 부여하고 그에 맞춰 true와 false도 $\lambda x{:}T.\lambda y{:}T.x$와 $\lambda x{:}T.\lambda y{:}T.y$로 인코딩해야 하는데, 문제는 T를 어떤 타입으로 정하면 다른 타입에 대한 조건식을 작성할 수 없게 된다. 예를 들어 ifte : BOOL $\rightarrow$ Int $\rightarrow$ Int로 한다면 정수를 계산하는 조건식은 작성할 수 있지만 문자열을 계산하는 조건식은 작성할 수 없다. 굳이 억지로 해보자면

$\texttt{ifte}_{\texttt{Int}} : \texttt{BOOL}_{\texttt{Int}} \rightarrow \texttt{Int} \rightarrow \texttt{Int}$ 및 $\texttt{true}_{\texttt{Int}}$와 $\texttt{false}_{\texttt{Int}}$,

$\texttt{ifte}_{\texttt{String}} : \texttt{BOOL}_{\texttt{String}} \rightarrow \texttt{String} \rightarrow \texttt{String}$ 및 $\texttt{true}_{\texttt{String}}$와 $\texttt{false}_{\texttt{String}}$,

$\vdots$

이렇게 계산하려는 각각의 타입 T마다 $\texttt{ifte}_T$ 및 $\texttt{true}_T$와 $\texttt{false}_T$로 $\texttt{BOOL}_T$ 타입을 한벌씩 따로 인코딩해야 하므로 불편하고 혼란스러울 따름이다.

다형 람다계산법(System F)에서는 모든 타입에 대해 일관되게 동작을 하는 식에 하나의 다형타입($\forall\alpha.\tau$)을 부여하는 것이 가능하며, 다형타입이 부여된 하나의 식을 필요에 따라 타입적용을 통해 각각의 타입으로 구체화하여 활용할 수 있다. System F에서와 같은 다형타입로 표현할 수 있는 이러한 특성을 '매개변수 다형성'(parametric polymorphism)이라 한다. 매개변수 다형성을 이용하면 처치 인코딩과 마찬가지로 순수한 람다식만으로 System F에서 데이터를 표현하는 것이 가능하며 이를 뵘–베라르두치[5] 인코딩이라 한다. 진리값에 대한 뵘–베라르두치 인코딩은 그림 8.4와 같다. 진리값 상수 true와 false가 타입요약식($\Lambda\alpha.e$)의 형태로 인코딩되어 있으므로 조건식의 인코딩을 활용할 때 ifte b @τ $e_1\ e_0$처럼 중간에 타입인자(τ)에 타입적용을 해야 하며, 이 때 $e_1 : \tau$

$$\begin{aligned}\mathsf{BOOL} &= \forall\alpha.\,\alpha \to \alpha \to \alpha\\ \mathsf{true} &= \Lambda\alpha.\,\lambda x{:}\alpha.\,\lambda y{:}\alpha.\,x\\ \mathsf{false} &= \Lambda\alpha.\,\lambda x{:}\alpha.\,\lambda y{:}\alpha.\,y\\ \mathsf{ifte} &= \lambda b{:}\mathsf{BOOL}.\,b\end{aligned}$$

(이미지 출처: http://wwwusers.di.uniroma1.it/~boehm/, http://aracneeditrice.it/)

〈그림 8.4〉 자기 자신의 언어로 된 컴파일러(self-hosting compiler)를 작성할 수 있음을 최초로 입증한 코라도 뵘(Corrado Böhm, 왼쪽), 그와 함께 System F에서 데이터 타입을 순수한 람다식으로 인코딩하는 방식을 고안한 알레산드로 베라르두치(Alessandro Berarducci, 오른쪽), System F에서 진리값에 대한 뵘–베라르두치 인코딩 (가운데)

이고 $e_2 : \tau$이어야 한다.

System F를 기반으로 하는 하스켈로 진리값의 뵘–베라르두치 인코딩을 아래와 같이 옮길 수 있다. 하스켈에서는 타입요약과 타입적용이 직접 드러나지 않으며 람다요약식의 파라메터에 타입 정보를 표시하지 않아도 타입이 유추되므로 System F에서보다 진리값의 인코딩이 조금 더 간결한 형태로 표현된다.

[33]:
```
type BOOL = forall a. a -> a -> a
false :: BOOL
false = \x -> \y -> y
true :: BOOL
true  = \x -> \y -> x
ifte :: BOOL -> BOOL
ifte = \b -> b
```

다음과 같이 여러 타입에 대해 ifte를 활용해 조건식을 표현할 수 있다.

[34]:
```
ifte true  111     100
ifte false "hello" "world"
```

```
111
"world"
```

또한, 이렇게 인코딩된 진리값에 대한 논리곱, 논리합, 논리부정도 다음과 같이 순수한 람다식으로 선언할 수 있다.

[35]:
```
andB :: BOOL -> BOOL -> BOOL
andB = \b1 -> \b2 -> b1 b2 b1
orB  :: BOOL -> BOOL -> BOOL
orB  = \b1 -> \b2 -> b1 b1 b2
notB :: BOOL -> BOOL
notB = \b -> \x -> \y -> b y x
```

[36]:
```
true  "true" "false"  -- 진리값이 true인지 false인지
false "true" "false"  -- 이런 방식으로 확인할 수 있다
```

```
"true"
"false"
```

[37]:
```
andB false false "true" "false"
andB false true  "true" "false"
andB true  false "true" "false"
andB true  true  "true" "false"
```

```
"false"
"false"
"false"
"true"
```

[38]:
```
orB false false "true" "false"
orB false true  "true" "false"
orB true  false "true" "false"
orB true  true  "true" "false"
```

```
"false"
"true"
"true"
"true"
```

[39]:
```
notB false "true" "false"
notB true  "true" "false"
```

```
"true"
"false"
```

두 개의 상수로 이루어진 타입을 이항 다형함수 타입인 $\forall\alpha.\alpha \to \alpha \to \alpha$로 인코딩한 것처럼 세 개의 상수로 이루어진 데이터 타입은 삼항 다형함수 타입인 $\forall\alpha.\alpha \to \alpha \to \alpha \to \alpha$로 인코딩하며, 일반적으로 n개의 상수로 이루어진 데이터 타입을 n항 다형함수 타입인 $\forall\alpha.\underbrace{\alpha \to \cdots \to \alpha}_{n-\text{ary}} \to \alpha$로 인코딩할 수 있다. 그러니까 단 한 개의 상수로만 이루어진 유닛(unit) 타입은 $\forall\alpha.\alpha \to \alpha$로, 아무 상수도 없는 보이드(void) 타입은 $\forall\alpha.\alpha$로 인코딩할 수 있다. 앞서 한번 언급한 바도 있지만 C나 Java와 같은 언어에서 주로 리턴값을 신경쓰지 않는 함수의 리턴 타입으로 쓰이는 void는 그 타입의 (정상적인) 값이 없는 것이 아니라 값이 있지만 어차피 하나로 정해져 있으므로 신경쓰지 않겠다는 유닛 타입에 해당하므로 프로그래밍언어 이론의 관점에서는 상당히 혼란스러운 이름이 업계의 주류 프로그래밍언어의 키워드로 사용되는 셈이다. 다행히 최근에 등장한 업계에서 주목받는 언어들 중에는 코틀린(Kotlin)이나 러스트(Rust)등이 유닛 타입이라는 제대로 된 이름으로 부르고 있다.

자연수

단순히 상수로만 이루어지지 않고 좀더 복잡한 재귀적 데이터 타입의 뵘-베라르두치 인코딩에 대해서도 알아보자. 하스켈에서 간단한 재귀적 데이터 타입의 사례를 들자면, 자연수(Nat)를 다음과 같이 자연수를 받아 하나 더 큰 자연수를 구성하는 데이터 생성자 S와 0을 나타내는 데이터 상수 Z로 이루어진 다음과 같은 데이터 타입으로 선언할 수 있다.

[40]:
```
data Nat = S Nat | Z   deriving (Show)
```

[41]:
```
:type S
:type Z
```

```
S :: Nat -> Nat
Z :: Nat
```

[42]:
```
Z          -- 0
S Z        -- 1
S(S Z)     -- 2
S(S(S Z))  -- 3
```

```
Z
S Z
S (S Z)
S (S (S Z))
```

이렇게 S가 몇 번 연달아 적용되었는지가 바로 자연수의 값에 해당되며 Z는 마치 맨 끝에 오는 마침표와 같다. 우리에게 가장 익숙한 자연수나 정수의 표현인 십진수는 0부터 9까지 열 개의 기호로 수를 나타낸다. 오늘날의 전자 컴퓨터 내부에서는 0과 1해당하는 두 개의 기호로 수를 나타내는 이진수 표현을 사용한다. 위에서 선언한 Nat은 따라서 수의 값에 유의미한 영향을 미치는 기호가 S 단 한 개이므로 이를 일진수 표현이라고 볼 수 있다.

앞서 진리값에 대한 처치 인코딩이나 뵘-베라르두치 인코딩에서는 진리값을 두 인자 중에서 하나를 선택하는 함수로 인코딩하였다. 자연수에 대한 인코딩의 핵심 아이디어는 자연수를 그 자연수 값만큼 함수적용을 연달아 시키는 고차함수 혹은 그 자연수 값만큼 같은 함수를 반복해 합성한 고차함수로써 인코딩하자는 것이다. 이를테면 3의 처치 인코딩을 c_3라고 할 때 $c_3\, f\; x \equiv f(f(f\; x))$라는 이야기다. 그러므로 3의 처치 인코딩 $c_3 = \lambda f.\lambda x.\, f(f(f\; x)))$이며 일반적으로 자연수 k의 처치 인코딩 $c_k = \lambda f.\lambda x.\, \underbrace{f(\ldots(f}_{k\text{번 적용}}\; x)\ldots)$이다. 하스켈 데이터 타입 Nat을 이런 방식의 뵘-베라르두치 인코딩으로 옮긴 하스켈 코드는 다음과 같다.

[43]:
```
type NAT = forall a. (a -> a) -> a -> a
s :: NAT -> NAT
s = \n   -> \f -> \x -> f (n f x) -- f를 n번 적용한 결과에 f 한 번 더 적용
z :: NAT
z = \f -> \x -> x
```

이렇게 인코딩된 자연수(NAT)는 다음처럼 하스켈 정수로 변환해 확인할 수 있다.

[44]:
```
z            (+1) 0
s z          (+1) 0
s(s z)       (+1) 0
s(s(s z)) (+1) 0
```

```
0
1
2
3
```

참고로 (+1)은 람다식 (\x -> x+1)를 줄인 표현이며 마찬가지로 (1+)는 람다식 (\x -> 1+y)를 줄인 표현이다. 하스켈에서 이렇게 중위 연산식의 어느 한쪽 인자를 빼놓고 괄호로 둘러싼 표현을 잘린식(section)이라 일컬으며 덧셈 말고 다른 중위 연산자로도 (3*)이나 (/2)와 같이 잘린식을 작성할 수 있다.

서로 다른 표현 방식의 자연수로 변환

하스켈의 기본 타입인 Int와 앞서 살펴본 Nat 및 NAT 타입의 자연수를 서로 다른 표현 방식으로 변환하는 함수들을 선언하려 한다. 아래의 fromInt2Nat 함수에서 음의 정수는 고려하지 않아도 좋다. 연습문제로 아래 선언을 완성해 보라.

[45]:
```
fromInt2Nat :: Int -> Nat
fromInt2Nat 0 = undefined
fromInt2Nat n = undefined

fromNat2Int :: Nat -> Int
fromNat2Int Z     = undefined
fromNat2Int (S n) = undefined

fromNat2NAT :: Nat -> NAT
fromNat2NAT Z     = undefined
fromNat2NAT (S n) = undefined

fromNAT2Nat :: NAT -> Nat
fromNAT2Nat n = undefined
```

8.3 하스켈에서 매개변수화된 데이터 타입

이전 장에서 Maybe a와 같은 매개변수화된 데이터 타입의 사례를 이미 접해 보았다. 사실 그 전부터 이 책에서는 하스켈의 매개변수화된 데이터 타입이 나타나고 있다. 순서쌍 타입 (a,b)는 두 개의 타입변수 a와 b로 매개변수화된 데이터 타입이며 리스트 타입 [a]는 한 개의 타입변수 a로 매개변수화된 타입이다. 이렇게 매개변수화된 타입에 대해서는 매개변수를 구체화한 타입에 대한 함수도 선언할 수 있지만 매개변수가 무엇이든 일관되게 동작하는 다형 타입 함수도 선언할 수 있다. 순서쌍과 리스트에 대한 다형 함수의 대표적인 사례로는 이미 표준라이브러리에 선언되어 제공되는 다음과 같은 함수들이 있다.

[46]:
```
:type fst
:type snd
:type map
:type filter
```

```
fst :: forall a b. (a, b) -> a
snd :: forall a b. (a, b) -> b
map :: forall a b. (a -> b) -> [a] -> [b]
filter :: forall a. (a -> Bool) -> [a] -> [a]
```

[47]:
```
map even [1, 2, 3, 4]          -- a=Int, b=Bool
map show [True, False, True] -- a=Bool, b=String
```

```
[False,True,False,True]
["True","False","True"]
```

[48]:
```
import Data.Char (isUpper)
:type isUpper
isUpper 'C' -- 대문자인 경우에 True
isUpper 'c' -- 소문자인 경우는 False
```

```
isUpper :: Char -> Bool
True
False
```

[49]:
```
filter even [1, 2, 3, 4, 5, 6]    -- a=Int
filter isUpper ['H','a','B','b'] -- a=Char
```

```
[2,4,6]
"HB"
```

[50]:
```
:info String -- 하스켈에서 String은 [Char]의 타입 별명
```

```
type String :: *
type String = [Char]
        -- Defined in ‘GHC.Base’
```

[51]:
```
"AB" == ['A','B'] -- 즉, 문자열이 곧 문자의 리스트다
```

```
True
```

하스켈의 순서쌍은 다음과 같은 데이터 타입으로 선언되어 있다. 참고로, 아래에서 왼쪽의 (,)는 타입 생성자이며 오른쪽의 (,)는 데이터 생성자이다. 하스켈에서는 타입 계층의 이름공간과 식 계층의 이름공간이 분리되어 있어 똑같은 식별자의 타입 생성자와 데이터 생성자가 같은 프로그램에 있어도 괜찮다.

```
data (,) a b = (,) a b
```

순서쌍의 경우 가독성을 위해 (a,b)와 같이 괄호와 쉼표 사에에 쓸 수 있도록 특별한 표기를 허용하는 것일 뿐이다. 그래서 보통의 데이터 타입처럼 전위(prefix) 표기로도 작성이 가능하다.

[52]:
```
(,) 1 'a' :: (,) Int Char -- 보통의 데이터 타입과 같은 전위 표현
(1,'a')   :: (Int,Char)   -- 가독성을 위해 특별히 허용하는 표현
(,) 1 'a' == (1,'a')       -- 어떤 방식으로 표현하든 같다
```

```
(1,'a')
(1,'a')
True
```

하스켈의 리스트도 다음과 같은 데이터 타입으로 정의되어 있으며, 순서쌍과 마찬가지로 가독성을 위해 특별한 표기를 허용하는 것일 뿐이다.

```
data [] a = []              {- 데이터 상수 []로 빈 리스트를 구성 -}
          | (:) a ([] a)  {- 데이터 생성자 (:)로 원소(a)와 리스트([] a)를
                                 묶어 새로운 리스트를 구성 -}
```

[53]:
```
(:) 1 ((:) 2 []) :: [] Int -- 보통의 데이터 타입과 같은 전위 표현
1 : 2 : []       :: [Int]  -- 가독성을 위해 특별히 허용하는 표현
[1, 2]           :: [Int]  -- 더 보기좋게 더 특별히 허용하는 표현
(:) 1 ((:) 2 []) == 1 : 2 : []  -- 어떤 방식으로 표현하든 같다
[1, 2]           == 1 : 2 : []  -- 어떤 방식으로 표현하든 같다
```

```
[1,2]
[1,2]
[1,2]
True
True
```

8.3.1 하스켈에서 타입 생성자의 분류

하스켈에서 식은 타입으로 분류된다. 그런데 식의 계층이 아닌 타입의 계층에서도 분류가 필요하다. `Maybe`, `(,)`, `[]`와 같은 매개변수화된 타입의 식별자는 그 자체로는 타입이 아니며 `Maybe Int`, `(,) Char Bool`, `[] Int` 처럼 적절한 개수의 타입에 적용했을 때 비로소 타입이 되는 타입 생성자(type constructor)이다. `Int`, `Bool`, `Char`처럼 매개변수화되지 않고 그 자체로 타입인 경우를 0항 타입 생성자(nullary type constructor)로 볼 수 있다. `Maybe`나 `[]`는 하나의 타입에 적용하면 타입이 되는 1항 타입 생성자(unary type constructor)이며, `(,)`는 두 개의 타입에 연달아 적용해야 타입이 되는 2항 타입 생성자(binary type constructor)이다. 이러한 타입 생성자의 분류를 카인드(kind)라고 하며, 다음과 같이 타입 생성자가 어떤 카인드로 분류되는지 하스켈 컴파일러에게 물어볼 수 있다.

[54]:
```
:kind Int  -- 0-ary (nullary) type constructor
:kind Bool -- 0-ary (nullary) type constructor
```

```
Int :: *
Bool :: *
```

[55]:
```haskell
:kind Maybe  -- 1-ary (unary) type constructor
:kind []     -- 1-ary (unary) type constructor
```

```
Maybe :: * -> *
[] :: * -> *
```

[56]:
```haskell
:kind (,)    -- 2-ary (binary) type constructor
:kind (->)   -- 2-ary (binary) type constructor
```

```
(,) :: * -> * -> *
(->) :: * -> * -> *
```

중위 표현의 함수 타입 생성자(->)는 매개변수화된 데이터 타입의 식별자는 아니지만 정의역과 공역을 나타내는 두 타입 `t1`과 `t2`에 적용했을 때 비로소 함수 타입 `t1 -> t2`가 되므로, 하스켈에서는 순서쌍 타입 생성자 `(,)`와 같은 카인드 (* -> * -> *)로 분류된다.

8.3.2 매개변수화된 트리 데이터 타입

데이터 타입을 정의할 때 매개변수 다형성을 활용할 수 없다면 각 노드마다 원소를 포함하는 이진트리(binary tree) 데이터 타입을 다음과 같이 원소의 타입을 달리할 때마다 따로 한번씩 정의해 주어야 한다.

[57]:
```haskell
data BTreeI = BNilI | BNodeI Int  (BTreeI, BTreeI)  deriving Show
data BTreeB = BNilB | BNodeB Bool (BTreeB, BTreeB)  deriving Show
data BTreeC = BNilC | BNodeC Char (BTreeC, BTreeC)  deriving Show
```

위에서 선언한 정수 이진트리(`BTreeI`), 진리값 이진트리(`BTreeB`), 문자 이진트리(`BTreeC`)와 같은 구체적인 원소 타입의 이진트리로 구체화하여 활용할 수 있는 일반적인 이진트리를 매개변수화된 데이터 타입(`BTree a`)으로 다음과 같이

```haskell
data BTree a = BNil | BNode a (BTree a, BTree a)  deriving Show
```

한번에 정의할 수 있다. 이 때, `a`를 `Int`로 구체화한 `BTree Int`가 `BTreeI`에 해당하고, `a`를 `Bool`로 구체화한 `BTree Bool`이 `BTreeB`에 해당하며, `a`를 `Char`로 구체화한 `BTree Char`는 `BTreeC`에 해당한다.

[58]:
```
data UTree a = UNil | UNode a (UTree a)                   deriving Show
data BTree a = BNil | BNode a (BTree a,BTree a)           deriving Show
data TTree a = TNil | TNode a (TTree a,TTree a,TTree a) deriving Show
```

그런데 각 노드마다 몇 갈래의 하위 트리로 갈라지는가에 따라서도 다른 종류의 트리가 된다. 각 노드마다 한 갈래, 두 갈래, 세 갈래로 갈라지는 일진트리(unary tree), 이진트리(binary tree), 삼진트리(ternary tree)를 각각 매개변수화된 데이터 타입 `UTree a`, `BTree a`, `TTree a`로 위와 같이 선언할 수 있다.

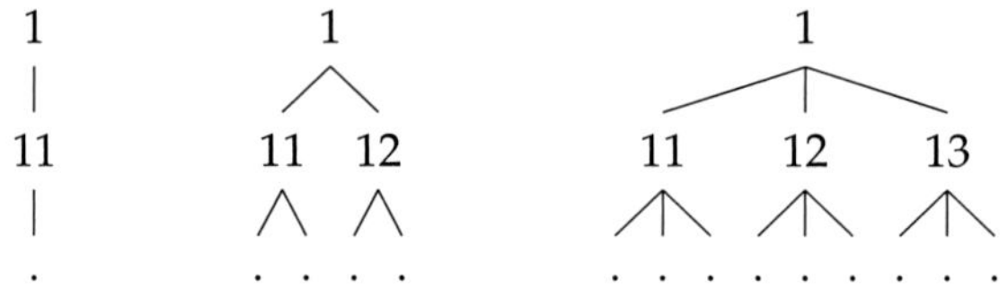

일진트리, 이진트리, 삼진트리의 사례 각각 하나씩을 위와 같은 그림으로 나타낼 수 있다. 위에서 그림으로 나타낸 각 트리를 앞서 정의한 `UTree`, `BTree`, `TTree` 데이터 타입으로 표현하면 아래와 같다.

[59]:
```
UNode 1 (UNode 11 UNil)

BNode 1 ( BNode 11 (BNil,BNil),
          BNode 12 (BNil,BNil) )

TNode 1 ( TNode 11 (TNil,TNil,TNil),
          TNode 12 (TNil,TNil,TNil),
          TNode 13 (TNil,TNil,TNil) )
```

```
UNode 1 (UNode 11 UNil)
BNode 1 (BNode 11 (BNil,BNil),BNode 12 (BNil,BNil))
TNode 1 (TNode 11 (TNil,TNil,TNil),TNode 12 (TNil,TNil,TNil),TNode 13␣
 ↪(TNil,TNil,TNil))
```

위 세 종류의 트리 데이터 타입은 노드에 포함되는 원소의 타입(a)을 매개변수화함으로써 일반화되어 있지만, 각 노드에서 몇 갈래로 갈라지는지에 대해서까지는 일반화되어 있지 못하였다. 따라서 각 종류의 트리마다 한벌씩 따로 데이터 타입을 선언하고 있는 것이다. 노드에 포함된 원소의 타입 뿐 아니라 몇 갈래로 갈라지는지에 대해서도 일반화된 트리를 한번에 하스켈 데이터 타입으로 선언할 수는 없을까? 결론적으로 가능하지만, System F에서 지원하는 다형 타입의 범위를 넘어서는 지금까지 다루지 않았던 새로운 형식의 타입을 동원해야 한다.

8.3.3 타입 생성자에 대한 매개변수화를 허용하는 고차 매개변수 다형성

카인드 *로 분류되는 타입 뿐 아니라 일반적으로 모든 카인드의 타입 생성자에 대한 매개변수화를 허용하는 더 유연하게 확장된 매개변수 다형성을 '고차 매개변수 다형성'(higher-kinded parametric polymorphism 혹은 higher-order parametric polymorphism)이라 일컫는다. 매개변수 다형성을 다루고 있음이 명확한 문맥에서는 그냥 '고차 다형성'(higher-kinded polymorphism 혹은 higher-order polymorphism)이라고 줄여서 부른다. 하스켈은 고차 다형성을 지원하므로 앞서 살펴본 원소 타입에 대한 매개변수 `a :: *`에 추가로 각 노드에서 몇 갈래로 갈라지는지를 `f :: * -> *`로 매개변수화한 더 일반적인 트리 데이터 타입인 `GTree f a`를 다음과 같이 선언할 수 있다. 참고로 이래의 데이터 타입 선언에서 `data GTree f a = GNil | GNode a (f (GTree f a))`와 같이 `f`와 `a`의 카인드 표기를 생략하라더도 하스켈 컴파일러가 타입을 유추하듯 카인드도 유추한다. 여기서는 타입 생성자 파라메터 `f`가 타입 파라메터 `a`와는 다른 카인드임을 강조하려고 표기했을 따름이다.

[60]:
```
data GTree (f :: * -> *) (a :: *) = GNil | GNode a (f (GTree f a))
{-# LANGUAGE StandaloneDeriving UndecidableInstances #-}
deriving instance (Show a, Show (f (GTree f a))) => Show (GTree f a)
```

[61]:
```
:kind GTree
```

```
GTree :: (* -> *) -> * -> *
```

[62]:
```
data UF t = C1 t        deriving Show
data BF t = C2 (t,t)    deriving Show
data TF t = C3 (t,t,t) deriving Show
```

[63]:
```
:kind UF
:kind BF
:kind TF
```

```
UF :: * -> *
BF :: * -> *
TF :: * -> *
```

[64]:
```
:kind GTree UF  -- UTree에 해당
:kind GTree BF  -- BTree에 해당
:kind GTree TF  -- TTree에 해당
```

```
GTree UF :: * -> *
GTree BF :: * -> *
GTree TF :: * -> *
```

System F의 창시자인 지라르는 이후에 타입 뿐 아니라 타입 생성자에 대한 매개변수를 포함하도록 기존의 System F를 확장한 System F_ω라는 고차 다형 람다계산법을 고안하였다[15]. 참고로 System F_ω의 문법구조와 카인드 규칙은 그림 8.5에 나타나 있으며, System F와 대조되는 특징을 정리하면 다음과 같다.

kind	$\kappa \in K ::= * \mid \kappa \to \kappa$
type constructor	$\tau \in T ::= t \mid \tau \to \tau \mid \alpha \mid \forall\alpha{:}\kappa.\tau \mid \lambda\alpha{:}\kappa.\tau \mid \tau\,\tau$
expression	$e \in E ::= c \mid x \mid \lambda x{:}\tau.e \mid e\,e \mid \Lambda\alpha{:}\kappa.e \mid e@\tau$

카인드 규칙 $\Delta ::= t:\kappa,\Delta \mid c:\tau,\Delta \mid \cdot \qquad \Gamma ::= \alpha:\kappa,\Gamma \mid x:\tau,\Gamma \mid \cdot$

$$\frac{}{\Gamma \vdash t:\kappa}(t:\kappa\in\Delta) \qquad \frac{\Gamma\vdash\tau_1:* \quad \Gamma\vdash\tau_2:*}{\Gamma\vdash\tau_1\to\tau_2:*} \qquad \frac{}{\Gamma\vdash\alpha:\kappa}(\alpha:\kappa\in\Gamma)$$

$$\frac{\alpha:\kappa,\Gamma\vdash\tau:*}{\Gamma\vdash\forall\alpha{:}\kappa.\tau:*} \qquad \frac{\alpha:\kappa_2\,\Gamma\vdash\tau:\kappa}{\Gamma\vdash\lambda\alpha{:}\kappa_2.\tau:\kappa} \qquad \frac{\Gamma\vdash\tau_1:\kappa_2\to\kappa \quad \Gamma\vdash\tau_2:\kappa_2}{\Gamma\vdash\tau_1\,\tau_2:\kappa}$$

⟨그림 8.5⟩ System F_ω의 문법구조와 카인드 규칙

- 타입 생성자 변수(α)가 어떤 카인드(κ)인지 문법구조에 함께 표시한다.
- 타입 계층에 STLC를 갖다놓은 것처럼 타입 생성자를 타입 생성자에 대응시키는 타입함수($\lambda\alpha{:}\kappa.\tau$)와 타입 생성자 적용($\tau\ \tau$)이 추가되어 있다.
- 올바르게 구성된 타입 생성자인지 여부가 카인드 규칙에 따라 규정된다.

하스켈에서 '타입 생성자'라고 매번 부르는 것이 번거롭기 때문에 그냥 '타입'으로 줄여 부르는 경우도 많다. 예를 들어 `Maybe :: * -> *`는 타입 생성자이며 `Maybe Int :: *`는 타입이지만, 그냥 짧게 `Maybe` 타입 이라고 부르곤 한다.

요점정리

- 처치가 고안한 (타입없는) 람다계산법으로 튜링이 고안한 튜링기계과 똑같은 범위의 계산을 표현할 수 있다. 지금까지도 바로 이 범위를 기계적으로 수행할 수 있는 (즉, 컴퓨터로 돌릴 수 있는) '계산'의 이론적 한계 범위로 받아들이며 이를 처치-튜링 명제(Church-Turing thesis)라고 일컫는다.
- 타입없는 람다계산법의 문법구조는 이름, 타입요약식, 타입적용식 이렇게 단 세 종류의 요소로 구성됨에도 불구하고 끝나지 않는 계산을 포함한 일반적인 재귀를 표현할 수 있는 고정점(fixpoint) 조합자를 람다식으로 작성가능하다.
- 고정점 조합자가 주어지면 직접 재귀함수를 선언하지 않더라도 고정점 조합자를 재귀함수가 아닌 함수에 적용함으로써 원하는 재귀함수를 얼마든지 작성할 수 있다.
- 타입없는 람다계산법에서는 처치 인코딩으로 진리값이나 자연수 등의 데이터를 함수로서 인코딩해 순수한 람다식만으로 이러한 데이터 및 그에 대한 연산을 표현할 수 있다.
- 지라르와 레이놀즈는 단순타입 람다계산법에서 다루는 타입에 타입변수(α)와 다형타입($\forall\alpha.\tau$)을 추가한 System F라고도 불리는 다형 람다계산법을 독립적으로 고안하였다.
- System F의 람다식에는 STLC의 람다식에 타입요약식($\Lambda\alpha.e$)와 타입적용식($e\,@\tau$)가 추가되어 있다.

- 다형타입을 지원하는 하스켈 언어의 핵심에는 System F가 있다고 볼 수 있지만 타입요약식과 타입적용식이 일반적으로 겉으로 드러나 보이지 않으며 타입유추 과정에서 하스켈 컴파일러가 보이지 않게 처리한다고 이해할 수 있다.
- System F에서는 타입없는 람다계산법의 처치 인코딩과 마찬가지 방식으로 데이터 타입을 인코딩할 수 있으며 이를 뵘–베라두치 인코딩이라 한다.
- 지라르는 System F에서 타입변수가 타입만을 대표하는 것을 일반화하여 타입 생성자를 대표할 수 있도록 확장한 System F_ω라고도 불리는 고차 다형 람다계산법을 고안하였다. 하스켈도 사실 보통의 매개변수 다형성만이 아닌 고차 다형성까지 지원하므로 System F_ω가 하스켈 언어의 핵심에 있다고 이해할 수 있다.
- 식(expression)이 타입(type)으로 분류되는 것처럼 System F_ω에서 타입 생성자는 카인드(kind)로 분류된다. 타입 규칙으로 식이 타입에 맞게 구성되었는지 규정되듯 카인드 규칙으로 올바르게 구성된 타입 생성자인지 규정된다.
- 하스켈에서 파라메터화된 데이터 타입의 식별자는 그 자체로는 타입이 아니며 적절한 타입 인자에 적용하면 타입이 되는 타입 생성자다. 예컨대, 타입 생성자 `Maybe :: * -> *`를 타입 `T :: *`에 적용하면 `Maybe T :: *`라는 타입이 된다.

연습문제

1. 피보나치 수를 계산하는 함수 `fib :: Integer -> Integer`를 직접 재귀함수로 선언해 보고 또 고정점 고차함수 `fix`와 재귀적이지 않은 함수를 통해서도 선언해 보라.
2. `[45]`번 셀의 `fromInt2Nat`, `fromNat2Int`, `fromNat2NAT`, `fromNAT2Nat` 함수 선언을 완성하라.
3. `[59]`번 셀에서 각각 다른 데이터 타입으로 표현된 세 그루의 트리를 더 일반적인 `GTree` 데이터 타입으로 모두 옮겨 보라.

탐구과제

1. [62]번 셀의 UF, BF, TF는 data로 선언하는 것보다는 newtype으로 선언하는 것이 더 바람직하다. 하스켈에서 newtype은 어떨 때 활용하는지 알아보라.
2. 하스켈 이외에 고차 다형 타입(higher-kinded type 혹은 higher-order type)을 지원하는 언어로는 어떤 것이 있으며 어떤 방식으로 지원하는지 조사해 보라.
3. STLC에 처치 방식과 커리 방식이 있듯 System F나 System F_ω에도 처치 방식과 커리 방식이 있다. 책에 소개된 것은 처치 방식이다. 커리 방식의 System F나 System F_ω는 어떤 차이점이 있는지 알아보라.

제 9 장

함수에 대한 값계산

7장에서는 산술식에 대한 작은걸음 및 큰걸음 동작과정 의미구조에 대해 알아보았다. 대부분 범용 프로그래밍언어는 산술식과 함께 함수도 지원하므로 함수를 포함하는 언어를 다루는 원리에 대해 이해할 필요가 있다. 람다계산법은 함수를 포함하는 가장 단순한 문법구조로 이루어진 프로그래밍언어로 볼 수 있다. 이번 장에서는 람다계산법의 값계산(evaluation)에 대한 의미구조를 정의하고 이를 하스켈로 옮겨 구현해 보면서 프로그래밍언어에서 함수를 다루는 원리를 알아본다.

9.1 줄임(reduction)과 값계산(evaluation)의 맥락적 의미구조

앞서 타입없는 람다계산법의 줄임(reduction)을 규정하는 비결정적 작은걸음 의미구조(6.2절의 그림 6.3)를 소개한 바 있다. 이를 (η규칙은 제외하고) 맥락적 의미구조의 형태로 옮기면 다음과 같다.

문법구조 $\quad e ::= x \mid \lambda x.e \mid e\, e$

비결정적 줄임의 맥락적 의미구조 $\quad (\lambda x.e)\, e_2 \overset{B}{\longmapsto} \{x \mapsto e_2\}e$

$$\mathcal{E} ::= \bullet \mid \lambda x.\mathcal{E} \mid \mathcal{E}\, e \mid e\, \mathcal{E} \qquad \frac{e \overset{B}{\longmapsto} e'}{\mathcal{E}[e] \overset{C}{\longmapsto} \mathcal{E}[e']}$$

위 의미구조에서 값계산 맥락(evaluation context)의 정의만 다음과 같이 바꾸면

$$\mathcal{E} ::= \bullet \mid \mathcal{E}\, e$$

함수 적용을 우선시하는 '적용 먼저 값계산'(call-by-name evaluation)의 맥락적 의미구조가 된다. 맥락의 정의에서 $\lambda x.\mathcal{E}$가 제외되었으므로 함수요약식의 함수 몸체 부분의 맥락에서는 더 이상 계산이 진행되지 않는다. 또한, $e\, \mathcal{E}$도 제외되었으므로 함수적용식에서 오른쪽에 있는 인자 부분의 맥락에서 계산이 진행되지 않는다. 따라서 함수적용식의 왼쪽이 함수요약식인 경우, 즉 β줄식(β-redex)인 경우, 선택의 여지 없이 β줄임으로 계산을 진행하도록 결정된다. 적용 먼저 값계산에서 더 이상 계산이 진행되지 않는 값의 형태(v)는 다음과 같다.

$$v ::= n \mid \lambda x.e \quad \text{(values)}$$
$$n ::= x \mid n\, e \quad \text{(neutrals)}$$

주의: 여기서 n은 자연수/정수를 나타내는 기호가 아니라 v처럼 특정한 형태의 람다식을 나타내는 기호이다.

함수에 적용되는 인자의 계산을 우선시하는 '인자 먼저 값계산'(call-by-value evaluation)의 경우에는 인자가 먼저 값으로 계산된 다음 β줄임이 진행되어야 하므로 값계산 맥락뿐만 아니라 β규칙도 다음과 같이 바꿔야 한다.

$$\mathcal{E} ::= \bullet \mid \mathcal{E}\, e \mid v\, \mathcal{E} \qquad (\lambda x.e)\, v_2 \overset{B}{\longmapsto} \{x \mapsto v_2\}e$$

인자 먼저 값계산에서 값의 형태(v)는 다음과 같다.

$$v ::= n \mid \lambda x.e \qquad \text{(values)}$$
$$n ::= x \mid n\ v \qquad \text{(neutrals)}$$

주의: 여기서 n은 자연수/정수를 나타내는 기호가 아니라 v처럼 특정한 형태의 람다식을 나타내는 기호이다.

열린식을 제외한 닫힌식만 고려한다면, 타입없는 람다계산법에서 적용 먼저 값계산이든 인자 먼저 값계산이든 값(value)은 함수요약식($\lambda x.e$)의 형태만 가능하다.

인자 먼저 값계산을 '적극적 값계산'이라고도 한다. 적용 먼저(call-by-name) 값계산과 대비되는 문맥에서는 인자 먼저(call-by-value) 값계산, 게으른 값계산(lazy evaluation)과 대비되는 문맥에서는 적극적 값계산(eager evaluation)으로 부르곤 한다.

9.2 값계산 환경을 활용한 큰걸음 의미구조

람다계산법의 값계산(evaluation)에 대한 맥락적 작은걸음 의미구조는 람다계산법의 줄인(reduction)에 대한 맥락적 작은걸음 의미구조와 관련해 공통점과 차이점이 잘 드러나기 때문에 값계산과 줄임을 같은 관점에서 연관지어 이해할 수 있다는 장점이 있다. 하지만 이렇게 매번 함수 적용을 할 때마다 함수 몸체에서 파라메터 이름을 인자로 치환(substitution)하는 방식을 곧이곧대로 프로그래밍 언어의 구현으로 옮긴다면 효율적이지 못한 경우가 많다. 예컨대, 조건식과 산술식이 첨가된 다음과 같은 람다식의 값계산 과정을 살펴보자.

$$
\begin{array}{rl}
 & (\lambda x.\lambda y.\textbf{if}\ x < y\ \textbf{then}\ x+x+x+x\ \textbf{else}\ y+y+y+y)\ 1\ 2 \\
\scriptstyle (x \mapsto 1\ 5\text{군데})\ \longmapsto & (\lambda y.\textbf{if}\ 1 < y\ \textbf{then}\ 1+1+1+1\ \textbf{else}\ y+y+y+y)\ 2 \\
\scriptstyle (y \mapsto 2\ 5\text{군데})\ \longmapsto & \textbf{if}\ 1 < 2\ \textbf{then}\ 1+1+1+1\ \textbf{else}\ 2+2+2+2 \\
\longmapsto & 1+1+1+1 \longmapsto\ \cdots\ \longmapsto\ 4
\end{array}
$$

위 계산 과정의 첫째와 둘째 작은걸음에서 x를 1로 다섯 군데에서 치환하고 y를 2로 다섯 군데에서 치환한다. x를 바꿔친 1은 그 이후의 계산 과정에서 실제로 다섯 군데 모두 결과값을 계산하는 데 활용되지만, y를 바꿔친 2는 조건식에서 $1 < 2$를 계산하는 단 한 군데 말고는 활용되지 않는다. 즉, $y+y+y+y$를 $2+2+2+2$로 바꿔쓴 작업은 낭비였다는 말이다.

매번 함수 적용 때마다 식에 나타나는 파라메터 이름을 실제로 바꿔치는 대신 지금까지 치환했어야 할 내용을 한데 모아 놓은 목록을 만들어 $\{y \mapsto 2, x \mapsto 1\}$와 같이 정리해 두고 필요한 곳에서만 참조하여 활용하면 불필요한 치환을 피할 수 있게 되므로 더 효율적일 것이다. 즉, 값계산 과정의 진행에 필요한 $x < y$에서 y가 어떤 값인지 딱 한 번만 찾아보면 되므로, 앞서 살펴본 치환 기반의 작은걸음 계산 과정에서 $y+y+y+y$를 $2+2+2+2$로 바꿔쓰는 불필요한 작업을 하지 않아도 된다. 이렇게 치환 기반의 의미구조에서 치환했어야 할 내용을 차곡차곡 정리해 한데 모아 놓은 것을 '값계산 환경'(evaluation environment) 또는 '실행 환경'(execution environment)이라고도 하는데, 혼동의 여지가 없는 경우에는 줄여서 그냥 '환경'(environment)이라고 부르기도 한다. 지금부터는 값계산 환경을 활용한 큰걸음 의미구조에 대해 좀더 구체적으로 알아보기로 하자.

값계산 환경을 활용한 의미구조에서는 식에 나타나는 이름에 대응되는 값을 환경에서 참조하는 방식으로 계산이 진행되므로 식(e)와 그 식을 계산하며 참조할 환경(ρ)을 항상 짝지어 계산을 진행한다. 즉, 큰걸음 관계($\Longmapsto$)의 왼항에 식과 환경의 순서쌍이 오도록 $\langle e, \rho \rangle \Longmapsto v$와 같이 계산한다는 말이다. 그렇다면 오른항에 오는 값 v의 형태는 어떠해야 할까? 환경을 활용하는 의미구조에서는 보통 닫힌식의 값계산만을 고려하므로, 타입없는 람다계산법에서 계산이 끝난 것으로 보는 값은 $\lambda x.e$ 형태의 함수요약식 뿐이다. 그런데 값계산 환경을 활용하는 의미구조에서는 함께 순서쌍을 이루어야 하므로 값의 형태는 $\langle \lambda x.e, \rho \rangle$가 된다. 단, 이 때 $\lambda x.e$에 나타나는 묶이지 않은 모든 자유이름 $x' \in \mathrm{fv}(\lambda x.e)$를 환경으로부터 $\rho(x')$와 같이 참조할 수 있어야 한다. 환경 ρ를 함수로 본다면 그 정의역(domain)에 $\lambda x.e$의 자유이름이 모두 포함되어야 한다는 말이다.

일반적으로 식(e)에 자유변수가 나타날 수 있어 단독으로 놓고 보면 열린식이지만 환경(ρ)의 정의역이 이를 모두 덮는 경우 전체 순서쌍을 놓고 보면 마치 닫힌식 같다는 의미에서 그러한 $\langle e, \rho \rangle$를 '클로저'(closure)라 일컫는다. 참고로, 자바스크립트 등의 언어에서도 중첩된 함수 활용에서 발생하는 현상을 설명하려 클로저의 개념을 동원하기도 한다.[1]

[1]https://developer.mozilla.org/ko/docs/Web/JavaScript/Closures

$$e \in \texttt{Expr} ::= x \mid \lambda x.e \mid e\ e$$

$$\begin{array}{llll} \texttt{Val} & \subset \texttt{Expr} \times \texttt{Env} & v \in \texttt{Val} ::= \langle \lambda x.e, \rho \rangle & (\text{단, fv}(\lambda x.e) \subset \text{dom}(\rho)) \\ \texttt{Env} & = \texttt{Nm} \xrightarrow{\text{fin}} \texttt{Val} & \rho \in \texttt{Env} ::= \{ x_1 \mapsto v_1, \ldots, x_k \mapsto v_k \} & \end{array}$$

$$\cdot \overset{\text{cbv}}{\Longmapsto} \cdot \subset (\texttt{Expr} \times \texttt{Env}) \times \texttt{Val}$$

$$(x)\frac{}{\langle x, \rho \rangle \overset{\text{cbv}}{\Longmapsto} \rho(x)} \qquad (\lambda)\frac{}{\langle \lambda x.e, \rho \rangle \overset{\text{cbv}}{\Longmapsto} \langle \lambda x.e, \rho \rangle}$$

$$(@)\frac{\langle e_1, \rho \rangle \overset{\text{cbv}}{\Longmapsto} \langle \lambda x.e, \rho_1 \rangle \quad \langle e_2, \rho \rangle \overset{\text{cbv}}{\Longmapsto} v_2 \quad \langle e, \{x \mapsto v_2\}\rho_1 \rangle \overset{\text{cbv}}{\Longmapsto} v}{\langle e_1\ e_2, \rho \rangle \overset{\text{cbv}}{\Longmapsto} v}$$

〈그림 9.1〉 타입없는 람다계산법의 인자 먼저 값계산(call-by-value evaluation)을 규정하는 큰걸음 의미구조

$$e \in \texttt{Expr} ::= x \mid \lambda x.e \mid e\ e$$

$$\begin{array}{llll} \texttt{Val} & \subset \texttt{Expr} \times \texttt{Env} & v \in \texttt{Val} ::= \langle \lambda x.e, \rho \rangle & (\text{단, fv}(\lambda x.e) \subset \text{dom}(\rho)) \\ \texttt{Env} & = \texttt{Nm} \xrightarrow{\text{fin}} \texttt{Expr} \times \texttt{Env} & \rho \in \texttt{Env} ::= \{ x_1 \mapsto \langle e_1, \rho_1 \rangle, \ldots, x_k \mapsto \langle e_k, \rho_k \rangle \} & \end{array}$$

$$\cdot \overset{\text{cbn}}{\Longmapsto} \cdot \subset (\texttt{Expr} \times \texttt{Env}) \times \texttt{Val}$$

$$(x)\frac{\rho(x) \overset{\text{cbn}}{\Longmapsto} v}{\langle x, \rho \rangle \overset{\text{cbn}}{\Longmapsto} v} \qquad (\lambda)\frac{}{\langle \lambda x.e, \rho \rangle \overset{\text{cbn}}{\Longmapsto} \langle \lambda x.e, \rho \rangle}$$

$$(@)\frac{\langle e_1, \rho \rangle \overset{\text{cbn}}{\Longmapsto} \langle \lambda x.e, \rho_1 \rangle \quad \langle e, \{x \mapsto \langle e_2, \rho \rangle\}\rho_1 \rangle \overset{\text{cbn}}{\Longmapsto} v}{\langle e_1\ e_2, \rho \rangle \overset{\text{cbn}}{\Longmapsto} v}$$

〈그림 9.2〉 타입없는 람다계산법의 적용 먼저 값계산(call-by-name evaluation)을 규정하는 큰걸음 의미구조

타입없는 람다계산법에 대한 인자 먼저 값계산과 적용 먼저 값계산의 큰걸음 의미구조가 그림 9.1와 9.2에 나타나 있는데 그 차이점을 중심으로 살펴보자. 인자 먼저(call-by-value) 값계산 환경에서는 이름에 항상 계산이 끝마친 상태의 값에 대응되므로 이름에 대한 값계산 규칙(x)에서 환경의 내용을 참조한 $\rho(x)$가 그대로 결과값이 된다. 반면, 적용 먼저(call-by-name) 값계산 환경에서는 이름에 값이 아닌 형태의 환경과 람다식의 순서쌍이 대응될 수도 있다. 따라서 이름에 대한 값계산 규칙(x)에서 환경의 내용을 참조한 $\rho(x)$가 아직 계산이 끝나지 않았을지도 모르므로 $\rho(x)$를 큰걸음으로 진행해 보아야 한다. 함수요약식에 대한 값계산 규칙(λ)은 인자 먼저든 적용 먼저든 차이점이 없다. 함수적용식에 대한 값계산 규칙(@)에는 각 값계산 전략의 특징이 잘 드러난다. 인자 먼저(call-by-value) 값계산 규칙에서는 인자를 값으로 계산하는 과정($\langle e_2, \rho\rangle \overset{\text{cbv}}{\Longmapsto} v_2$)이 나타나는 반면, 적용 먼저(call-by-value) 값계산 규칙에서는 그런 과정 없이 함수 파라메터(x)에 인자식(e_2) 그대로의 클로저($\langle e_2, \rho\rangle$)에 대응시켜 적용하는 함수값의 환경(ρ_1)을 확장한 환경 ($\{x \mapsto \langle e_2, \rho\rangle\}\rho_1$)에서 함수 몸체($e$)를 계산한다.

[1]:
```
:opt no-lint
{-# LANGUAGE TypeSynonymInstances FlexibleInstances #-}
```

이제 그림 9.1와 9.2의 큰걸음 의미구조를 하스켈로 옮겨 보자.

[2]:
```
type Nm = String -- 변수 이름은 문자열로
data Expr = Var Nm          -- x
          | Lam Nm Expr     -- (λx.e)
          | App Expr Expr   -- (e1 e2)
          deriving (Eq, Ord)
```

[3]:
```
instance Show Expr where -- LaTeX 소스코드 생성하는 Show 인스턴스 직접 선언
  showsPrec _ (Var x) = showString x
  showsPrec p (Lam x e) = showParen (p > 1) $
      showString ("\\lambda "++x++".") . showsPrec 1 e
  showsPrec p (App e1 e2) = showParen (p > 9) $
      showsPrec 9 e1 . showString "\\;" . showsPrec 10 e2
import IHaskell.Display (latex)
```

```
dTeX e = display [latex $ "$"++show e++"$"]
instance IHaskellDisplay Expr where display = dTeX
```

[4]:
```
Lam "x" (Lam "y" (App (Var "x") (Lam "z"  (Var "y"))))
```

$\lambda x.\lambda y.x\ (\lambda z.y)$

[5]:
```
-- 연산자 (.), ($) 및 역따옴표 중위 표현 활용
Lam "x" . Lam "y" $ Var "x" `App` Lam "z" (Var "y")
```

$\lambda x.\lambda y.x\ (\lambda z.y)$

[6]:
```
type Env = [(Nm,Clos)] -- 값계산 환경
data Clos = Cl Expr Env deriving (Eq,Ord) -- 클로저
```

[7]:
```
import Data.List (intercalate)
instance {-# OVERLAPS #-} Show Env where
   show env = "\\{"++ intercalate ",\\," (map show env) ++"\\}"
instance {-# OVERLAPS #-} Show (Nm,Clos) where
   show (x,cl) = x++"{\\mapsto}"++show cl
instance Show Clos where
   show (Cl e env) = "\\langle "++show e++","++show env++"\\rangle "


instance {-# OVERLAPS #-} IHaskellDisplay Env  where display = dTeX
instance {-# OVERLAPS #-} IHaskellDisplay (Nm,Clos)
                                               where display = dTeX
instance IHaskellDisplay Clos                  where display = dTeX
```

[8]:
```
env01 = [ ("f", Cl (Lam "z" $ Var "z") []) ]
```

[9]:
```
env01
```

$\{f{\mapsto}\langle \lambda z.z, \{\}\rangle \}$

[10]:
```
env02 = [ ( "x", Cl (Lam "z" $ Var "z")                []    ),
          ( "y", Cl (Lam "x" $ Var "f" `App` Var "x") env01) ]
```

[11]:
```
env02
```

$\{x{\mapsto}\langle \lambda z.z, \{\}\rangle, y{\mapsto}\langle \lambda x.f\; x, \{f{\mapsto}\langle \lambda z.z, \{\}\rangle\}\rangle\}$

[12]:
```
mapM display it -- 직전 실행한 값계산 환경의 각 대응 항목을 한줄씩 디스플레이
```

$x{\mapsto}\langle \lambda z.z, \{\}\rangle$

$y{\mapsto}\langle \lambda x.f\; x, \{f{\mapsto}\langle \lambda z.z, \{\}\rangle\}\rangle$

[13]:
```
:type lookup
```

```
lookup :: forall a b. Eq a => a -> [(a, b)] -> Maybe b
```

[14]:
```
lookup "y" env02 -- Maybe Env 디스플레이 인스턴스 선언 없으므로 텍스트 출력
lookup "z" env02 -- 환경에 없는 변수 참조
```

```
Just \langle \lambda x.f\;x,\{f{\mapsto}\langle \lambda z.
↪z,\{\}\rangle \}\rangle
Nothing
```

[15]:
```
lookupEnv :: Nm -> Env -> [Clos]
lookupEnv x env = case lookup x env of Nothing -> []
                                       Just cl -> [cl]
```

[16]:
```
lookupEnv "y" env02 -- 리스트 원소 한줄씩 display되는데 한개이므로
```

$\langle \lambda x.f\; x, \{f{\mapsto}\langle \lambda z.z, \{\}\rangle\}\rangle$

[17]:
```
lookupEnv "z" env02 -- 빈 리스트라 아무것도 display되지 않음
```

[18]:
```
bigStepCBV :: Clos -> [Clos]
bigStepCBV (Cl (Var x)      env) = lookupEnv x env
bigStepCBV (Cl (Lam x e)    env) = undefined -- 연습문제로 작성
bigStepCBV (Cl (App e1 e2) env) = undefined -- 연습문제로 작성
```

[19]:
```
bigStepCBV (Cl (Var "y") env02) -- 큰걸음 실행 결과 있음 (환경에 있는 변수)
```

$\langle \lambda x.f\; x, \{f{\mapsto}\langle \lambda z.z, \{\}\rangle\}\rangle$

[20]:
```
bigStepCBV (Cl (Var "z") env02) -- 큰걸음 실행 결과 없음 (환경에 없는 변수)
```

[21]:
```
-- bigStepCBV (Cl (Lam ...) ...) -- 연습문제로 작성한 코드 관련 테스트 작성
```

[22]:
```
-- bigStepCBV (Cl (App ...) ...) -- 연습문제로 작성한 코드 관련 테스트 작성
```

여기까지 인자 먼저 값계산의 큰걸음 의미구조(그림 9.1)를 하스켈로 옮긴 함수 bigStepCBV를 작성하여 테스트해 보았다면, 또 하나의 연습문제로 적용 먼저 값계산의 큰걸음 의미구조(그림 9.2)를 하스켈로 옮긴 함수 bigStepCBN도 마찬가지 방법으로 작성하고 테스트해 볼 수 있을 것이다. 같은 클로저를 bigStepCBN으로 실행하면 정상적으로 실행되어 결과값이 있는데 bigStepCBV는 정상적으로 실행되지 않고 결과값이 없는 경우가 있을지 생각해 보고 있다면 그러한 예시를 구성해 테스트해 보라. 또한 같은 클로저를 bigStepCBN과 bigStepCBV로 실행했을 때 모두 정상 실행되지만 두 결과값이 똑같지는 않은 경우는 있을지 생각해 보고 있다면 그러한 예시를 구성해 테스트해 보라.

[23]:
```
bigStepCBN :: Clos -> [Clos]
bigStepCBN (Cl (Var x)       env) = undefined -- 연습문제로 작성
bigStepCBN (Cl (Lam x e)     env) = undefined -- 연습문제로 작성
bigStepCBN (Cl (App e1 e2) env) = undefined -- 연습문제로 작성
```

[24]:
```
-- 연습문제로 작성한 bigStepCBN에 대한 테스트
```

9.3 값계산 환경을 활용한 작은걸음 의미구조

이 장을 시작하며 9.1절 앞부분에서는 줄임(reduction)과 값계산(evaluation)을 연관지어 이해하기 좋도록 타입없는 람다계산법의 값계산을 맥락적 의미구조로 설명하였다. 그런데, 이런 치환 기반의 의미구조를 그대로 구현한다면 불필요한 치환이 발생하는 단점이 있다. 이런 단점이 해소된 값계산 환경을 활용하는 방식의 큰걸음 의미구조를 9.2절에서 살펴보았다. 환경을 활용하는 큰걸음 의미구조에 더 직접적으로 대응되는 작은걸음 의미구조도 생각해 볼 수 있다. 이러한

작은걸음 의미구조가 바로 CEK기계[12]이다.[2] 참고로, CEK는 코드(Code), 환경(Environment), 나중에 할 일(Kontinuation)의 두문자어(acronym)이다. 코드와 환경은 이미 익숙한 람다식과 값계산 환경을 말하므로 "나중에 할 일"(영어: continuation, 독일어: Kontinuation)의 개념만 알면 CEK기계의 작동 원리를 이해할 수 있다.

우선 산술식으로 나중에 할 일의 개념을 알아보자. 산술식 $(\underline{3+4})+(5+6)$에서 밑줄 친 부분을 지금 계산하고 있다면, 전체 식을 계산하기 위해 나중에 할 일은 $\bullet+(5+6)$처럼 값계산 맥락(evaluation context)과 같은 형태로 표현할 수 있다. 나중에 할 일 $\bullet+(5+6)$는 지금 진행하는 계산의 결과를 $\bullet$ 부분에 넣어서 완성되는 전체 식을 계산하라는 뜻이다. 조금 더 큰 산술식 $(1+2)+((\underline{3+4})+(5+6))$에서 마찬가지로 밑줄 친 부분을 지금 계산하고 있다면, 전체 식을 계산하기 위해 나중에 할 일을 한꺼번에 $(1+2)+(\bullet+(5+6))$처럼 표현할 수도 있고, 또 $\bullet+(5+6)$와 $(1+2)+\bullet$처럼 차례대로 두 개로 나누어 표현할 수도 있을 것이다. 정리하면, 산술식에서 나중에 할 일(κ)이란 일련의 값계산 맥락들로 표현할 수 있다. 그리고 나중에 할 일 목록의 가장 마지막은 항상 전체 식의 값을 나타내는 맥락인 $\bullet$으로 항상 끝마친다고 생각할 수 있으므로, 산술식에 대한 나중에 할 일(κ)의 문법구조를 $\kappa ::= \mathcal{E},\kappa \mid \bullet$로 정의할 수 있다.

환경 기반의 의미구조에서는 람다식(e)과 값계산 환경(ρ)을 짝시어 계산을 진행하므로, CEK기계에서 "나중에 할 일"은 람다식에 대한 맥락($\mathcal{E}$)과 값계산 환경(ρ)을 짝지은 $\langle\mathcal{E},\rho\rangle$와 같은 형태를 차례로 나열하여 표현한다. 또한, 나중에 할 일의 마지막은 계산하는 닫힌식 전체의 값을 나타내는 $\langle\bullet,\{\}\rangle$이므로, CEK 기계에서 나중에 할 일($\kappa$)의 문법구조를 $\kappa ::= \langle\mathcal{E},\rho\rangle,\kappa \mid \langle\bullet,\{\}\rangle$로 정의할 수 있다. CEK기계는 $\langle e_1,\rho_1\rangle;\kappa_1 \longmapsto \langle e_2,\rho_2\rangle;\kappa_2 \longmapsto \ldots$ 와 같이 작은걸음으로 계산이 진행되며 $v;\langle\bullet,\{\}\rangle$의 형태일 때 v라는 값으로 계산이 정상 종료된 것으로 본다.

이제부터는 인자 먼저(call-by-value) 값계산과 적용 먼저(call-by-name) 값계산을 규정하는 CEK기계의 구체적인 작은걸음 규칙을 살펴보기로 하자.

---

[2]여기서는 조금 단순화된 형태의 다음과 같은 하스켈 코드를 참고해 정리하였다.
https://matt.might.net/articles/cek-machines/

9.3.1 인자 먼저 값계산 CEK기계

인자 먼저 값계산 CEK기계(CEK$_\text{v}$)의 작은걸음 규칙은 아래와 같다.

$$
\begin{array}{rcll}
\langle x, \rho\rangle ; \kappa & \longmapsto & \rho(x) ; \kappa & (\textsc{Var}) \\
\langle e_1\ e_2, \rho\rangle ; \kappa & \longmapsto & \langle e_1, \rho\rangle ; \langle\bullet\ e_2, \rho\rangle, \kappa & (\textsc{App}_1) \\
\langle \lambda x.e, \rho_1\rangle ; \langle\bullet\ e_2, \rho\rangle, \kappa & \longmapsto & \langle e_2, \rho\rangle ; \langle(\lambda x.e)\ \bullet, \rho_1\rangle, \kappa & (\textsc{App}_2) \\
v_2 ; \langle(\lambda x.e)\ \bullet, \rho_1\rangle, \kappa & \longmapsto & \langle e, \{x \mapsto v_2\}\rho_1\rangle ; \kappa & (\textsc{Beta}_\text{v})
\end{array}
$$

위의 네 가지 규칙을 좀더 자세히 설명하면 다음과 같다.

- 첫째, 변수에 대한 규칙(VAR)으로 한걸음 진행하면, 변수에 대응되는 값을 환경에서 참조한다.
- 둘째, 함수적용식의 함수 부분에 대한 규칙(APP$_1$)으로 한걸음 진행하면, 우선 왼쪽의 함수 부분(e_1)부터 현재 값계산 환경(ρ)에서 지금부터 계산하고 나중에 할 일 목록에 앞으로 오른쪽의 인자 부분(e_2)의 계산을 진행하기 위한 항목($\langle\bullet\ e_2, \rho\rangle$)을 추가해 놓는다.
- 셋째, 함수적용식의 인자 부분에 대한 규칙(APP$_2$)으로 함수 부분의 계산이 끝난 값의 형태($\langle\lambda x.e, \rho_1\rangle$)일 때 나중의 할 일 목록에서 가장 앞에 위치한 $\langle\bullet\ e_2, \rho\rangle$를 제거하며 한걸음 진행하면, 지금부터 함수 적용식의 인자 부분(e_2)의 계산을 진행하되 나중의 할 일 목록에 앞으로 함수 호출을 처리하기 위한 항목($\langle(\lambda x.e)\ \bullet, \rho_1\rangle$)을 추가해 놓는다.
- 넷째, 함수 호출을 처리하는 규칙(BETA$_\text{v}$)으로 인자 부분의 계산이 끝난 값(v_2)의 형태일 때 나중의 할 일 목록에서 가장 앞에 위치한 $\langle(\lambda x.e)\ \bullet, \rho_1\rangle$를 제거하며 한걸음 진행하면, 함수 부분의 값을 나타내는 클로저에 포함된 기존의 환경(ρ_1)에 추가로 함수 파라메터(x)에 인자 부분이 계산된 값(v_2)을 대응시켜 확장한 새로운 환경에서 지금부터 함수 몸체(e)의 계산을 진행한다.

참고로, 마지막의 넷째 규칙(BETA$_\text{v}$)에 나타나는 v_2는 환경 기반의 인자 먼저 값계산에서 닫힌식의 계산이 완료된 형태의 클로저, 즉 $\langle\lambda x_2.e_2, \rho_2\rangle$와 같은 형태이다.

9.3.2 적용 먼저 값계산 CEK기계

적용 먼저 값계산 CEK기계(CEK$_\text{n}$)의 작은걸음 규칙은 아래와 같다.

$$\langle x,\rho\rangle;\kappa \longmapsto \rho(x);\kappa \qquad (\text{VAR})$$

$$\langle e_1\ e_2,\rho\rangle;\kappa \longmapsto \langle e_1,\rho\rangle;\langle\bullet\ e_2,\rho\rangle,\kappa \qquad (\text{APP}_1)$$

$$\langle \lambda x.e,\rho_1\rangle;\langle\bullet\ e_2,\rho\rangle,\kappa \longmapsto \langle e,\{x\mapsto\langle e_2,\rho\rangle\}\rho_1\rangle;\kappa \qquad (\text{BETA}_\text{n})$$

CEK$_\text{n}$의 VAR과 APP$_1$규칙은 앞서 살펴본 CEK$_\text{v}$와 마찬가지지만 함수 적용식의 인자 부분에 대한 계산과 함수 호출에 대한 규칙에서 차이가 있다. CEK$_\text{v}$에서는 함수적용식의 인자 부분(e_2)에 대한 계산을 APP$_2$규칙으로 먼저 진행하고 나서 BETA$_v$규칙에 따라 함수를 호출하는 반면, CEK$_\text{n}$에서는 함수적용식의 함수 부분(e_1)에 대한 계산이 끝나면 곧바로 BETA$_n$규칙으로 인자 부분(e_2)의 계산을 진행하지 않고 그대로 클로저를 구성해 함수를 호출한다.

9.3.3 CEK기계의 작은걸음 함수를 하스켈로 작성하기

CEK기계의 작은걸음 규칙을 하스켈로 옮기기 위해 나중에 할 일(Kont)과 이를 구성하는 일부분인 맥락(Ctx)을 나타내는 타입을 다음과 같이 선언한다.

[25]:
```
type Kont = [(Ctx,Env)] -- 나중에 할 일을 Ctx와 Env의 순서쌍 리스트로 표현
data Ctx = Done | App1 Expr | App2 Expr  deriving (Eq,Ord)
```

위에 선언된 데이터 타입 Ctx는 일반적인 값계산 맥락보다 단순하다. 일반적으로 값계산 맥락은 $e_1\ (\bullet\ e_2)$와 같이 구멍을 나타내는 •이 두 겹 이상 안쪽으로 파고든 부분식의 위치에 나타날 수 있으므로 재귀적인 데이터 타입으로 선언해야 한다. 하지만 CEK기계의 계산 과정에서는 이렇게 여러 겹 안쪽에 구멍이 뚫린 하나의 복잡한 값계산 맥락 대신에 이를 두 개의 단순한 맥락 $\bullet\ e_2$와 $e_1\ \bullet$로 나누어 순차적으로 적용하는 방식으로 계산이 진행된다. 따라서 전체(•) 또는 함수적용식의 왼쪽($\bullet\ e$)이나 오른쪽($e\ \bullet$)에 구멍이 나타나는 세 가지 단순한 맥락만을 고려하면 되므로 Ctx를 재귀적으로 정의할 필요가 없다.

[26]:
```haskell
instance Show Ctx where -- LaTeX 소스코드 생성하는 Show 인스턴스 직접 선언
  showsPrec _ Done = showString "\\bullet "
  showsPrec p (Appl e2) = showParen (p > 9) $
      showString "\\bullet \\;" . showsPrec 10 e2
  showsPrec p (App2 e1) = showParen (p > 9) $
      showsPrec 9 e1 . showString "\\; \\bullet"
instance IHaskellDisplay Ctx where display = dTeX
```

[27]:
```haskell
Appl (Var "x" `App` Var "y")
App2 (Lam "x" $ Var "x")
```

$\bullet\ (x\ y)$

$(\lambda x.x)\ \bullet$

[28]:
```haskell
import Data.List (intercalate)
instance {-# OVERLAPS #-} Show Kont where
  show k = intercalate ",\\," (map show k)
instance {-# OVERLAPS #-} Show (Clos,Kont) where
  show (cl,k) = show cl++";\\,"++show k
instance {-# OVERLAPS #-} Show (Ctx,Env) where
  show (ctx,env) = "\\langle "++show ctx++","++show env++"\\rangle "
instance {-# OVERLAPS #-} IHaskellDisplay Kont where display = dTeX
instance {-# OVERLAPS #-} IHaskellDisplay (Clos,Kont)
                                                  where display = dTeX
instance {-# OVERLAPS #-} IHaskellDisplay (Ctx,Env)
                                                  where display = dTeX
```

[29]:
```haskell
(Done,[]) :: (Ctx,Env) -- Kont의 마지막에서 전체 식의 계산을 끝냄을 나타낸다
```

$\langle \bullet, \{\} \rangle$

[30]:
```haskell
k03 = [ (Appl (Var "f"),        env01),
        (App2 (Lam "x" $ Var "x"), []),
        (Done,                     []) ]
k03 :: Kont
```

[31]:
```
e03 = Lam "y" (Var "y" `App` Var "f")
(Cl e03 env01, k03) :: (Clos,Kont) -- 클로저와 나머지 할 일의 순서쌍
```

$\langle \lambda y.y\ f, \{f \mapsto \langle \lambda z.z, \{\}\rangle\}\rangle;\ \langle \bullet\ f, \{f \mapsto \langle \lambda z.z, \{\}\rangle\}\rangle,\ \langle (\lambda x.x)\ \bullet, \{\}\rangle,\ \langle \bullet, \{\}\rangle$

지금까지 CEK기계를 하스켈로 옮기는 데 필요한 타입을 선언하고 노트북 환경에서 CEK기계의 작은걸음 규칙에 나타난 것과 마찬가지로 출력되도록 클래스 인스턴스를 선언하였다. 이제 인자 먼저 값계산을 따르는 $\mathrm{CEK_v}$와 적용 먼저 값계산을 따르는 $\mathrm{CEK_n}$의 작은걸음 함수 `stepCEKv`와 `stepCEKn`을 작성해 보라.

[32]:
```
stepCEKv :: (Clos,Kont) -> [(Clos,Kont)] -- CEKv 작은걸음 함수
stepCEKv _ = undefined -- 여러 개의 등식으로 나누어 작성해도 좋다
```

[33]:
```
stepCEKn :: (Clos,Kont) -> [(Clos,Kont)] -- CEKn 작은걸음 함수
stepCEKn _ = undefined -- 여러 개의 등식으로 나누어 작성해도 좋다
```

[35]:
```
hat f es = concat [f e | e <-es]
stepCEKv' = hat stepCEKv
stepCEKn' = hat stepCEKn
:type stepCEKv'
:type stepCEKn'
```

```
stepCEKv' :: [(Clos, Kont)] -> [(Clos, Kont)]
stepCEKn' :: [(Clos, Kont)] -> [(Clos, Kont)]
```

[36]:
```
e0 = Lam "z" (Var "z") `App` Lam "y" (Var "y")
env0 = [] :: Env
k0 = [(Done,env0)]
(Cl e0 env0, k0)
```

$\langle (\lambda z.z)\ (\lambda y.y), \{\}\rangle;\ \langle \bullet, \{\}\rangle$

작은걸음 함수 `stepCEKv`와 `stepCEKn`을 제대로 작성했다면 각각의 확장된 함수 `stepCEKv'`와 `stepCEKn'`를 `e0`에 반복적으로 적용하여 아래와 같이 서로 다른 두 값계산 전략에 따른 계산의 진행 과정을 확인해 볼 수 있을 것이다.

[37]:
```
takeWhile  (not . null) $ iterate stepCEKv' [(Cl e0 env0, k0)]
length it - 1  -- 작은걸음 횟수
```

$\langle(\lambda z.z)\ (\lambda y.y), \{\}\rangle;\ \langle\bullet, \{\}\rangle$

$\langle\lambda z.z, \{\}\rangle;\ \langle\bullet\ (\lambda y.y), \{\}\rangle,\ \langle\bullet, \{\}\rangle$

$\langle\lambda y.y, \{\}\rangle;\ \langle(\lambda z.z)\ \bullet, \{\}\rangle,\ \langle\bullet, \{\}\rangle$

$\langle z, \{z \mapsto \langle\lambda y.y, \{\}\rangle\}\rangle;\ \langle\bullet, \{\}\rangle$

$\langle\lambda y.y, \{\}\rangle;\ \langle\bullet, \{\}\rangle$

4

[38]:
```
takeWhile  (not . null) $ iterate stepCEKn' [(Cl e0 env0, k0)]
length it - 1  -- 작은걸음 횟수
```

$\langle(\lambda z.z)\ (\lambda y.y), \{\}\rangle;\ \langle\bullet, \{\}\rangle$

$\langle\lambda z.z, \{\}\rangle;\ \langle\bullet\ (\lambda y.y), \{\}\rangle,\ \langle\bullet, \{\}\rangle$

$\langle z, \{z \mapsto \langle\lambda y.y, \{\}\rangle\}\rangle;\ \langle\bullet, \{\}\rangle$

$\langle\lambda y.y, \{\}\rangle;\ \langle\bullet, \{\}\rangle$

3

치환 기반의 의미구조에서는 $(\lambda z.z)(\lambda y.y) \longmapsto (\lambda y.y)$로 인자 먼저든 적용 먼저든 한 작은걸음으로 값계산 과정이 똑같다. 그런데 CEK_v에서 e0에 대한 작은걸음 횟수가 CEK_n보다 1회 더 많은 이유는 CEK_v의 경우 BETA_v전에 APP_2를 거쳐야 하기 때문이다.

연습문제로, 조금 더 복잡한 다음의 식 e01에 마찬가지로 확장된 함수 stepCEKv'와 stepCEKn'를 반복적으로 적용해 보고 서로 다른 두 값계산 전략에 따른 계산의 진행 과정이 어떻게 다른지 확인해 보고 그런 차이가 나타나는 이유를 분석해 보라.

[39]:
```
e01 = Lam "x" (foldl1 App $ replicate 3 (Var "x")) `App` e0
(Cl e01 env0, k0)
```

$\langle(\lambda x.x\ x\ x)\ ((\lambda z.z)\ (\lambda y.y)), \{\}\rangle;\ \langle\bullet, \{\}\rangle$

[40]:
```
-- takeWhile  (not . null) $ iterate stepCEKv' [(Cl e01 env0, k0)]
-- length it - 1  -- 작은걸음 횟수
```

[41]:
```
-- takeWhile  (not . null) $ iterate stepCEKn' [(Cl e01 env0, k0)]
-- length it - 1  -- 작은걸음 횟수
```

9.3.4 CESK기계와 필요한 만큼 값계산(call-by-need evaulation)

지금까지 살펴본 바와 같이 값계산 환경을 활용하면 계산 과정에서 불필요한 부분의 변수 이름까지 치환하는 낭비가 없어진다. 하지만, 환경 기반의 의미구조라고 해서 필요한 부분에 같은 계산이 여러 번 중복되는 낭비까지 자동으로 없어지지는 않는다. 특히 인자 계산보다 함수 적용을 우선하는 적용 먼저(call-by-name) 값계산에서 중복된 계산이 발생할 여지가 많다. 간단한 예시를 통해 어떤 경우에 중복된 계산이 발생할 수 있는지 확인하고 그런 중복된 계산을 줄일 수 있는 방법에 대해서도 생각해 보자.

이 장에서는 순수한 람다식에 대한 의미구조를 다루고 있지만 설명의 편의를 위해 덧셈식도 있다고 가정하고 다음과 같은 클로저에 대한 계산을 살펴보자.

$$
\begin{aligned}
\langle x_1 + x_1, \{x_1 \mapsto \langle 1+1+1, \rho\rangle\}\rangle; \kappa \longmapsto \cdots \longmapsto{} & \langle 1+1+1, \ldots\rangle; \langle \bullet + x_1, \ldots\rangle, \kappa \\
\longmapsto \quad \cdots \quad \cdots \quad \longmapsto{} & \langle 3, \ldots\rangle; \langle \bullet + x_1, \ldots\rangle, \kappa \\
\longmapsto \cdots \longmapsto \langle x_1, \ldots\rangle; \langle 3 + \bullet, \ldots\rangle, \kappa \longmapsto{} & \langle 1+1+1, \ldots\rangle; \langle 3 + \bullet, \ldots\rangle, \kappa \\
\longmapsto \quad \cdots \quad \cdots \quad \longmapsto{} & \langle 3+3, \ldots\rangle; \kappa \longmapsto \langle 6, \ldots\rangle; \kappa
\end{aligned}
$$

위 계산 과정에서는 산술식 $1+1+1$을 정수값 3으로 두 번 중복해서 계산한다. 이런 중복된 계산을 피하기 위한 한 가지 개선 방법은 환경에서 x_1을 참조하여 계산한 결과를 환경에 반영하여 이후로는 x_1을 $\langle 1+1+1, \rho\rangle$대신 $\langle 3, \rho\rangle$에 대응시킨 환경을 활용하도록 대략 아래와 같은 방식으로 계산을 진행하는 것이다.

$$
\begin{aligned}
\langle x_1 + x_1, \{x_1 \mapsto \langle 1+1+1, \rho\rangle\}\rangle; \kappa \longmapsto \cdots \longmapsto{} & \langle 1+1+1, \ldots\rangle; \langle \bullet + x_1, \ldots\rangle, \kappa \\
\longmapsto \quad \cdots \quad \cdots \quad \longmapsto{} & \langle 3, \{x_1 \mapsto \langle 3, \rho\rangle\}\rangle; \langle \bullet + x_1, \ldots\rangle, \kappa \\
\longmapsto \cdots \longmapsto \langle x_1, \ldots\rangle; \langle 3 + \bullet, \ldots\rangle, \kappa \longmapsto{} & \langle 3, \ldots\rangle; \langle 3 + \bullet, \ldots\rangle, \kappa \\
\longmapsto{} & \langle 3+3, \ldots\rangle; \kappa \longmapsto \langle 6, \ldots\rangle; \kappa
\end{aligned}
$$

지금까지 같은 변수 이름을 여러 번 참조하는 경우의 중복된 계산을 줄이는 방법에 대해 알아보았다. 그런데 이런 방법만으로는 아래와 같이 서로 다른 이름으로 같은 내용을 참조하는 경우에 중복되는 계산을 피하지 못한다. 왜냐하면

x_1을 참조한 $1+1+1$를 3으로 계산한 결과를 환경에 반영한다 하더라도 여전히 x_2는 3이 아닌 $1+1+1$을 참조하여 대략 아래와 같은 과정으로 값계산이 전개될 것이기 때문이다.

$$
\begin{aligned}
& \langle x_1 + x_2, \{x_1 \mapsto \langle 1+1+1, \rho\rangle, x_2 \mapsto \langle 1+1+1, \rho\rangle\}\rangle;\ \kappa \\
\longmapsto\ & \langle x_1, \{x_1 \mapsto \langle 1+1+1, \rho\rangle, x_2 \mapsto \langle 1+1+1, \rho\rangle\}\rangle;\ \langle \bullet + x_2, \ldots\rangle, \kappa \\
\longmapsto\ & \langle 1+1+1, \{x_1 \mapsto \langle 1+1+1, \rho\rangle, x_2 \mapsto \langle 1+1+1, \rho\rangle\}\rangle;\ \langle \bullet + x_2, \ldots\rangle, \kappa \\
\longmapsto \cdots \longmapsto\ & \langle 3 + x_2, \{x_1 \mapsto \langle 3, \rho\rangle, x_2 \mapsto \langle 1+1+1, \rho\rangle\}\rangle;\ \kappa \\
\longmapsto\ & \langle x_2, \{x_1 \mapsto \langle 3, \rho\rangle, x_2 \mapsto \langle 1+1+1, \rho\rangle\}\rangle;\ \langle 3 + \bullet, \ldots\rangle, \kappa \\
\longmapsto\ & \langle 1+1+1, \{x_1 \mapsto \langle 3, \rho\rangle, x_2 \mapsto \langle 1+1+1, \rho\rangle\}\rangle;\ \langle 3 + \bullet, \ldots\rangle, \kappa \\
\longmapsto \cdots \longmapsto\ & \langle 3 + 3, \{x_1 \mapsto \langle 3, \rho\rangle, x_2 \mapsto \langle 3, \rho\rangle\}\rangle;\ \kappa\ \longmapsto\ \langle 6, \ldots\rangle;\ \kappa
\end{aligned}
$$

CEK기계에 주소로 접근할 수 있는 '저장공간(Store)'이 추가된 CESK기계[13]는 서로 다른 이름의 변수가 같은 내용을 공유한다는 개념이 표현 가능하다. 따라서, x_1과 x_2에 대응되는 클로저를 저장공간에서 같은 주소(ℓ_1)를 통해 공유함으로써 방금 살펴본 값계산 과정에서 중복된 계산을 아래와 같이 피할 수 있다.

$$
\begin{aligned}
& \langle x_1 + x_2, \{x_1 \mapsto \ell_1, x_2 \mapsto \ell_1\}\rangle;\ \underline{\{\ell_1 \mapsto \langle 1+1+1, \rho\rangle\}};\ \kappa \\
\longmapsto\ & \langle x_1, \{x_1 \mapsto \ell_1, x_2 \mapsto \ell_1\}\rangle;\ \underline{\{\ell_1 \mapsto \langle 1+1+1, \rho\rangle\}};\ \langle \bullet + x_2, \ldots\rangle, \kappa \\
\longmapsto\ & \langle 1+1+1, \{x_1 \mapsto \ell_1, x_2 \mapsto \ell_1\}\rangle;\ \underline{\{\ell_1 \mapsto \langle 1+1+1, \rho\rangle\}};\ \langle \bullet + x_2, \ldots\rangle, \kappa \\
\longmapsto \cdots \longmapsto\ & \langle 3 + x_2, \{x_1 \mapsto \ell_1, x_2 \mapsto \ell_1\}\rangle;\ \underline{\{\ell_1 \mapsto \langle 3, \rho\rangle\}};\ \kappa \\
\longmapsto\ & \langle x_2, \{x_1 \mapsto \ell_1, x_2 \mapsto \ell_1\}\rangle;\ \underline{\{\ell_1 \mapsto \langle 3, \rho\rangle\}};\ \langle 3 + \bullet, \ldots\rangle, \kappa \\
\longmapsto\ & \langle 3, \{x_1 \mapsto \ell_1, x_2 \mapsto \ell_1\}\rangle;\ \underline{\{\ell_1 \mapsto \langle 3, \rho\rangle\}};\ \langle 3 + \bullet, \ldots\rangle, \kappa \\
\longmapsto\ & \langle 3 + 3, \{x_1 \mapsto \ell_1, x_2 \mapsto \ell_1\}\rangle;\ \underline{\{\ell_1 \mapsto \langle 3, \rho\rangle\}};\ \kappa\ \longmapsto\ \langle 6, \ldots\rangle;\ \underline{\cdots};\ \kappa
\end{aligned}
$$

CEK와 CESK기계의 차이점을 간략히 정리하면 그림 9.3과 같다. CEK기계에서는 환경($\rho \in \mathsf{Env}$)으로부터 변수의 이름(x)에 대응되는 클로저를 $\rho(x)$와 같

CEK기계 $\boxed{\langle e,\rho\rangle;\kappa \longmapsto \langle e',\rho'\rangle;\kappa'}$	CESK기계 $\boxed{\langle e,\rho\rangle;\sigma;\kappa \longmapsto \langle e',\rho'\rangle;\sigma';\kappa'}$
$\cdot \longmapsto \cdot \subset ((\texttt{Expr}\times\texttt{Env})\times\texttt{Kont})^2$	$\cdot \longmapsto \cdot \subset ((\texttt{Expr}\times\texttt{Env'})\times\texttt{Store}\times\texttt{Kont'})^2$
$\rho \in \texttt{Env} = \texttt{Nm} \xrightarrow{\text{fin}} \texttt{Expr}\times\texttt{Env}$	$\rho \in \texttt{Env'} = \texttt{Nm} \xrightarrow{\text{fin}} \texttt{Addr}$
	$\sigma \in \texttt{Store} = \texttt{Addr} \xrightarrow{\text{fin}} \texttt{Expr}\times\texttt{Env'}$

〈그림 9.3〉 CEK기계와 CESK기계의 차이점

이 참조한다. 한편, CESK기계에서는 환경($\rho \in \texttt{Env'}$)으로부터 변수의 이름(x)에 대응되는 클로저의 주소를 $\rho(x)$로 참조하여 저장공간($\sigma \in \texttt{Store}$)으로부터 해당 주소의 클로저를 $\sigma(\rho(x))$와 같이 참조한다.

CEK$_\text{v}$에 대응되는 인자 먼저 값계산 CESK기계(CESK$_\text{v}$)의 작은걸음 규칙은

$$\langle x,\rho\rangle;\sigma;\kappa \longmapsto \sigma(\rho(x));\sigma;\kappa \qquad (\textsc{Var})$$
$$\langle e_1\ e_2,\rho\rangle;\sigma;\kappa \longmapsto \langle e_1,\rho\rangle;\sigma;\langle \bullet\ e_2,\rho\rangle,\kappa \qquad (\textsc{App}_1)$$
$$\langle \lambda x.e,\rho_1\rangle;\sigma;\langle \bullet\ e_2,\rho\rangle,\kappa \longmapsto \langle e_2,\rho\rangle;\sigma;\langle(\lambda x.e)\ \bullet,\rho_1\rangle,\kappa \qquad (\textsc{App}_2)$$
$$v_2;\sigma;\langle(\lambda x.e)\ \bullet,\rho_1\rangle,\kappa \longmapsto \langle e,\{x\mapsto\ell\}\rho_1\rangle;\{\ell\mapsto v_2\}\sigma;\kappa \quad (\ell\notin\text{dom}(\sigma))\ (\textsc{Beta}_\text{v})$$

위와 같으며, CEK$_\text{n}$에 대응되는 적용 먼저 값계산 CESK기계(CESK$_\text{n}$)의 규칙은 아래와 같다.

$$\langle x,\rho\rangle;\sigma;\kappa \longmapsto \sigma(\rho(x));\sigma;\kappa \qquad (\textsc{Var})$$
$$\langle e_1\ e_2,\rho\rangle;\sigma;\kappa \longmapsto \langle e_1,\rho\rangle;\sigma;\langle \bullet\ e_2,\rho\rangle,\kappa \qquad (\textsc{App}_1)$$
$$\langle \lambda x.e,\rho_1\rangle;\sigma;\langle \bullet\ e_2,\rho\rangle,\kappa \longmapsto \langle e,\{x\mapsto\ell\}\rho_1\rangle;\{\ell\mapsto\langle e_2,\rho\rangle\}\sigma;\kappa \quad (\ell\notin\text{dom}(\sigma)) \qquad (\textsc{Beta}_\text{n})$$

변수 이름에 계산이 끝나지 않은 클로저가 대응될 수도 있는 CESK$_\text{n}$에서는 같은 이름으로 여러 번 혹은 다른 이름들로 똑같은 주소에 있는 클로저를 참조하는 경우에 중복된 계산을 하게 된다. 이렇게 중복된 계산을 유발하는 VAR규칙을 다음의 두 규칙 VAR$_1$과 UPDATE로 대체하면, VAR$_1$규칙으로 참조한 계산 결과를 UPDATE규칙으로 공유하여 그 이후의 계산 과정에서 같은 주소를 참조하는

이름에 대한 중복된 계산을 피할 수 있다.

$$\langle x, \rho\rangle;\, \sigma;\, \kappa \longmapsto \sigma(\rho(x));\, \sigma;\, \rho(x){\mapsto}\bullet, \kappa \qquad (\textsc{Var}_1)$$

$$v;\, \sigma;\, \ell{\mapsto}\bullet, \kappa \longmapsto v;\, \{\ell{\mapsto}v\}\sigma;\, \kappa \qquad (\textsc{Update})$$

여기서 주목할 점은 기존의 값계산 맥락을 포함하는 나중에 할 일 구성 요소 이외에, 지금 집중하고 있는 계산이 끝난 결과값을 저장공간의 특정 주소에 반영하라는 의미의, $\ell{\mapsto}\bullet$ 형태의 새로운 구성 요소가 위의 두 규칙 $\textsc{Var}_1$과 UPDATE의 나중에 할 일 목록에 나타난다는 것이다.

정리하면, CESK_n에서 VAR규칙을 제외하고 위의 두 규칙으로 대체한 총 네 개의 작은걸음 규칙($\textsc{Var}_1$, UPDATE, $\textsc{App}_1$, $\textsc{Beta}_\text{n}$)으로 규정되는 것이 바로 필요한 만큼 값계산 CESK기계(CESK_z)이다. 필요한 만큼 값계산(call-by-need evaluation)을 게으른(혹은 느긋한) 값계산(lazy evaluation) 이라고도 부르며 이는 인자 먼저 값계산(call-by-value evaluation)과 동의어인 적극적 값계산(eager evaluation)과 상대되는 용어이다. 그러니까 인자 먼저(call-by-value) 및 적용 먼저(call-by-name) 값계산과 함께 언급할 때는 필요한 만큼(call-by-need) 값계산이라고 부르며, 적극적(eager) 값계산과 함께 언급할 때는 게으른(lazy) 값계산이라고 부른다.

이제 CESK_z 하스켈로 옮겨보자. 우선 CEK기계의 Env와는 다른 CESK기계의 환경(Env')과 이를 포함하는 포함하는 클로저(Clos') 그리고 CEK기계에서 lookupEnv처럼 CESK기계의 환경을 참조하는 lookupEnv'를 선언한다.

[42]:
```
type Addr = Int
type Env' = [(Nm,Addr)]
data Clos' = Cl' Expr Env' deriving (Eq,Ord)

lookupEnv' :: Nm -> Env' -> [Addr]
lookupEnv' x env = case lookup x env of
                     Nothing -> []
                     Just l -> [l]
```

그림 9.3에 나타난 수학적 정의로만 보면 저장공간(Store)은 환경(Env')과 마찬가지로 유한한 부분의 정의역에 대해서만 대응이 정의되는 부분함수(partial fuction)이다. 하지만, 실제 그 활용 방식의 차이를 고려하여 조금 다른 데이터 타입으로 아래와 같이 선언한다.

[43]:
```
import qualified Data.HashMap.Strict as M -- M.funcName으로 활용
import Data.HashMap.Strict (HashMap, (!), (!?)) -- 앞에 M. 없이
type Store = HashMap Int Clos'
```

더 좁은 유효 범위에 기존의 변수 이름과 같은 같은 이름을 환경에 묶는 경우에는 기존의 변수에 대한 정보는 그대로 유지하되 참조하지 못하도록 가려진 상황일 뿐이며 다시 좁은 유효범위에서 벗어나면 기존의 변수를 참조할 수 있다. 일반적으로 프로그램을 작성할 때 전역변수와 같은 이름의 지역변수를 선언했다고 해서 전역변수가 없어진다고 생각하지는 않는다. 에컨대, $\rho = \{y{\mapsto}\ell_2, x{\mapsto}\ell_1\}$를 기존의 변수 x와 같은 이름의 새로운 변수에 대한 바인딩($x{\mapsto}\ell_3$)으로 확장한 환경 $\{x{\mapsto}\ell_3\}\rho = \{x{\mapsto}v_3, y{\mapsto}v_2, x{\mapsto}v_1\}$와 같이 생각하며, 이런 환경에서 x를 참조할 때는 가장 왼쪽에 나타나는 바인딩에서 대응되는 메모리 주소를 찾는다. 하지만, 메모리 저장공간의 경우에는 기존의 같은 주소에 다시 내용을 저장한다면 기존의 내용을 덮어쓰는 것으로 생각하는 것이 일반적이다. 이런 저장공간의 활용 방식을 고려하면 맵(map) 혹은 딕셔너리(dictionary)라고 불리는 데이터 구조로 나타내는 것이 더 적합하다. 물론, 순서쌍 리스트도로 저장공간의 활용 방식에 맞는 기능을 구현할 수도 있겠지만 이미 잘 만들어진 데이터 구조를 가져다 쓰는 것이 간편해서 위와 같이 선언하였다.

[44]:
```
import Data.List (intercalate)
instance {-# OVERLAPS #-} Show Env' where
  show env = "\\{"++ intercalate ",\\," (map show env) ++"\\}"
instance {-# OVERLAPS #-} Show (Nm,Addr) where
  show (x,l) = x++"{\\mapsto}"++show l
instance Show Clos' where
  show (Cl' e env) = "\\langle "++show e++","++show env++"\\rangle "
instance {-# OVERLAPS #-} Show (Addr,Clos') where
  show (l,cl) = show l++"{\\mapsto}"++show cl
instance {-# OVERLAPS #-} Show Store where
  show s = "\\{"++ intercalate ",\\," (map show $ M.toList s) ++"\\}"
```

```haskell
instance {-# OVERLAPS #-} IHaskellDisplay Env'  where display = dTeX
instance {-# OVERLAPS #-} IHaskellDisplay (Nm,Addr)
                                                where display = dTeX
instance IHaskellDisplay Clos'                  where display = dTeX
instance {-# OVERLAPS #-} IHaskellDisplay (Addr,Clos')
                                                where display = dTeX
instance {-# OVERLAPS #-} IHaskellDisplay Store where display = dTeX
```

[45]:

```haskell
sigma00 = M.empty :: Store
sigma01 = M.insert 1 (Cl' (Lam "x" $ Var "x") []) sigma00 :: Store
sigma02 = M.insert 2 (Cl' (Lam "z" $ Var "z") []) sigma01 :: Store
sigma03 = M.insert 1 (Cl' (Lam "y" $ Var "y") []) sigma02 :: Store

sigma00 -- 빈 저장공간
sigma01 -- 새로운 주소 1에 insert
sigma02 -- 새로운 주소 2에 insert
sigma03 -- 기존의 주소 1에 insert (즉, 기존 주소에 insert는 업데이트에 해당)
```

$\{\}$

$\{1{\mapsto}\langle\lambda x.x,\{\}\rangle\}$

$\{1{\mapsto}\langle\lambda x.x,\{\}\rangle, 2{\mapsto}\langle\lambda z.z,\{\}\rangle\}$

$\{1{\mapsto}\langle\lambda y.y,\{\}\rangle, 2{\mapsto}\langle\lambda z.z,\{\}\rangle\}$

[46]:

```haskell
sigma02 ! 2 -- 키에 대응되는 내용을 찾아줌
sigma01 ! 2 -- 키가 없는 경우는 에러 발생
```

$\langle\lambda z.z,\{\}\rangle$

```
Data.HashMap.Internal.(!): key not found
CallStack (from HasCallStack):
  error, called at ./Data/HashMap/Internal.hs:756:16 in␣
 ↪unordered-containers-0.2.16.0-EMrI0SeLsJ94BixPwZpYrq:Data.HashMap.
 ↪Internal
  !, called at <interactive>:1:12 in interactive:Ghci1244
```

[47]:
```
sigma02 !? 2 -- Maybe Clos' 디스플레이 인스턴스 선언되지 않아
sigma01 !? 2 -- 그냥 텍스트 형태로 출력됨
```

```
Just \langle \lambda z.z,\{\}\rangle
Nothing
```

[48]:
```
lookupStore :: Addr -> Store -> [Clos']
lookupStore l st = case st !? l of
                   Nothing -> []
                   Just cl -> [cl]
```

[49]:
```
lookupStore 2 sigma02 -- 리스트 원소 한줄씩 display되는데 한개이므로
```

$\langle \lambda z.z, \{\} \rangle$

[50]:
```
lookupStore 2 sigma01 -- 빈 리스트라 아무것도 display되지 않음
```

앞서 CESK기계에서 나중에 할 일(Kont')을 이루는 구성 요소로 계산이 끝난 값을 후 특정 주소(Addr)에 반영하라는 새로운 형태가 기존 CEK기계에서 나중에 할 일의 구성 요소에 해당하는 맥락(Ctx)과 환경(Env')의 순서쌍과 나란히 나타날 수 있다고 언급한 바 있다. 즉, Kont'는 Addr과 (Ctx,Env')의 합집합의 원소로 이루어진 리스트로 아래와 같이 선언할 수 있다는 말이다.

[51]:
```
type Kont' = [Either Addr (Ctx,Env')]
```

[52]:
```
import Data.List (intercalate)
instance {-# OVERLAPS #-} Show Kont' where
  show k = intercalate ",\\," (map showEither k)
        where showEither (Left l)  = show l++"{\\mapsto}\\bullet "
              showEither (Right r) = show r
instance {-# OVERLAPS #-} Show (Clos',Store,Kont') where
  show (cl,s,k) = show cl++";\\,"++show s++";\\,"++show k
instance {-# OVERLAPS #-} Show (Ctx,Env') where
  show (ctx,env) = "\\langle "++show ctx++","++show env++"\\rangle "

instance {-# OVERLAPS #-} IHaskellDisplay Kont' where display = dTeX
```

```
instance {-# OVERLAPS #-} IHaskellDisplay (Clos',Store,Kont')
                                                where display = dTeX
instance {-# OVERLAPS #-} IHaskellDisplay (Ctx,Env')
                                                where display = dTeX
```

곱집합을 순서쌍으로 간단히 나타낼 수 있듯, 두 타입의 합집합에 해당하는 타입을 간단히 나타낼 수 있는 매개변수화된 데이터 타입 Either가 표준 라이브러리에 대략 다음과 같이 선언되어 있다.

```
data Either a b = Left a | Right b  deriving (...)
```

[53]:
```
:kind Either
:type Left
:type Right
```

```
Either :: * -> * -> *
Left :: forall a b. a -> Either a b
Right :: forall b a. b -> Either a b
```

[54]:
```
[ Left 1, Right (Done,[]) ] :: Kont'
```

$1 \mapsto \bullet,\ \langle \bullet, \{\} \rangle$

[55]:
```
( Cl' (Var "y") [("y",1)], sigma02, [Left 1, Right (Done,[])] )
  :: (Clos',Store,Kont')
```

$\langle y, \{y \mapsto 1\} \rangle;\ \{1 \mapsto \langle \lambda x.x, \{\} \rangle, 2 \mapsto \langle \lambda z.z, \{\} \rangle\};\ 1 \mapsto \bullet,\ \langle \bullet, \{\} \rangle$

[56]:
```
stepCESKz :: (Clos', Store, Kont') -> [(Clos', Store, Kont')]
stepCESKz (Cl' (Var x) env, st, k) = [ (cl, st, Left l : k) |
                                        l <- lookupEnv' x env,
                                        cl <- lookupStore l st ]
stepCESKz _ = undefined -- 나머지 규칙들 적절히 연습문제로 작성
```

[57]:
```
stepCESKz' = hat stepCESKz -- 여러 번 실행에 편리한 확장된 함수
```

요점정리

- 타입없는 람다계산법의 비결정적 줄임(reduction)을 나타내는 맥락적 의미구조에 나타나는 값계산 맥락 및 작은걸음 규칙에 제약을 가하여 인자 먼저(call-by-value) 및 적용 먼저(call-by-name) 값계산(evaluation)의 의미구조를 규정할 수 있다.
- 람다계산법에 대한 치환 기반의 의미구조는 계산 결과에 활용되지 않는 불필요한 위치의 변수까지도 모두 치환해야 하므로 프로그래밍언어의 효율적인 구현에는 적합하지 않다.
- 함수 몸체에 나타나는 변수를 실제로 치환하는 대신에 치환 기반의 의미구조에서 계산이 진행되며 치환되었어야 할 목록을 차곡차곡 모아 놓은 내용을 '값계산 환경'(evaluation environment)으로 구성하여 계산이 진행되며 필요한 위치의 변수만을 값계산 환경에서 참조하는 방식의 의미구조를 정의할 수 있다.
- 값계산 환경 기반의 큰걸음 의미구조를 프로그램으로 옮겨 작성한 소프트웨어를 프로그래밍언어의 인터프리터로 볼 수 있다.
- 값계산 환경 기반의 큰걸음 의미구조에 직접적으로 대응되는 작은걸음 의미구조에 해당하는 것이 바로 CEK기계다.
- CEK기계의 구성 요소는 코드(Code, 즉 람다식), 환경(Envionment), 나중에 할 일(독일어: Kontinuation, 영어: continuation)이다. 코드와 환경의 순서쌍이 곧 클로저이므로 CEK기계는 클로저와 나중에 할 일로 구성된다고도 할 수 있다.
- CEK기계에서 '나중에 할 일'은 값계산 맥락(evaluation context)과 환경(environment)의 순서쌍들이 차례로 나열된 구조이다. 이렇게 나중에 할 일을 목록으로 만들어 남겨두고 전체 식의 계산에서 지금 집중해서 계산할 부분식의 계산을 한걸음씩 작은걸음으로 진행하는 방식으로 CEK기계가 동작한다.

- 필요한 만큼만 값계산(call-by-need evaluation)은 적용 먼저 값계산(call-by-name evaluation)과 기본적으로 비슷하지만 여러 곳에서 활용되는 같은 변수 이름 혹은 같은 서로 다른 변수의 동일한 계산 결과를 공유함으로써 계산의 중복을 줄이는 장점이 있다.
- 인자 먼저 값계산(call-by-value evaluation)을 적극적 값계산(eager evaluation) 또는 엄격한 값계산(strict evaluation)으로도 부르며, 필요한 만큼만 값계산(call-by-need evaluation)은 게으른(혹은 느긋한) 값계산(lazy evaluation)으로도 부른다.
- CEK기계에 주소를 통해 접근할 수 있는 저장공간(Store)이 추가된 CESK 기계로 계산 결과를 공유하는 게으른 값계산의 작은걸음 의미구조를 규정할 수 있다.

연습문제

1. `[18]`-`[24]`셀 중에서 완성되지 않은 큰걸음 함수 `bigStepCBV`와 `bigStepCBN`를 작성하여 테스트해 보라.
2. `[32]`와 `[33]`셀의 `stepCEKv`와 `stepCEKn`을 본문의 작은걸음 규칙대로 작성하여 `[36]`-`[39]`셀의 `e0`에 대해 기대한 대로 동작하는지 확인해 보라.
3. `[39]`셀의 `e01`에 대해 본문에 안내된 대로 `[40]`과 `[41]`셀의 주석을 풀어 실행하여 CEK_v와 CEK_n의 계산 과정의 차이를 확인해 보고 그 이유를 분석해 보라.
4. `[56]`셀의 `stepCESKz`를 완성하고 계산 과정에서 계산 내용을 공유하는 변수 이름이 있는 예제를 작성해 계산 과정을 진행하여 CEK_n이었다면 중복되었을 계산의 중복이 없어지는지 확인해 보라.

〈그림 9.4〉 함수형 언어 처리를 위한 최초의 가상머신인 SECD기계 및 리습 이후 현대적인 함수형 언어를 비롯한 다양한 프로그래밍언어에 큰 영향을 끼친 ISWIM을 창안한 피터 란딘(Peter J. Landin, 왼쪽), 집합론과 논리를 컴퓨터 과학의 기초 이론과 연결짓는 선구적 연구를 하였으며 적용먼저(call-by-name) 값계산을 위한 가상머신인 Krivine기계를 고안한 장-루이 크리빈(Jean-Louis Krivine, 오른쪽)

(이미지 출처: https://doi.org/10.1007/s00165-009-0122-y http://david.home.free.fr)

탐구과제

1. CEK_v와 CEK_n처럼 람다계산법을 작은걸음으로 값계산하는 기계인데, 그보다 더 저수준 구현(컴파일러 작성을 위한 가상머신 등)에 적합한 SECD기계[29]와 Krivine기계[27]에 대해 조사해 보라. 참고로 SECD와 Krivine기계가 앞서 고안되었으며 이후에 이를 단순화하여 CEK_v나 CEK_n과 같은 형태로 정리된 것으로 이해할 수 있다.
2. CESK_z에 대응되는 필요한 만큼 (혹은 게으른) 값계산의 큰걸음 의미구조 $\langle e,\rho\rangle;\sigma \Longrightarrow v;\sigma$를 정의해 보고, 이를 바탕으로 하스켈로 람다계산법에 대한 필요한 만큼 (혹은 게으른) 값계산 인터프리터를 작성해 보라.
3. "오프사이드 규칙"(off-side rule)과 "문법 설탕"(syntactic sugar)은 피터 란딘이 정착시킨 프로그래밍언어와 관련한 개념에 대한 전문용어다. 이들에 대해 알아보라.
4. CESK기계는 메모리 주소를 다룰 수 있으므로 가비지 컬렉션(garbage collection, '쓰레기 수집'으로도 옮김)과 같은 자동 메모리 관리 방식도 추상적으로 표현할 수 있다. CESK기계에서 가비지 컬렉션을 어떻게 나타낼 수 있을지 생각해 보고 관련 문헌도 조사해 보라.

제 10 장

함수, 산술식, 조건식을 포함하는 언어에 대한 값계산

앨런 튜링의 튜링머신과 마찬가지로 람다계산법은 수학자 다비드 힐베르트가 제시한 수리명제자동판별문제(Entscheidungsproblem)의 해결 불가능함을 보이기 위해 알론조 처치가 최소한의 문법으로 고안한 이론적 소품으로써 탄생했다. 이후 람다계산법은 프로그래밍 언어 이론의 연구에 활발히 활용되고 있으며 특히 함수형 프로그래밍언어 설계의 기초가 되고 있다.

이론적으로는 순수한 람다계산법만으로도 조건문, 자연수 등을 포함한 모든 계산이 표현 가능지만 실제 컴퓨터에서 그런 방식으로 계산한다면 비효율적일 것이다. 람다계산법을 기초로 하여 컴퓨터 하드웨어에서 제공하는 정수 연산 등 여러 가지 다양한 기능을 덧붙여 나간 언어들이 바로 함수형 언어다. 또한, 최근에는 함수형 언어로 시작하지 않은 많은 프로그래밍언어들도 람다계산법의 문법이나 개념을 도입하고 있기도 하므로 실무적 프로그래밍 능력 향상을 위해서도 람다계산법을 바탕으로 하는 언어에 대한 기본적 이해가 필요하다.

이 장에서는 지금까지 살펴본 덧셈식과 람다식 그리고 조건식까지 포함하는 언어에 대한 인자 먼저 값계산(call-by-value evaluation)을 하는 인터프리터를 하스켈로 작성해 본다.

$$x \in \mathtt{Nm} \qquad n \in \mathbb{Z}$$

$$e \in \mathtt{Expr} ::= x \mid \lambda x.e \mid e_1\, e_2 \mid n \mid e_1 + e_2 \mid \textbf{if}\ e\ \textbf{then}\ e_1\ \textbf{else}\ e_0$$

$$\mathtt{Env} = \mathtt{Nm} \xrightarrow{\text{fin}} \mathtt{Val} \qquad \rho \in \mathtt{Env} ::= \{x_1 \mapsto v_1, \ldots, x_n \mapsto v_n\}$$

$$\mathtt{Val} \subset (\mathtt{Expr} \times \mathtt{Env}) \cup \mathbb{Z} \qquad v \in \mathtt{Val} ::= \langle \lambda x.e, \rho \rangle \mid n$$

$$\cdot \Longmapsto \cdot \subset (\mathtt{Expr} \times \mathtt{Env}) \times \mathtt{Val}$$

$$\langle x, \rho \rangle \Longmapsto \rho(x) \qquad \langle \lambda x.e, \rho \rangle \Longmapsto \langle \lambda x.e, \rho \rangle$$

$$\frac{\langle e_1, \rho \rangle \Longmapsto \langle \lambda x.e, \rho_1 \rangle \quad \langle e_2, \rho \rangle \Longmapsto v_2 \quad \langle e, \{x \mapsto v_2\}\rho_1 \rangle \Longmapsto v}{\langle e_1\, e_2, \rho \rangle \Longmapsto v}$$

$$\langle n, \rho \rangle \Longmapsto n \qquad \frac{\langle e_1, \rho \rangle \Longmapsto n_1 \quad \langle e_2, \rho \rangle \Longmapsto n_2}{\langle e_1 + e_2, \rho \rangle \Longmapsto n}(n \equiv n_1 + n_2)$$

$$\frac{\langle e, \rho \rangle \Longmapsto 0 \quad \langle e_0, \rho \rangle \Longmapsto n_0}{\langle \textbf{if}\ e\ \textbf{then}\ e_1\ \textbf{else}\ e_0,\ \rho \rangle \Longmapsto n_0} \qquad \frac{\langle e, \rho \rangle \Longmapsto n \quad \langle e_1, \rho \rangle \Longmapsto n_1}{\langle \textbf{if}\ e\ \textbf{then}\ e_1\ \textbf{else}\ e_0,\ \rho \rangle \Longmapsto n_1}(n \neq 0)$$

〈그림 10.1〉 FAC 언어의 문법구조와 의미구조

함수(function), 산술식(arithmetic expression), 조건식(conditional expression)으로 이루어진 FAC언어의 문법구조와 의미구조를 그림 10.1와 같이 정의하자. 함수를 다루는 규칙은 이전에 살펴본 타입없는 람다계산법에 대한 인자먼저 값계산의 큰걸음 의미구조(그림 9.1)와 같다. 산술식을 다루는 규칙도 이전에 살펴본 산술식에 대한 큰걸음 의미구조(7.5절)와 사실상 같은 형태를 따르되 변수 이름이 산술식에 나타날 수도 있으므로 산술식($e_1 + e_2$)을 환경(ρ)과 짝지어 계산한다. 조건식(**if** e **then** e_1 **else** e_0)을 다루는 규칙은 e를 계산한 결과값이 0인 경우와 그렇지 않은 경우로 나누어 두 개의 규칙으로 정의하고 있다. 즉, 0인 경우를 거짓으로 그 외의 정수값은 참으로 취급해 조건식의 계산을 진행하라는 뜻이다.

이 언어에서는 정상적으로 계산이 끝난 것으로 취급되는 값의 형태가 두 가지 있다. 함수를 계산한 결과값인 클로저($\langle \lambda x.e, \rho \rangle$)와 산술식을 계산한 결과값인 정수($n$) 이렇게 두 종류의 값이 있다는 말이다.

[1]:
```
:opt no-lint
{-# LANGUAGE TypeSynonymInstances FlexibleInstances #-}
```

[2]:
```
type Nm = String  -- 변수 이름은 문자열로

data Expr = Var Nm                    -- x
          | Lam Nm Expr               -- (\x.e)
          | App Expr Expr             -- (e1 e2)
          | Lit Int                   -- n
          | Add Expr Expr             -- e1 + e2
          | If Expr Expr Expr         -- if e then e1 else e0
          deriving (Eq, Ord)
```

하스켈로 인터프리터를 작성하기 위한 문법구조를 위와 같이 선언한다.

[3]:
```
instance Show Expr where -- LaTeX 소스코드 생성하는 Show 인스턴스 직접 선언
  showsPrec _ (Var x) = showString x
  showsPrec p (Lam x e) = showParen (p > 1) $
      showString ("\\lambda "++x++".") . showsPrec 1 e
  showsPrec p (App e1 e2) = showParen (p > 9) $
      showsPrec 9 e1 . showString "\\;" . showsPrec 10 e2
  showsPrec _ (Lit n) = shows n
  showsPrec p (Add e1 e2) = showParen (p > 6) $
      showsPrec 6 e1 . showString "+" . showsPrec 7 e2
  showsPrec p (If e e1 e0) = showParen (p > 2) $
      showString "\\textbf{if}\\;" . showsPrec 3 e .
      showString "\\;\\textbf{then}\\;" . showsPrec 3 e1 .
      showString "\\;\\textbf{else}\\;" . showsPrec 3 e0

import IHaskell.Display (latex)
dTeX e = display [latex $ "$"++show e++"$"]
instance IHaskellDisplay Expr where display = dTeX
```

[4]:
```
idExpr = Lam "x" (Var "x")
ttExpr = Lam "x" (Lam "y" (Var "x"))
ffExpr = Lam "x" (Lam "y" (Var "y"))
```

```
-- 람다식, 산술식과, 조건식이 모두 활용된 예시 프로그램
If (Add (Lit 3) (Add (Var "x") (Var "y"))) ffExpr (App idExpr ttExpr)
```

if $3 + (x + y)$ **then** $(\lambda x.\lambda y.y)$ **else** $(\lambda x.x)$ $(\lambda x.\lambda y.x)$

[5]:
```
data Val = Cl Expr Env | Vi Int  deriving (Eq,Ord)
type Env = [ (Nm, Val) ]
```

의미구조 작성을 위한 두 종류의 값과 환경은 위와 같이 선언한다.

[6]:
```
import Data.List (intercalate)
instance {-# OVERLAPS #-} Show Env where
    show env = "\\{"++ intercalate ",\\," (map show env) ++"\\}"
instance {-# OVERLAPS #-} Show (Nm,Val) where
    show (x,cl) = x++"{\\mapsto}"++show cl
instance Show Val where
    show (Cl e env) = "\\langle "++show e++","++show env++"\\rangle "
    show (Vi n) = " "++show n++" "

instance {-# OVERLAPS #-} IHaskellDisplay Env  where display = dTeX
instance {-# OVERLAPS #-} IHaskellDisplay (Nm,Val)
                                                 where display = dTeX
instance IHaskellDisplay Val                     where display = dTeX
```

지금까지는 비결정적이든 결정적이든 합류성이 있건 없건 관계없이 의미구조를 하스켈로 옮길 때 의미구조를 계산하는 함수의 결과를 항상 일관되게 리스트 타입으로 선언했다. 비결정적이거나 합류성이 없는 의미구조는 여러가지 계산 결과가 가능하므로 리스트 타입으로 선언하는 것이 적합하다. 그런데, 결정적 작은걸음 의미구조나 합류성이 있는 큰걸음 의미구조 함수는 계산 과정이 정상적으로 진행/종료되는 경우 하나의 유일한 결과만을 계산한다. 그래서, 이 장에서 작성하는 큰걸음 의미구조를 구현한 인터프리터 함수 `eval`은 하나의 값(`Val`)을 결과로 계산하도록 선언하였으며 계산이 정상적으로 진행되지 않아 비정상 종료하는 경우에는 하스켈 프로그램을 비정상 종료시키는 `error` 함수를 활용해 에러 메시지와 함께 비정상 종료되도록 처리하여 다음과 같이 작성하였다.

[7]:
```haskell
eval :: Expr -> Env -> Val   -- FAC언어의 인터프리터를 구현한 eval 함수
eval (Var x) env =
  case lookup x env of Nothing -> error (x ++ " not defined")
                       Just v  -> v
eval e@(Lam _ _) env = Cl e env
eval (App e1 e2) env =
  case v1 of Cl (Lam x e) env1 -> eval e ((x,v2):env1)
             _                 -> error (show v1++" not closure")
  where v1 = eval e1 env
        v2 = eval e2 env
eval (Lit n)     _   = Vi n
eval (Add e1 e2) env =
  case (v1, v2) of (Vi n1, Vi n2) -> Vi (n1 + n2)
                   (Vi _ , _    ) -> error (show v2++" not int")
                   _              -> error (show v1++" not int")
  where v1 = eval e1 env
        v2 = eval e2 env
eval (If e e1 e0) env =
  case eval e env of Vi 0 -> eval e0 env
                     Vi _ -> eval e1 env
                     _    -> error (show e++" not int")
```

[8]:
```haskell
e1 = Lam "x" . Lam "y" $ If (Var "x") (Var "x" `Add` Var "y")
                                      (Var "y" `Add` Var "y")
e2 = Lit 2
e3 = Lit 3

eval e1 []
eval e2 []
eval e3 []
```

$\langle \lambda x.\lambda y.\textbf{if } x \textbf{ then } x+y \textbf{ else } y+y, \{\}\rangle$

2

3

[9]:
```
App e1 e2
eval (App e1 e2) []
```

$(\lambda x.\lambda y.\textbf{if } x \textbf{ then } x+y \textbf{ else } y+y)\ 2$

$\langle \lambda y.\textbf{if } x \textbf{ then } x+y \textbf{ else } y+y, \{x \mapsto 2\}\rangle$

[10]:
```
App (App e1 e2) e3
eval (App (App e1 e2) e3) []
```

$(\lambda x.\lambda y.\textbf{if } x \textbf{ then } x+y \textbf{ else } y+y)\ 2\ 3$

5

[11]:
```
App (App e1 (Lit 0)) e3
eval (App (App e1 (Lit 0)) e3) []
```

$(\lambda x.\lambda y.\textbf{if } x \textbf{ then } x+y \textbf{ else } y+y)\ 0\ 3$

6

[12]:
```
eval (Var "x") []
```

```
x not defined
CallStack (from HasCallStack):
  error, called at <interactive>:3:35 in interactive:Ghci128
```

[13]:
```
eval (Lit 3 `App` Lit 1) []
```

```
 3  not closure
CallStack (from HasCallStack):
  error, called at <interactive>:8:35 in interactive:Ghci128
```

[14]:
```
eval (Lit 3 `Add` (Lam "x" $ Var "x")) []
```

```
\langle \lambda x.x,\{\}\rangle  not int
CallStack (from HasCallStack):
  error, called at <interactive>:14:38 in interactive:Ghci128
```

10.1 고정점 조합자를 활용한 재귀

8.1.3절에서 소개한 고정점 조합자 $Y = \lambda f.(\lambda x.f\,(x\,x))\,(\lambda x.f\,(x\,x))$는 인자 먼저(call-by-value) 값계산에서 활용하기에 곤란하다. 왜냐하면 $f\,(x\,x)$의 계산을 함수 f의 적용부터 먼저 할 수 없고 반드시 인자 부분의 자기 자신에 대한 적용식 $x\,x$를 더 이상 계산이 진행되지 않을 때까지 값으로 계산하려 하기 때문이다. 자기 자신에 대한 적용식은 많은 경우 무한한 계산 과정으로 확산(diverge)한다. 따라서 Y조합자를 활용한 재귀적 계산을 인자 먼저 계산법에서 사용하면 끝나지 않고 무한한 계산 과정으로 확산하는 경우가 많다. Y조합자를 활용한 똑같은 재귀적 계산이 적용 먼저(call-by-name) 계산법이나 필요한 만큼(call-by-need) 계산법에서라면 정상적으로 종료되는 경우라 하더라도 말이다.

다행히 인자 먼저 계산법에서도 유용한 다음과 같은 고정점 조합자가 있다.

$$Z \;=\; \lambda f.(\lambda x.f\,(\lambda z.(x\,x)\,z))(\lambda x.f\,(\lambda z.(x\,x)\,z))$$

참고로, Z조합자는 Y조합자와 η동치다. 왜냐하면, $\lambda z.(x\,x)\,z \equiv_\eta x\,x$이기 때문이다. 위의 Z조합자를 앞서 하스켈로 선언한 함수, 산술식, 조건식으로 이루어진 언어의 문법구조 데이터 타입(Expr)으로 옮기면 다음과 같다.

[15]:
```
cZ = Lam "f" (App e e)
  where e = Lam "x" $ f `App` Lam "z" (App x x `App` z)
        f = Var "f"
        x = Var "x"
        z = Var "z"
cZ -- \f.(\x.f(\z.xxz))(\x.f(\z.xxz))
```

$\lambda f.(\lambda x.f\;(\lambda z.x\;x\;z))\;(\lambda x.f\;(\lambda z.x\;x\;z))$

이제 주어진 자연수 i에 대해 0부터 i까지의 총합을 구하는 재귀적 계산을 Z조합자를 활용해 FAC언어로 작성해 보자. 만일 FAC언어에서 재귀함수 정의가 허용되었더라면 다음과 같이 작성할 수 있을 것이다.

$$f\;i \;=\; \textbf{if}\;i\;\textbf{then}\;i+f\,(i+(-1))\;\textbf{else}\;i$$

앞서 8.1.4절에서 고정점을 재귀적이지 않은 함수에 적용하여 재귀적으로 정의했던 팩토리얼 함수와 마찬가지 계산을 하는 함수를 표현할 수 있다는 사례를 알아보았다. 마찬가지 방법으로 파라메터 f와 i에 대한 인자에 연달아 적용할 수 있는 아래와 같은 FAC언어로 작성된 람다식 e4를 선언하여 고정점 조합자와 함께 활용하면 된다.

[16]:
```
e4 = Lam "f" . Lam "i" $ If i (i `Add` App f (i `Add` Lit (-1))) i
    where f = Var "f"
          i = Var "i"
e4 -- \f.\i.if i then i + f(i + -1) else i
```

$\lambda f.\lambda i.$**if** i **then** $i + f\ (i + -1)$ **else** i

고정점 조합자 Z를 FAC언어로 옮긴 cZ를 위의 람다식 e4에 적용한 App cZ e4가 바로 우리가 정의하려던 주어진 자연수에 대한 총합을 재귀적으로 계산하는 함수를 FAC언어로 표현한 것이다. 실제로, 0에서 주어진 정수 i까지의 총합을 계산하는 FAC언어로 작성된 함수(App cZ e4)를 아래와 같이 100까지의 합을 구하도록 테스트해 보면 예상대로 0부터 100까지의 합인 5050이 계산됨 확인할 수 있다.

[17]:
```
-- Z (\f.\i.if i then i + f(i + -1) else i) 100
eval (App cZ e4 `App` Lit 100) [] -- 100부터 0까지의 총합
```

5050

연습문제

1. 아직 고정점 조합자의 활용이 정확히 이해되지 않는다면 0부터 2까지의 총합을 구하는 식 $Z\ (\lambda f.\lambda i.$**if** i **then** $i + f\ (i + (-1))$ **else** $i)\ 2$의 계산 과정을 (치환 기반의 작은걸음 의미구조처럼) 한 단계씩 손으로 전개해 보라.

제 III 편

문법분석과 타입유추

제 *11* 장

문법분석

이번 장에서는 Haskell로 프로그래밍의 기초를 가르치는 허튼[23]의 교재에 수록된 "함수형 파서"(functional parser)에 내용을 바탕으로 재귀 하향(recursive decent) 파서 구현의 일종으로 해석할 수 있는 "파서 컴비네이터"(parser combinator)의 원리를 소개하고, 이를 활용해 프로그래밍언어의 구체적 문법을 분석하는 활용 사례를 공부한다. 좀더 구체적으로는 먼저 가장 단순한 세 종류의 가장 기본적인 파서를 소개하고, 이러한 기존의 파서를 조합하여 파서를 만들어내는 유용한 파서 조합 연산자들을 허튼의 교재에 나온 순서를 따라 (단, 2판에 추가된 모나드에 대한 내용은 제외하고) 소개한다. 그리고 이런 파서 컴비네이터를 활용하여 앞서 10장에서 다룬 FAC언어의 구체적 문법에 대한 어휘분석(lexical ayansysis)과 문법분석(syntax analysis)을 시도한다. 어휘분석은 구체적 문법을 따라 작성된 문자열을 토큰열로 변환하며, 문법분석은 토큰열을 추상문법나무로 변환하는 과정이다. 이번 장의 내용을 따라가며 연습문제를 풀다 보면 어휘분석과 문법분석이라는 각기 다른 두 단계의 분석 과정을 파서 컴비네이터라는 일관된 방식을 통해 이해할 수 있게 될 것이다.

[1]:
```
:opt no-lint
```

11.1 파서의 타입

파서의 타입을 다음과 여러 번에 결쳐 일반화할 수 있다.

```
type Parser = String -> Tree                   -- 문자열을 처리해 Tree로 변환
type Parser = String -> (Tree, String)         -- 처리하고 남은 뒷부분 문자열 고려
type Parser = String -> [(Tree, String)]       -- 실패할 경우 길이 0인 빈 리스트
type Parser a = String -> [(a, String)]        -- 특정 Tree가 대신 타입 a로 일반화
type Parser a = [Char] -> [(a, [Char])]        -- 윗줄과 같음  String = [Char]
type Parser tok a = [tok] -> [(a, [tok])]      -- Char 대신 토큰 타입 tok로 일반화
```

첫번째로는 가장 단순하게 파서를 문자열을 처리해 특정 추상문법나무(Tree)로 변환하는 것으로 이해할 수 있다. 이것은 물론 파서에 대한 올바른 설명이긴 하지만 문법분석이라는 커다란 문제를 처리하는 전체 과정에 대한 설명이다. 일반적으로 큰 문제는 작은 문제들로 쪼개서 생각할 수 있으므로 프로그래밍언어 전체의 문법도 더 작은 부분으로 나누어 더 간단한 각 부분에 대한 작은 파서들을 만드는 부분적인 문제을 해결한 다음, 이런 작은 파서를 엮어 프로그래밍언어 전체의 문법을 분석하는 파서를 구성할 수도 있을 것이다. 따라서 파서란 전체 문자열이 아닌 앞부분 일부의 문자열을 처리하여 추상문법나무(Tree)를 구성하고 뒷부분의 일부 문자열(String)이 남아있을 수도 있다는 개념으로 접근한다면 더 유연하고 일반적인 파서에 대한 설명이 될 것이다. 그러니까 두번째로는 파서를 문자열(String)을 받아 추상문법나무와 문자열의 순서쌍((Tree, String))을 만들어낸다고 설명할 수 있을 것이다. 그런데 파서가 모든 문자열에 대해 성공하지는 않을 수도 있으므로 세번째로는 실패하는 경우를 빈 리스트로 표현하고 성공하는 경우를 추상문법나무와 문자열의 순서쌍이 들어 있는 비어 있지 않은 리스트를 만들어내도록 파서 타입의 정의를 일반화하였다.

그 다음부터는 특정 타입에 한정된 분석 결과(Tree) 및 분석 대상(String)이 아니라 이들을 파라메터화한 타입으로 파서를 일반화하는 과정이다. 그러니까 네번째로는 분석 결과를 특정 추상문법나무로 한정하지 않고 분석 결과의 타입(a)에 대해 파라메터화한 타입(Parser a)으로 일반할 수 있다. 마지막으로는 분석의 대상을 문자열(String) 즉 문자의 리스트([Char])인 경우로만 한정짓지 않고,

분석의 대상이 되는 단위를 문자(Char)가 아닌 일반적인 토큰 타입(tok)으로 추가로 파라메터화하여 파서의 타입을 Parser tok a로 표시하였으며, 이는 토큰열([tok])을 인자로 넘겨받아 받아 앞부분 일부를 분석한 결과(a)와 아직 분석하지 못한 뒷부분의 나머지 토큰열을 만들어 내려고 하는데, 혹여 실패할 수도 있으므로 [(a, [tok])]타입의 값을 계산해 내는 함수로써 정의된다.

[2]:
```
type Parser tok a = [tok] -> [(a, [tok])]
```

11.2 가장 간단한 파서

가장 기본적인 세 가지 파서인 return, failure, item을 소개하는 것으로 시작해 보자. 정확히는 return이란 분석 결과값(v)을 미리 정해주면 분석 대상을 전혀 처리하지 않고 무조건 성공하는 파서(return v)를 만들어내는 함수다. 반면 failure는 무조건 실패하는 파서다. 그리고 item은 주어진 토큰열로부터 맨 앞의 토큰 하나만을 분석하여 그 토큰 그대로를 분석 결과로 하는 파서이다. 그러니까 item은 길이 0이 아닌 모든 토큰열에 대해 성공한다.

[3]:
```
return :: a -> Parser tok a -- 입력 토큰열 ts를 소비하지 않고
return v = \ts -> [(v,ts)]  -- 그냥 v를 리턴하며 성공하는 파서

failure :: Parser tok a -- 입력에 관계없이 무조건 실패하는 파서
failure = \_ -> []
```

[4]:
```
(return 1) "abc"
failure    "abc"
```

```
[(1,"abc")]
[]
```

[5]:
```
item :: Parser tok tok
item []     = []          -- 길이 0인 토큰열에 대해서는 실패
item (t:ts) = [(t,ts)] -- 맨 앞의 토큰 t하나만 처리해 t를 리턴
```

[6]:
```
item ""
item "abc"
```

```
[]
[('a',"bc")]
```

11.3 기존의 파서를 조합해 새로운 파서 만들기

기존의 파서를 조합해 새로운 파서를 만들어내는 다섯 가지 유용한 파서 컴비네이터 (>>=), (<|>), sat, many, many1에 대해 알아보자.

[7]:
```
(>>=) :: Parser tok a -> (a -> Parser tok b) -> Parser tok b
p1 >>= pf = \ts -> [ (v2,ts2) | (v1,ts1) <- p1 ts,
{- 이어붙이기 sequencing -}          (v2,ts2) <- (pf v1) ts1 ]
```

위의 (>>=)는 첫째 파서와 바로 그 첫째 파서의 분석 결과에 따라 다르게 만들어질 수 있는 둘째 파서를 이어붙이는 연산으로, 첫째 파서가 분석하고 남은 토큰열을 둘째 파서로 분석한 결과를 전체 결과로 삼는다. 즉, p1 >>= pf는 첫번째 파서(p1)의 성공적인 분석 결과가 v1이고 아직 분석되지 않고 남아있는 토큰열 ts1이라 할 때, 앞선 파서의 분석 결과를 넘겨받아 따라 만들어지는 두번째 파서 (pf v1)로 토큰열 ts1을 분석한 결과를 바로 천제 결과로 삼는 파서라는 말이다.

참고로 아래의 item >>= _ -> item은 item >>= (_ -> item)에서 하스켈 문법상 우선순위에 따라 불필요한 괄호가 생략된 표현이다. 이렇게 앞선 파서의 분석 결과를 넘겨받은 파라메터를 활용하지 않고 무시하면 앞선 결과에 무관하게 항상 똑같은 내용의 둘째 파서가 만들진다. 그리고 이 연산을 두 번 중첩해서 사용하면 세 개의 파서를 (item, item, return 순서로) 차례로 엮어 이어붙인 것과 같은 파서를 만들어낼 수도 있다.

[8]:
```
( item >>= \_  ->  item                          ) "abcd"
( item >>= \c1 ->  item >>= \c2 ->  return [c1,c2] ) "abcd"
```

```
[('b',"cd")]
[("ab","cd")]
```

물론 다음과 같이 앞선 파서의 내용에 따라 두번째는 다른 파서(item 또는 failure)가 만들어지며 이어지도록 하는 것도 당연히 가능하다.

[9]:
```
( item >>= \c -> if c=='h' then item else failure ) "hello"
( item >>= \c -> if c=='h' then item else failure ) "world"
```

```
[('e',"llo")]
[]
```

이미 한번 살펴본 바와 같이 (>>=)를 활용하며 다음과 같이 마지막에 return으로 이전 파서의 결과를 모아서 전체 분석 결과를 만들어내도록 조합할 수도 있다. 그리고 가독성을 위해 (>>=)를 쓸 때마다 줄을 바꿔가며 작성해도 좋다.

[10]:
```
( item                                  >>= \c1 ->
  (if c1=='h' then item else failure) >>= \c2 ->
  return [c1,c2]                                    ) "hello"
( item                                  >>= \c1 ->
  (if c1=='h' then item else failure) >>= \c2 ->
  return [c1,c2]                                    ) "world"
```

```
[("he","llo")]
[]
```

방금 살펴본 실행 사례처럼 첫째 파서의 결과가 특정 조건을 만족할 때만 성공하는 활용 방식을 또 하나의 파서 컴비네이터로 다음과 같이 정의하자.

[11]:
```
sat :: (tok -> Bool) -> Parser tok tok
sat test = item >>= \t ->            -- 토큰 하나를 읽어들여
           if test t then return t  -- 조건에 맞는 경우에만 성공하고
                     else failure   -- 그렇지 않으면 실패하는 파서
```

이렇게 정의된 sat을 활용하면 조금 전에 살펴봤던 실행 사례를 아래와 같이 더 간결하게 표현할 수 있다.

[12]:
```
( sat (=='h') >>= \c1 -> item >>= \c2 -> return [c1,c2] ) "hello"
( sat (=='h') >>= \c1 -> item >>= \c2 -> return [c1,c2] ) "world"
```

```
[("he","llo")]
[]
```

[13]:
```
(<|>) :: Parser tok a -> Parser tok a -> Parser tok a  -- 선택 choice
p1 <|> p2 = \ts -> case p1 ts of
                    []  -> p2 ts  -- 첫번째 파서가 실패하면 두번째로
                    rs1 -> rs1    -- 첫번째가 성공하면 첫번째만으로
```

[14]:
```
item                     "ab"
(item <|> return '?') "ab"
```

```
[('a',"b")]
[('a',"b")]
```

[15]:
```
item                     ""
(item <|> return '?') ""
```

```
[]
[('?',"")]
```

[49]:
```
many, many1  :: Parser tok a -> Parser tok [a]   -- 상호재귀적으로 정의됨
many  p = many1 p <|> return [] -- 1회 성공 또는 무조건 0회라 치고 성공

many1 p = p       >>= \v  ->  -- 한번 성공한 다음
          many p >>= \vs ->  -- 0회 이상 성공
          return (v:vs)
```

many p와 many1 p는 각각 0회 및 1회 이상 주어진 파서 p의 분석이 연달아 성공한 결과를 차례대로 모아놓은 리스트를 전체 분석 결과로 만들어낸다.

[17]:
```
( many (sat (=='h')) ) "hhhi"
( many (sat (=='h')) ) "iiii"
```

```
[("hhh","i")]
[("","iiii")]
```

[18]:
```
( many1 (sat (=='h')) ) "hhhi"
( many1 (sat (=='h')) ) "iiii"
```

```
[("hhh","i")]
[]
```

11.4 문자열을 처리하는 파서

지금까지는 분석의 단위 대상과 분석 결과에 대해 파라메터화된 일반적인 파서에 대해 다루었다. 단지 실행 사례를 보여주기 위해 일반적인 파서를 문자열에 적용해 보았을 따름이다. 이번에는 구체적으로 분석의 대상이 문자열로 한정된 파서를 정의해 보도록 하자.

다음은 문자열에서 가장 특정 조건을 만족하는 첫 글자 하나를 처리하는 파서들이다. 하스켈 뿐 아니라 대부분의 범용 프로그래밍 언어의 표준라이브러리에서 지원할 법한, 어떤 유형(숫자, 소문자, 대문자, ..., 공백문자)의 문자인지 검사하는 조건함수(isDigit, isLower, isUpper, ..., isSpace)를 활용해 정의되어 있으며, 각 조건함수를 만족하는 첫 글자 하나만 분석한다.

[19]:
```
import Data.Char ( isDigit, isLower, isUpper,
                   isAlpha, isAlphaNum, isSpace )
digit = sat isDigit
lower = sat isLower
upper = sat isUpper
letter = sat isAlpha
alphanum = sat isAlphaNum
space = sat isSpace
```

여기서는 isDigit을 활용해 정의된 digit에 대한 실행 사례만 아래에 나타나 있다. 나머지도 어떤 파서들인지 알아보고 시험해 보라.

[20]:
```
:type isDigit
:type digit
```

```
isDigit :: Char -> Bool
digit :: Parser Char Char
```

[21]:
```
digit "123"
digit "a23"
```

```
[('1',"23")]
[]
```

[22]:
```
char :: Char -> Parser Char Char       -- char c는 주어진 글자 c와 첫글자가
char c = sat (==c)                     -- 일치하는 경우에만 성공하는 파서

string :: String -> Parser Char String  -- string s는 주어진 문자열 s와
string []     = return []               -- 앞부분이 일치하는 경우에만 성공
string (c:cs) = char c    >>= \_ ->
                string cs >>= \_ ->
                return (c:cs)
```

char c와 string s는 분석 대상 문자열의 앞부분이 주어진 글자 하나(c) 혹은 주어진 문자열(s)과 일치하는 경우에만 성공하는 파서이다.

[23]:
```
(char 'h') "hello"
(char 'h') "world"
```

```
[('h',"ello")]
[]
```

[24]:
```
(string "abc") "abcdef"
(string "abc") "ab1234"
```

```
[("abc","def")]
[]
```

[25]:
```
nat :: Parser Char Int
nat = many1 digit >>= \s ->   -- 1개 이상의 digit(숫자)
      return (read s)         -- 문자열 s를 정수로 변환한 값으로 성공시킴

ident :: Parser Char String
ident = lower         >>= \c  ->  -- 첫글자는 소문자
        many alphanum >>= \cs ->  -- 그 뒤에는 0개 이상의 문자 또는 숫자
        return (c:cs)

spaces  :: Parser Char ()
spaces  = many  space >>= \_ -> return ()  -- 0개 이상의 공백문자 처리
spaces1 :: Parser Char ()
spaces1 = many1 space >>= \_ -> return ()  -- 1개 이상의 공백문자 처리
```

nat은 1개 이상의 연속적인 숫자로 이루어진 문자열을 처리하여 이를 정수로 변환한 값을 분석 결과로 하여 성공한다.

[26]:
```
(many1 digit) "123def"
nat           "123def"
```

```
[("123","def")]
[(123,"def")]
```

ident는 소문자로 시작하고 그 이후로는 0개 이상의 문자 또는 숫자로 이루어진 단어를 분석한다.

[27]:
```
ident "abc123defghi"
ident "abc123d  ghi"
ident "123abcd  ghi"
```

```
[("abc123defghi","")]
[("abc123d","  ghi")]
[]
```

spaces는 0개 이상의 공백문자, spaces1은 1개 이상의 공백문자를 처리한다.

[28]:
```
spaces "  abc"
spaces "abc"
```

```
[((),"abc")]
[((),"abc")]
```

[29]:
```
spaces1 "  abc"
spaces1 "abc"
```

```
[((),"abc")]
[]
```

11.5 어휘분석(토큰화)

어휘분석(lexical analysis) 혹은 토큰화(tokenization)란 구체적 문법을 따라 작성된 문자열을 토큰열로 변환하는 과정이다. 10장에서 다룬 FAC언어의 토큰화를 위해 FAC언어의 어휘를 종류별로 분류한 토큰 데이터 타입을 다음과 같이 선언하자.

[30]:
```
data Tok = KW String -- 키워드
         | ID String -- 변수 이름
         | INT Int   -- 정수
         | LP        -- (
         | RP        -- )
         | LAM       -- \
         | DOT       -- .
         | ADD       -- +
         deriving (Eq,Ord,Show)
```

이 장에서 지금까지 소개한 파서 컴비네이터를 활용해 FAC언어를 토큰화를 한번 직접 시도해 보라. 여러분들의 시도를 돕기 위해 FAC언어의 일부 어휘를 토큰화하는 아래와 같은 작은 토크나이저를 두 개 작성해 보았다. `word`는 식별자를 표현하는 문자열을 분석하는 파서(`ident`)가 성공적으로 분석한 결과(s)가 키워드 목록으로 제시된 `if`, then, else 중 하나이면 분석 결과를 `KW s`로 그렇지 않은 일반적인 식별자이면 분석 결과를 `ID s`로 성공시킨다. `natural`은 자연수를 표현하는 문자열을 분석하는 파서(nat)가 성공적으로 분석한 정수값 결과(n)을 토큰으로 변환한 `INT n`을 분석 결과로 하여 성공시킨다.

[31]:
```
word :: Parser Char Tok
word = ident  >>= \s ->
     if s `elem` ["if","then","else"] then return (KW s)
                                     else return (ID s)

natural :: Parser Char Tok
natural = nat >>= \n -> return (INT n)
```

[32]:
```
"if" `elem` ["if","then","else"] -- 리스트에 들어있는
"hi" `elem` ["if","then","else"] -- 원소인지 검사하기
```

```
True
False
```

아래의 word를 실행한 사례 둘을 살펴보자. 첫번째는 키워드로 분석되고 두번째는 일반적인 식별자로 분석된다. 각각의 실행 사례가 어째서 그런 분석 결과가 나오는지 설명할 수 있는지 스스로 점검해 보라.

[33]:
```
word "if then else  "
word "ifthen  else  "
```

```
[(KW "if"," then else  ")]
[(ID "ifthen","  else  ")]
```

아래는 여러 식별자 혹은 키워드의 나열로 이루어진 연속된 단어들을 처리하기 위해 many 컴비네이터를 활용하려 시도했지만 기대에 못미치는 분석 결과가 나온 실행 사례이다. 왜 그냥 word루만 분석했을 때처럼 한 단어만 분석될까?

[34]:
```
(many word) "if then else  "
(many word) "ifthen  else  "
```

```
[([KW "if"]," then else  ")]
[([ID "ifthen"],"  else  ")]
```

앞의 질문에 대한 답은 바로 공백문자를 어떻게 처리해야 하는지 고려하지 않고 작성한 파서로 공백문자가 포함된 문자열에 대한 분석을 시도했기 때문이다.

많은 경우 프로그래밍언어에 나타나는 개별 어휘를 분석한 후 뒤따르는 공백문자를 건너뛰곤 한다. 이렇듯 주어진 파서로 분석에 성공한 이후 뒤따르는 공백문자를 뛰어넘는 내용까지 포함된 파서를 만들어내는 유용한 파서 컴비네이터인 tok를 다음과 같이 작성할 수 있다.

[35]:
```
tok :: Parser Char a -> Parser Char a
tok p = p       >>= \v ->
        spaces >>= \_ ->
        return v
```

이제 tok와 many를 함께 활용하면 키워드나 식별자가 연달아 나타나는 문자열을 다음과 같이 여러개의 토큰으로 이루어진 토큰열로 분석할 수 있다.

[36]:
```
(many (tok word)) "if then else   "
(many (tok word)) "ifthen  else   "
```

```
[([KW "if",KW "then",KW "else"],"")]
[([ID "ifthen",KW "else"],"")]
```

앞서 다루었던 <|> 컴비네터까지 같이 활용하면 키워드나 식별자 및 정수가 여럿 나타나는 문자열을 다음과 같이 토큰열로 분석할 수 있다. 물론 아직 모든 모든 종류의 FAC언어의 어휘를 다 다루지는 않았으므로 그 이외의 어휘가 나타나면 그 이후로는 분석하지 못한 문자열이 남아있게 된다.

[37]:
```
(many (tok word <|> tok natural)) "if b1 then 123 else x3   "
(many (tok word <|> tok natural)) "if b1 then 123 else 3 + (\\y. y) "
```

```
[([KW "if",ID "b1",KW "then",INT 123,KW "else",ID "x3"],"")]
[([KW "if",ID "b1",KW "then",INT 123,KW "else",INT 3],"+ (\\y. y) ")]
```

11.6 문법분석

FAC언어에 대한 어휘분석은 문자열([Char])을 분석하여 토큰열([Tok])을 만들어내는 Parser Char [Tok] 타입의 프로그램으로 나타낼 수 있다. FAC언어에 대한 문법분석은 이렇게 만들어진 토큰열([Tok])을 분석하여 추상문법구조(Expr)를 만들어내는 Parser Tok Expr 타입의 프로그램으로 나타낼 수 있다.

다음은 람다식을 제외한 FAC언어의 일부분에 대한 추상문법을 나타내는 Expr 데이터 타입 선언이다.

[38]:
```
data Expr = Lit Int             -- n
          | Add Expr Expr       -- e1 + e2
          | If Expr Expr Expr   -- if e then e1 else e0
          deriving (Eq, Ord, Show)
```

우선, 그 중에서도 정수와 덧셈식만을 문법분석하는 aexp 파서를 다음과 같이 결합도에 따라 aexp0와 aexp1두 단계로 구분하여 작성할 수 있다.

[39]:
```
aexp, aexp0, aexp1 :: Parser Tok Expr
aexp = aexp0  -- 덧셈식만 처리하는 파서

-- EBNF로는 aexp0 ::= { aexp1 "+" } aexp1
aexp0 = many ( aexp1        >>= \e ->
               sat (==ADD) >>= \_ ->
               return e                  )  >>= \es ->
        aexp1                               >>= \e' ->
        return (foldl1 Add (es ++ [e']))  -- 덧셈을 좌결합으로 처리

-- EBNF로는 aexp1 ::= lit | "(" aexp0 ")"
aexp1 = lit <|> paren aexp0

lit = sat isINT  >>= \(INT n) -> return (Lit n)
    where isINT (INT _) = True
          isINT _       = False

paren p = sat (==LP) >>= \_ ->
          p          >>= \e ->
          sat (==RP) >>= \_ ->
          return e
```

aexp0는 덧셈 기호로 연결된 느슨하게 결합된 식을 분석하는 파서다. 덧셈 기호는 더 단단하게 묶여 있는 aexp1 사이사이에 나타날 수 있다. 그러니까 aexp0가 처리하는 토큰열이란, aexp1으로 분석되는 토큰열과 그에 바로 뒤따르는 덧셈 연산자(ADD)가 0회 이상 반복된 다음 마지막에 aexp1로 분석되는 토큰열로 마무리된다. 여기서 덧셈 연산자는 좌결합(즉, 1+2+3을 (1+2)+3으로 이해)으로 처리하므로 foldl1을 활용해 선언하고 있다.

aexp1은 더 이상 쪼갤 수 없는 정수 리터럴(lit) 혹은 구체적 문법에서 프로그래머가 강제로 괄호로 명시적으로 묶어 놓은 식(paren expr0)에 해당하는 토큰열을 분석한다.

[40]:
```
lit [INT 1]                -- 1
lit [INT 1, ADD, INT 2] -- 1 + 2
```

```
[(Lit 1,[])]
[(Lit 1,[ADD,INT 2])]
```

[41]:
```
aexp1 [INT 2]                     -- 2
aexp1 [INT 2, ADD, INT 3]         -- 2 + 3
aexp1 [LP, INT 2, ADD, INT 3, RP] -- (2 + 3)
```

```
[(Lit 2,[])]
[(Lit 2,[ADD,INT 3])]
[(Add (Lit 2) (Lit 3),[])]
```

[42]:
```
aexp [INT 1, ADD, INT 2]                         -- 1 + 2
aexp [INT 1, ADD, LP, INT 2, ADD, INT 3, RP] -- 1 + (2 + 3)
```

```
[(Add (Lit 1) (Lit 2),[])]
[(Add (Lit 1) (Add (Lit 2) (Lit 3)),[])]
```

[43]:
```
expr, expr0, expr1 :: Parser Tok Expr
expr = expr0 -- Expr에 대한 파서

-- EBNF로는 expr0 ::= { expr1 "+" } (expr1 | cexpr)
expr0 = many ( expr1        >>= \e ->
               sat (==ADD) >>= \_ ->
               return e              ) >>= \es ->
        (expr1 <|> cexpr)              >>= \e' ->
        return (foldl1 Add (es ++ [e']))

expr1 = lit <|> paren expr0

cexpr = sat (== KW "if")   >>= \_  -> expr0 >>= \e  ->
        sat (== KW "then") >>= \_  -> expr0 >>= \e1 ->
        sat (== KW "else") >>= \_  -> expr0 >>= \e0 ->
        return (If e e1 e0)
```

위의 expr은 정수 리터럴과 덧셈식만이 아니라 조건식까지 포함한 Expr를 문법분석하는 파서다. aexp의 경우와 마찬가지로 결합도에 따라 expr0와 expr1의 두 단계로 작성하였다. 조건식이 별도의 결합도 단계로 구분되는 것이 아니라 expr0에서 덧셈 기호들이 나타나고 가장 마지막에 (expr1 <|> cexpr)이 온다. 즉 expr1과는 별개이지만 동등한 레벨로 cexpr을 취급한다. 이와 같이 파서를 선언하면 아래의 하스켈 예시와 마찬가지로 FAC언어에서도 조건식이 덧셈의 오른쪽에 나타나는지 왼쪽에 나타나는지에 따라 적절히 분석된다.

[44]:
```
1 + if False then 1 else 0   -- 하스켈의 경우
1 +(if False then 1 else 0) -- 조건식 왼쪽에 오는 덧셈은 이렇게
```

```
1
1
```

[45]:
```
if True then 1 else 0 + error "?"   -- 하스켈의 경우 조건식 오른쪽
if True then 1 else(0 + error "?") -- else 다음에 오는 덧셈은 이렇게
```

```
1
1
```

[46]:
```
--    1 + if 10 then 20 else 30
expr [INT 1, ADD,
      KW "if", INT 10, KW "then", INT 20, KW "else", INT 30]
--    if 10 then 20 else 30 + 1
expr [KW "if", INT 10, KW "then", INT 20,
                        KW "else", INT 30, ADD, INT 1]
--  (if 10 then 20 else 30) + 1
expr [LP, KW "if", INT 10,KW "then", INT 20, KW "else", INT 30, RP,
      ADD, INT 1]
```

```
[(Add (Lit 1) (If (Lit 10) (Lit 20) (Lit 30)),[])]
[(If (Lit 10) (Lit 20) (Add (Lit 30) (Lit 1)),[])]
[(Add (If (Lit 10) (Lit 20) (Lit 30)) (Lit 1),[])]
```

연습문제

1. [25]번 셀의 nat :: Parser Char Int는 "12"나 "0"처럼 자연수(0 이상의 정수)를 나타내는 문자열은 처리할 수 있지만 "-123"처럼 음의 정수를 나타내는 문자열을 처리하지 못한다. "12"나 "0"처럼 자연수를 나타내는 문자열과 "-123"처럼 음의 정수를 나타내는 문자열을 모두 처리할 수 있는, 즉 십진수 정수를 나타내는 문자열을 처리하는 int :: Parser Char Int를 작성해 보라.
2. 다음 두 파서가 어떤 문자열에 대해 처리 결과가 달라지는지 실행 사례를 들고 어째서 그러한 차이점이 발생하는지도 설명해 보라.

    - (string "if" <|> string "then" <|> string "else" <|> ident)
    - (ident <|> string "if" <|> string "then" <|> string "else")

3. [30]번 셀의 Tok는 FAC언어(10장)의 어휘에 대한 토큰을 나타내는 데이터 타입이다. 맨 앞에도 공백문자들이 나타나는 것을 허용하면서 FAC언어를 나타내는 문자열을 토큰화하는 lexFAC :: Parser Char Tok 함수를 작성해 보라.
4. [38]번 셀의 Expr에 람다식의 세 요소(변수, 함수요약식, 함수적용식)를 추가하여 FAC언어의 문법을 모두 나타낼 수 있도록 수정한 다음 [43]번 셀의 파서도 그에 맞게 람다식의 세 요소도 처리할 수 있도록 수정해 보라.
5. lexFAC과 바로 위 문제에서 수정된 expr을 연결하여 문자열로 된 FAC언어의 소스코드를 요약문법으로 분석하는 parseFAC :: Parser Char Expr을 작성하라.

탐구과제

1. 우선순와의 결합성이 다른 연산자가 나타나는 산술식의 파서를 어떻게 작성해야 할지 생각해 보라. 좀더 구체적으로는, 덧셈(+)보다 강하게 결하는 곱셈(*), 그리고 그보다 더 강하게 결합하는 거듭제곱(^)의 세 연산자를 포함하는 산술식을 처리하는 파서를 이 장에서 배운 방식대로 작성해 보라. 단, 덧셈과 곱셈은 좌결합으로 거듭제곱은 우결합으로 처리하라.

2. 정규언어로 주석(comment) 제거를 포함한 어휘분석(lexing)이 가능하도록 설계된 언어는 겹쳐진 여러 줄 주석을 처리하지 못한다. 예컨대, C언어에서는 다음과 같이 주석을 작성하면 오류가 난다. "처리된 부분 */"까지만 주석으로 처리되기 때문이다.

```
/* 아래의 여러 줄 주석을
   한겹 더 여러 줄 주석으로 감싸려 하면
   /* 먼저 여러 줄 주석으로
      처리된 부분 */
   여기서부터는 주석으로 처리되지
   않아 어휘분석 오류가 발생한다 */
```

   정규언어로는 왜 이런 주석을 처리할 수 없는지 설명해 보라.

3. 대부분의 실제 프로그래밍 언어들은 문맥자유문법(CFG)만으로는 표현하기 불가능하거나 어려운 문법요소를 포함한다. C/C++의 경우에 어떠한 사례가 있는지 조사해 보라.

4. 이 장에서 소개한 아이디어를 기반으로 하는 Haskell의 Parsec 등의 파서 컴비네이터 라이브러리를 '내장형 특수목적언어' (embeeded Domain-Specific Language, eDSL)라고도 한다. 내장형 특수목적언어의 개념에 대해, 특히 일반적인 특수목적언어와 비교되는 특징을 중심으로, 알아보라. 참고로, 그냥 '특수목적언어'(DSL)라고 언급할 할 때는 일반적으로 내장형이 아닌 경우를 말하며, 내장형(embeded)이 아님을 강조하기 위해 독립적(stand-alone) 혹은 외장형(external) 특수목적언어라 부르기도 한다.

5. C와 함께 활용하는 lex과 yacc, Haskell과 함께 활용하는 alex와 happy를 비롯한 많은 렉서 생성기(lexer generator)와 파서 생성기(parser generator)들이 있다. 이런 렉서 생성기 및 파서 생성기와 이 장에서 다루는 파서 컴비네이터의 차이점과 장단점을 비교하며 알아보라. 참고로, 렉서 성생기나 파서 생성기는 독립적 혹은 외장형 특수목적언어에 대한 컴파일러로 볼 수 있다. 그러므로 조사하려는 렉서/파서 생성기와 파서 컴비네이터와 비교되는 장단점은 일반적으로 비슷한 문제에 접근하는 독립적 특수목적언어와 내장형 특수목적언어를 비교할 때 나타나곤 하는 장단점과도 일맥상통할 수 있다.

제 *12* 장

타입검사와 타입유추

이 장에서는 FAC언어(10장)에 단순타입을 추가한 FACT언어를 정의한다. 하지만, 단순타입 람다계산법(STLC)의 타입규칙을 따르면서 고정점 조합자를 작성할 수 없으므로 FACT언어에는 재귀함수를 표현하기 위한 별도의 문법 요소가 추가되어 있으며, 그에 따라 의미구조에도 재귀함수를 고려하는 규칙이 추가된다. 이렇게 타입이 추가된 언어의 문법규칙과 의미구조를 살펴본 다음, 논리학에서 모델이론과 증명이론의 개념이 프로그래밍어에서 의미구조와 타입규칙과 어떤 관련이 있는지 간단히 설명한다. 그리고는 FACT언어를 매개로 하여 타입검사와 타입유추의 개념을 알아본다.

[1]:
```
:opt no-lint
{-# LANGUAGE TypeSynonymInstances FlexibleInstances #-}
```

$$f, x \in \mathsf{Nm} \qquad n \in \mathbb{Z}$$

$$\tau \in \mathsf{Ty} ::= \mathbb{Z} \mid \tau_1 \to \tau_2$$

$$e \in \mathsf{Expr} ::= x \mid \lambda x{:}\tau.e \mid \mathbf{rec}\, f{:}\tau\,(\lambda x{:}\tau_2.e) \mid e_1\, e_2$$

$$\mid n \mid e_1 + e_2 \mid \mathbf{if}\ e\ \mathbf{then}\ e_1\ \mathbf{else}\ e_0$$

$$\mathsf{Env} = \mathsf{Nm} \xrightarrow{\text{fin}} \mathsf{Val} \qquad \rho \in \mathsf{Env} ::= \{x_1 \mapsto v_1, \ldots, x_n \mapsto v_n\}$$

$$\mathsf{Val} \subset (\mathsf{Expr} \times \mathsf{Env}) \cup \mathbb{Z} \qquad v \in \mathsf{Val} ::= \langle \lambda x{:}\tau.e, \rho \rangle \mid \langle \mathbf{rec}\, f{:}\tau\,(\lambda x{:}\tau_2.e), \rho \rangle \mid n$$

$$\cdot \Longmapsto \cdot \subset (\mathsf{Expr} \times \mathsf{Env}) \times \mathsf{Val}$$

$$\boxed{\langle e, \rho \rangle \Longmapsto v} \qquad \langle x, \rho \rangle \Longmapsto \rho(x)$$

$$\langle \lambda x{:}\tau.e, \rho \rangle \Longmapsto \langle \lambda x{:}\tau.e, \rho \rangle \qquad \langle \mathbf{rec}\, f{:}\tau\,(\lambda x{:}\tau_2.e), \rho \rangle \Longmapsto \langle \mathbf{rec}\, f{:}\tau\,(\lambda x{:}\tau_2.e), \rho \rangle$$

$$\frac{\begin{array}{l}\langle e_1, \rho \rangle \Longmapsto \langle \lambda x{:}\tau.e, \rho_1 \rangle \\ \langle e_2, \rho \rangle \Longmapsto v_2 \\ \langle e, \{x \mapsto v_2\}\rho_1 \rangle \Longmapsto v\end{array}}{\langle e_1\, e_2, \rho \rangle \Longmapsto v} \qquad \frac{\begin{array}{l}\langle e_1, \rho \rangle \Longmapsto \langle \mathbf{rec}\, f{:}\tau\,(\lambda x{:}\tau_2.e), \rho_1 \rangle \\ \langle e_2, \rho \rangle \Longmapsto v_2 \\ \langle e, \{x \mapsto v_2,\ f \mapsto \langle \mathbf{rec}\, f{:}\tau\,(\lambda x{:}\tau_2.e), \rho_1 \rangle\}\rho_1 \rangle \Longmapsto v\end{array}}{\langle e_1\, e_2, \rho \rangle \Longmapsto v}$$

$$\langle n, \rho \rangle \Longmapsto n \qquad \frac{\langle e_1, \rho \rangle \Longmapsto n_1 \quad \langle e_2, \rho \rangle \Longmapsto n_2}{\langle e_1 + e_2, \rho \rangle \Longmapsto n}(n \equiv n_1 + n_2)$$

$$\frac{\langle e, \rho \rangle \Longmapsto 0 \quad \langle e_0, \rho \rangle \Longmapsto n_0}{\langle \mathbf{if}\ e\ \mathbf{then}\ e_1\ \mathbf{else}\ e_0,\ \rho \rangle \Longmapsto n_0} \qquad \frac{\langle e, \rho \rangle \Longmapsto n \qquad \langle e_1, \rho \rangle \Longmapsto n_1}{\langle \mathbf{if}\ e\ \mathbf{then}\ e_1\ \mathbf{else}\ e_0,\ \rho \rangle \Longmapsto n_1}(n \neq 0)$$

〈그림 12.1〉 FACT 언어의 문법구조와 의미구조

12.1 단순타입과 재귀함수요약식이 추가된 FACT언어

FACT언어의 문법구조와 의미구조(그림 12.1)는 기본적으로 FAC언어의 문법구조와 의미구조(그림 10.1)를 거의 그대로 따르므로 차이점이 무엇인지에만 주목해 살펴보자. 참고로, FAC언어에는 없고 FACT에 추가된 내용을 그림 12.1에서 파란색으로 표시하고 있다.

문법구조에서 드러나는 두 가지 차이점은 다음과 같다. 첫째, STLC의 람다요약식($\lambda x{:}\tau.e$)과 같이 매개변수(x)의 타입(τ)을 명시한다. 둘째, 새로운 예약어 **rec**으로 시작하는 재귀함수요약식이 추가되었다. FACT언어에서 재귀함수요약식 $\mathbf{rec}\, f{:}\tau\, (\lambda x{:}\tau_2.e)$ 의미는 FAC언어에서 Z조합자(10.1절)를 활용한 $Z\,(\lambda f.(\lambda x.e))$에 해당한다. 직관적으로는 f가 그 자신을 포함한 재귀함수요약식 $\mathbf{rec}\, f{:}\tau\, (\lambda x{:}\tau_2.e)$을 대표한다고 이해할 수 있다. 즉, 함수 몸체(e)에서 재귀함수를 호출하려는 곳에 f를 활용하면 된다. 예컨대, 0부터 자연수 i까지 합을 구하는 재귀함수를 $\mathbf{rec}\ f{:}\mathbb{Z}{\to}\mathbb{Z}\ (\lambda i{:}\mathbb{Z}.\ \mathbf{if}\ i\ \mathbf{then}\ i + f\,(i + (-1))\ \mathbf{else}\ i)$로 작성한다.

의미구조에서는 람다요약식의 매개변수에 타입이 추가된 점을 제외하고는 사실상 기존의 의미규칙을 그대로 따르되, 재귀함수와 관련된 두 개의 의미규칙이 더 추가되었다. 첫째는 일반적인 함수요약식과 마찬가지로 재귀함수요약식도 더 이상 계산이 진행되지 않고 바로 클로저를 구성하여 값으로 취급하는 규칙이다. 둘째는 함수적용식($e_1\ e_2$)의 함수 부분(e_1)를 계산한 결과값이 재귀함수요약식의 클로저인 경우를 처리하는 규칙이다. 재귀함수요약식의 클로저를 적용할 때는 보통 함수요약식의 클로저를 적용할 때처럼 매개변수(x)를 인자 부분(e_2)의 결과값(v_2)에 대응($x{\mapsto}v_2$)시킬 뿐만 아니라, 재귀함수를 대표하는 이름(f) 또한 재귀함수요약식의 클로저에 대응($f{\mapsto}\langle \mathbf{rec}\, f{:}\tau\,(\lambda x{:}\tau_2.e), \rho_1\rangle$)시켜 확장된 환경 ($\{x{\mapsto}v_2, f{\mapsto}\langle\ldots\rangle\}\rho_1$)에서 함수 몸체($e$)를 계산한다.

매번 재귀함수 호출이 일어날 때마다 환경에 재귀함수요약식의 클로저를 추가하는 동작방식이 잘못된 의미를 나타내는 것은 아니지만 이를 곧이곧대로 구현하는 것은 비효율적이다. 그럼에도 이렇게 비효율적인 방식으로 재귀함수에 대한 의미규칙을 작성하기도 하는 이유가 있기는 하다. 환경이나 클로저 등의 계산과정을 표현하는 매개체가 되는 구조에 대한 재귀적 표현에 의존하지 않고서도 재귀함수의 동작을 정의하는 의미규칙을 작성할 수 있음을 보여주기 때문이다. 하지만, 구현에 있어서는 재귀함수요약식 $\mathbf{rec}\, f{:}\tau\,(\lambda x{:}\tau_2.e)$와 환경 ρ로 클로저를 만들 때부터 다음과 같이 자기 자신을 참조하는 바인딩을 환경에 포함하도록 클로저를 구성하는 것이 더 간편하다.

$$\langle \lambda x{:}\tau_2.e,\ \{f{\mapsto}\quad\}\rho\rangle$$

재귀함수요약식의 클로저를 이렇게 구성하면 그림 12.1에 정리된 의미구조에 비해 두 가지 측면에서 간소화된다. 값(Val)의 형태가 다시 두 종류로 단순해지며, 함수적용식(e_1 e_2)에 대한 의미규칙도 하나만 있으면 된다.

정리하면, 환경에서 자기 자신을 참조하는 클로저를 만드는 방식의 재귀함수 요약식에 대한 의미규칙을 아래와 같이 표현할 수 있다.

$$\langle \mathbf{rec}\, f{:}\tau\ (\lambda x{:}\tau_2.e), \rho \rangle \Longmapsto v \qquad \text{where} \qquad \begin{array}{l} v = \langle \lambda x{:}\tau_2.e, \rho' \rangle \\ \rho' = \{f \mapsto v\}\rho \end{array}$$

이 의미규칙 하나가 그림 12.1에 파란색으로 표시된 두 개의 재귀함수와 관련된 의미규칙을 대체한다.

12.2 FACT언어의 인터프리터

환경에서 자신을 참조하는 재귀적 클로저를 활용하여 간소화된 의미규칙에 따라 FACT언어의 인터프리터를 하스켈로 작성해 보자. 우선, 문법구조를 나타내는 타입(Ty)과 식(Expr) 그리고 의미구조를 표현하기 위한 값(Val)과 환경(Env)을 아래와 같이 선언한다.

[2]:
```
type Nm = String  -- 변수 이름은 문자열로
data Ty = Z | Arr Ty Ty  deriving (Eq,Ord)
data Expr = Var Nm                -- x
          | Lam Nm Ty Expr        -- (\x:t.e)
          | Rec Nm Ty Expr        -- rec f:t (\x:t2.e)
          | App Expr Expr         -- (e1 e2)
          | Lit Int               -- n
          | Add Expr Expr         -- e1 + e2
          | If Expr Expr Expr     -- if e then e1 else e0
          deriving (Eq, Ord)

data Val = Cl Expr Env | Vi Int  deriving (Eq,Ord)
type Env = [ (Nm, Val) ]
type TEnv = [ (Nm, Ty) ] -- 타입환경
```

[3]:

```haskell
instance Show Ty where
  showsPrec _ Z = showString "\\mathbb{Z}"
  showsPrec p (Arr t1 t2) = showParen (p > 1) $
      showsPrec p t1 . showString "{\\to}" . showsPrec p t2
instance Show Expr where -- LaTeX 소스코드 생성하는 Show 인스턴스 직접 선언
  showsPrec _ (Var x) = showString x
  showsPrec p (Lam x t e) = showParen (p > 1) $
      showString ("\\lambda "++x++"{:}"++show t++".") . showsPrec 1 e
  showsPrec p (Rec f t e) = showParen (p > 9) $
      showString ("\\textbf{rec}\\,"++f++"{:}") . showsPrec 0 t .
      showString "\\, " . showsPrec 2 e
  showsPrec p (App e1 e2) = showParen (p > 9) $
      showsPrec 9 e1 . showString "\\;" . showsPrec 10 e2
  showsPrec _ (Lit n) = shows n
  showsPrec p (Add e1 e2) = showParen (p > 6) $
      showsPrec 6 e1 . showString "+" . showsPrec 7 e2
  showsPrec p (If e e1 e0) = showParen (p > 2) $
      showString "\\textbf{if}\\;" . showsPrec 3 e .
      showString "\\;\\textbf{then}\\;" . showsPrec 3 e1 .
      showString "\\;\\textbf{else}\\;" . showsPrec 3 e0

import IHaskell.Display (latex)
dTeX e = display [latex $ "$"++show e++"$"]
instance IHaskellDisplay Expr  where display = dTeX
instance IHaskellDisplay Ty    where display = dTeX
```

[4]:

```haskell
idExpr = Lam "x" Z (Var "x")
ttExpr = Lam "x" Z (Lam "y" Z (Var "x"))
ffExpr = Lam "x" Z (Lam "y" Z (Var "y"))
-- 람다식, 산술식과, 조건식이 모두 활용된 예시 프로그램
If (Add (Lit 3) (Var "y"))
   ffExpr
   (App idExpr (Rec "f" (Arr Z (Arr Z Z)) ffExpr))
```

$\textbf{if}\; 3+y \;\textbf{then}\; (\lambda x{:}\mathbb{Z}.\lambda y{:}\mathbb{Z}.y) \;\textbf{else}\; (\lambda x{:}\mathbb{Z}.x)\; (\textbf{rec}\, f{:}\mathbb{Z}{\to}\mathbb{Z}{\to}\mathbb{Z}\, (\lambda x{:}\mathbb{Z}.\lambda y{:}\mathbb{Z}.y))$

[5]:
```
import Data.List (intercalate)
instance {-# OVERLAPS #-} Show Env where
    show env = "\\{"++ intercalate ",\\," (map show env) ++"\\}"
instance {-# OVERLAPS #-} Show TEnv where
    show tenv = "\\{"++ intercalate ",\\," (map show tenv) ++"\\}"
instance {-# OVERLAPS #-} Show (Nm,Val) where
    show (x,cl) = x++"{\\mapsto}"++show cl
instance {-# OVERLAPS #-} Show (Nm,Ty) where
    show (x,t) = x++"{\\mapsto}"++show t
instance Show Val where
    show (Cl e env) = "\\langle "++show e++","++show env++"\\rangle "
    show (Vi n) = " "++show n++" "
instance {-# OVERLAPS #-} IHaskellDisplay Env     where display = dTeX
instance {-# OVERLAPS #-} IHaskellDisplay TEnv    where display = dTeX
instance {-# OVERLAPS #-} IHaskellDisplay (Nm,Val) where display=dTeX
instance {-# OVERLAPS #-} IHaskellDisplay (Nm,Ty)  where display=dTeX
instance IHaskellDisplay Val                       where display = dTeX
```

[6]:
```
eval :: Env -> Expr -> Val  -- FACT언어의 인터프리터를 구현한 eval 함수
eval env (Var x) =
    case lookup x env of  Nothing -> error (x ++ " not defined")
                          Just v  -> v
eval env e@(Lam _ _ _) = Cl e env
eval env (Rec f t e@(Lam _ _ _)) = undefined -- 간소화된 의미규칙대로 작성
eval env (App e1 e2) =
    case v1 of  Cl (Lam x _ e) env1 -> eval ((x,v2):env1) e
                _     -> error (show v1++" not closure")
    where v1 = eval env e1
          v2 = eval env e2
eval _   (Lit n)     = Vi n
eval env (Add e1 e2) =
    case (v1, v2) of  (Vi n1, Vi n2) -> Vi (n1 + n2)
                      (Vi _ , _    ) -> error (show v2++" not int")
                      _              -> error (show v1++" not int")
    where v1 = eval env e1
          v2 = eval env e2
```

```
eval env (If e e1 e0) =
    case eval env e of  Vi 0 -> eval env e0
                        Vi _ -> eval env e1
                        _    -> error (show e++" not int")
```

FACT언어의 인터프리터 함수 eval을 위와 같이 같이 작성해 볼 수 있다. 재귀함수를 제외하면, 매개변수에 타입을 표기할 뿐이지 FAC언어와 실행 내용은 같다. 아래는 타입 표기만 추가된 10장과 마찬가지 테스트의 실행 사례다.

[7]:
```
e1 = Lam "x" Z . Lam "y" Z $ If (Var "x") (Var "x" `Add` Var "y")
                                          (Var "y" `Add` Var "y")
e2 = Lit 2
e3 = Lit 3

eval [] e1
eval [] e2
```

$\langle \lambda x{:}\mathbb{Z}.\lambda y{:}\mathbb{Z}.\textbf{if } x \textbf{ then } x+y \textbf{ else } y+y, \{\}\rangle$

2

[8]:
```
App e1 e2
eval [] (App e1 e2)
```

$(\lambda x{:}\mathbb{Z}.\lambda y{:}\mathbb{Z}.\textbf{if } x \textbf{ then } x+y \textbf{ else } y+y)\ 2$

$\langle \lambda y{:}\mathbb{Z}.\textbf{if } x \textbf{ then } x+y \textbf{ else } y+y, \{x \mapsto 2\}\rangle$

[9]:
```
App (App e1 e2) e3
eval [] (App (App e1 e2) e3)
```

$(\lambda x{:}\mathbb{Z}.\lambda y{:}\mathbb{Z}.\textbf{if } x \textbf{ then } x+y \textbf{ else } y+y)\ 2\ 3$

5

[10]:
```
App (App e1 (Lit 0)) e3
eval [] (App (App e1 (Lit 0)) e3)
```

$(\lambda x{:}\mathbb{Z}.\lambda y{:}\mathbb{Z}.\textbf{if } x \textbf{ then } x+y \textbf{ else } y+y)\ 0\ 3$

6

FACT언어에서는 0부터 주어진 자연수 *i*까지의 총합을 구하는 재귀함수를 아래와 같이 간단히 작성할 수 있다.

[11]:
```
e4 = Rec "f" (Arr Z Z) .
        Lam "i" Z $ If i (i `Add` App f (i `Add` Lit (-1))) i
    where f = Var "f"
          i = Var "i"
e4 -- rec f (\i.if i then i + f(i + -1) else i)
```

$\textbf{rec}\,f{:}\mathbb{Z}{\to}\mathbb{Z}\,(\lambda i{:}\mathbb{Z}.\textbf{if}\ i\ \textbf{then}\ i+f\ (i+-1)\ \textbf{else}\ i)$

그런데, 아직 eval함수에는 재귀함수요약식에 대한 내용이 작성되어 있지 않고 undefined로 남겨져 있다. 그래서 다음을 실행하면 에러가 난다.

[12]:
```
-- rec f (\i.if i then i + f(i + -1) else i) 100
eval [] (e4 `App` Lit 100) -- 100부터 0까지의 총합
```

```
Prelude.undefined
CallStack (from HasCallStack):
  error, called at libraries/base/GHC/Err.hs:79:14 in base:GHC.Err
  undefined, called at <interactive>:6:36 in interactive:Ghci110
```

연습문제로 재귀적인 구조의 클로저를 활용하는 간소화된 의미구조를 하스켈로 작성하여 인터프리터 함수 eval를 완성한 다음 아래와 같이 100까지의 합을 구하도록 위의 테스트를 다시 실행하여 예상대로 0부터 100까지의 합이 5050으로 정상적으로 계산되는지 확인해 보라.

12.3 타입규칙과 의미규칙의 관계

폴란드의 수학자/논리학자/철학자인 타르스키[48]가 자유변수가 포함된 형식언어의 의미를 어떻게 해석할 것인가에 대해 고민을 계기로 형식논리학에서 모델이론(model theory)이 발전하였다. 모델이론이 확립된 이후로는 명제(proposition) 혹은 논리 문장(logical sentence)의 의미(semantics)를 모델이론의 시각에서 설명하는 것이 보편화되었다. 그리고 기존의 공리와 추론규칙으로부터 정리

를 이끌어내는 증명이론(proof theory)과 모델이론을 관련지어 하나의 형식언어에 관한 증명이론과 모델이론에서 판단들 사이의 관계에서 성립하는 것이 바람직하게 여겨지는 중요한 성질인 안전성(soundness)이나 완전성(completeness)과 같은 개념은 프로그래밍언어의 타입을 다루는 이론에서도 활용되고 있다.

모델이론은 각 단어의 의미에 따라 일상의 문장을 해석하는 것처럼 논리문장의 개별 구성요소 각각의 의미로부터 전체 문장의 의미를 찾으므로 논리체계가 제공하는 형식언어 본연의 의미를 해석한다고 볼 수 있다. 예를 들면 참/거짓의 진리값을 대표하는 대상들을 논리연결사 혹은 논리연산으로 연결하여 논리적 문장을 구성하는 명제논리의 경우를 생각해 보자. n개의 이름(혹은 논리변수)를 포함하는 논리적 문장의 의미는 2^n개의 경우의 수를 따지는 진리표로 알아볼 수 있다. 예를 들여, $x_1 \wedge \neg x_2 \vee x_3$에 대한 진리표는 다음과 같다.

x_1	x_2	x_3	$x_1 \wedge \neg x_2 \vee x_3$
F	F	F	F
T	F	F	T
F	T	F	F
T	T	F	F
F	F	T	T
T	F	T	T
F	T	T	T
T	T	T	T

이런 진리표를 우리는 논리적 문장 혹은 명제의 자연스런 '의미'로 보통 받아들이고 있다. 한편, 논리적 문장의 모양새를 보고 진리표의 크기보다 더 적은 단계만에 논리적 문장을 판단할 수도 있는 '증명'이라는 방법도 우리는 알고 있다. 예컨대, $P \vee \neg P$의 형태이면 P가 아무리 복잡한 내용이라도 그 의미를 따로 분석할 필요 없이 (고전논리에서라면) 전체 문장을 참으로 판단해버릴 수 있다. 또한 $P \wedge \neg P$의 형태이면 전체 문장은 거짓이라고 판단해버릴 수 있다. 이렇듯, 모델이론에서 제시하는 원론적인 의미를 따라 문장을 이루는 모든 구성요소의 의미를 뜯어보지 않고도 문장의 모양새 혹은 구조적 특징에 따라 더 빠르게 판단할 수 있는 지름길을 제공하는 것이 증명의 역할이라 볼 수 있다. 이러한 증명을 위한 공리와 추론규칙 등을 정리한 것을 증명이론이라 부른다.

명제논리보다 복잡한 논리체계에서는 증명이론의 도움을 받지 않고서는 유한 시간 안에 판단을 하는 것조차 불가능한 경우도 많다. 자연수 및 그에 연산을

〈그림 12.2〉 1935년 오스트리아 빈에서 찍은 알프레드 타르스키(Alfred Tarski, 좌)와 쿠르트 괴델(Kurt Gödel, 우)의 사진. 유네스코 세계인문철학협의회(CIPSH)는 타르스키의 생일이자 괴델의 기일인 1월 14일을 세계 논리의 날(World Logic Day)로 기념하고 있다. (사진 출처: https://spel.org.pe/en/wld/ 원본: https://oac.cdlib.org/ark:/28722/bk0016t8g2w/)

대상으로 하는 술어논리의 경우가 대표적이다. 예컨대, 짝수 자연수는 무한히 많다는 것을 모델이론에만 입각해 하나하나 따져보는 방식으로 계속해서 조금 더 큰 자연수를 아무리 많이 검사해 보더라도 무한히 많은 자연수를 다 확인하는 것은 애초에 불가능하다. 이런 논리체계를 위해 설계된 증명이론의 수학적귀납법이라는 추론규칙으로 무한히 많은 자연수에 대한 많은 성질을 유한한 단계만에 판단하는 증명이 가능하다. 프로그래밍언어의 의미구조와 타입규칙도 이와 비슷한 관계에 있다. 프로그래밍언어로 작성한 함수를 정수에 적용했을 때 항상 정수가 나온다는 성질을 의미구조에 따라 아무리 많은 정수로 테스트해 보더라도, 애초에 정수가 무한하기 때문에, 모든 경우를 다 확인해 볼 수는 없다. 하지만 타입규칙에 따라 $\mathbb{Z} \to \mathbb{Z}$라는 타입의 함수임이 판단된다면, 그 함수를 어떤 정수에 적용하든 계산이 무한히 진행되는 경우가 아닌 한 계산되는 결과값은 언제나 정수라는 증명이 되는 셈이다. 좀더 구체적으로 모델이론과 증명이론의 관점을 프로그래밍언어의 의미구조와 타입규칙에 적용해 보자. $\mathcal{M};\rho \vdash P$는 의미구조에 해당하는 모델 $\mathcal{M}$에 따라 언어의 상수, 키워드, 연산자 등에 구조적으로 의미를 부여하고 환경 ρ에 따라 자유변수를 값으로 대응시켜 논리적 문장 P의 의미를

$$\Gamma \vdash x : \Gamma(x) \qquad \frac{x{:}\tau_2, \Gamma \vdash e : \tau}{\Gamma \vdash \lambda x{:}\tau_2.e : \tau_2 \to \tau} \qquad \frac{f{:}\tau_2{\to}\tau, \Gamma \vdash \lambda x{:}\tau_2.e : \tau_2 \to \tau}{\Gamma \vdash \textbf{rec}\, f{:}\tau_2{\to}\tau\, (\lambda x{:}\tau_2.e) : \tau_2 \to \tau}$$

$$\Gamma \vdash n : \mathbb{Z} \qquad \frac{\Gamma \vdash e_1 : \mathbb{Z} \quad \Gamma \vdash e_2 : \mathbb{Z}}{\Gamma \vdash e_1 + e_2 : \mathbb{Z}} \qquad \frac{\Gamma \vdash e_1 : \tau_2 \to \tau \quad \Gamma \vdash e_2 : \tau_2}{\Gamma \vdash e_1\; e_2 : \tau}$$

$$\frac{\Gamma \vdash e : \mathbb{Z} \quad \Gamma \vdash e_1 : \tau \quad \Gamma \vdash e_0 : \tau}{\Gamma \vdash \textbf{if}\; e\; \textbf{then}\; e_1\; \textbf{else}\; e_0 : \tau}$$

〈그림 12.3〉 FACT언어의 타입규칙

따져보면 참이라는 판단을 표현한 것이다.[1] 프로그래밍언어에 대한 논리적 문장 P는 $e \Longmapsto v$와 같은 형식으로 작성된다고 하자. 그렇다면 $\mathcal{M};\rho \models e \Longmapsto v$는 의미구조 M에 따라 환경 ρ를 참조하여 "e를 계산한 결과값은 v이다"라는 문장을 참으로 판단할 수 있다는 표현이다. 대략적으로, 큰걸음 의미구조 $\langle e,\sigma\rangle \Longmapsto v$를 모델이론의 관점으로는 $\mathcal{M};\rho \models e \Longmapsto v$로 표현한다.[2]

한편, 모델이론의 관점에서 표현한 의미구조 $\mathcal{M};\rho \models e \Longmapsto v$에 대응되는 타입을 판단하는 증명이론 관점의 표현을 $\mathcal{M}';\Gamma \vdash e : \tau$의 형태로 작성할 수 있다. 이 때, $\mathcal{M}'$는 의미구조를 반영하는 $\mathcal{M}$를 요약한 모델, 즉 요약된 의미구조 (5.2.2절)라고도 볼 수 있는 타입규칙(그림 12.3)을 반영하며, ρ와 Γ 그리고 v와 τ는 다음을 조건을 만족한다.

- $\rho(x') = v'$이면 $\Gamma(x') = \tau'$이고 $v' : \tau'$이다. (이를 간단히 $\rho : \Gamma$라고 쓰자.)
- $v : \tau$이다.

---

[1] 캐나다 워털루 대학의 CS245 Logic and Computation 과목의 예전 강의자료에 정리된 모델이론의 표기 형식을 참고하였다. https://cs.uwaterloo.ca/~plragde/cs245old

[2] 이는 물론 그야말로 대략적인 설명이다. 모델이론은 동작과정 의미구조보다는 지시적 의미구조과 관련짓는 것이 더 적절하기 때문이다. 여기서는 결정적 동작과정 의미구조로 규정되는 비교적 간단한 언어만을 고려한다고 가정하면 7.5절에서 산술식의 사례에서처럼 큰걸음 의미구조의 정의와 거의 비슷한 구조를 따르는 지시적 의미구조가 존재한다고 가정하고 정상종료하지 않는 계산의 경우는 일단 고려하지 않는 상황에서의 대략적인 비유에 가까운 설명이다. 참고로, 모델이론을 실용적으로 응용하는 모델검증과 같은 분야에서는 프로그램의 실행 과정을 프로세스로 보고 프로세스의 관찰가능한 행동 혹은 이벤트를 모델로 삼는 동적논리(dynamic logic)나 시제논리(temporal logic)라는 논리체계를 활용하기도 하는데, 더 자세한 내용은 이 책의 범위를 벗어나는 전문적인 주제이다.

이 때, $v : \tau$는 v가 정수 n의 형태일 때는 $\vdash n : \tau$를, v가 클로저 $\langle e', \rho' \rangle$형태일 때는 $\rho' : \Gamma'$인 Γ'를 활용한 타입 판단 $\Gamma \vdash e' : \tau$를 나타낸다. 즉, 환경 ρ에서 이름에 값을 대응시키는 대신 그 값을 요약한 타입에 대응시켜 요약한 타입환경이 Γ이며, e를 계산한 결과값 v를 요약한 타입이 τ라는 말이다. 의미구조와 타입규칙이 명확히 규정되어 있어 대응되는 모델 $\mathcal{M}$이나 $\mathcal{M}'$를 혼동할 여지가 없으면 생략하여 $\rho \models e \Longrightarrow v$나 $\Gamma \vdash e : \tau$라고 표기한다. 모델이론과 증명이론에서 유래한 $\models$ 및 $\vdash$ 표기를 바탕으로 타입 시스템의 안전성(soundness)과 완전성(completeness)이라는 개념(5.2.1절)을 간략하게 정리해 볼 수 있다.

타입 안전성 $\Gamma \vdash e : \tau$이면, $\rho : \Gamma$인 환경 ρ에서 $\rho \models e \Longrightarrow v$이고 $v : \tau$이거나 또는 환경 ρ에서 진행하는 e의 계산이 아예 종료되지 않는다.

타입 완전성 $\rho \models e \Longrightarrow v$이면, $\rho : \Gamma$인 타입환경 Γ에서 $\Gamma \vdash e : \tau$이고 $v : \tau$이다.

타입 안정성은 이상적인 정적 타입 언어가 추구하는 성질이다. 실제로 FACT 언어는 타입 안전하다. 하지만 더 복잡한 언어는 타입 안정성을 추구하되 예외적인 상황을 고려해야 하는 경우가 발생한다. FACT언어에 나눗셈 연산을 추가하면 어떻게 될지 생각해 보라. 나누는 수가 0인 오류를 타입 규칙으로 실행 전에 미리 모두 걸러내기는 쉽지 않기 때문에, 나누는 수가 0인 오류가 나는 경우를 제외하고 타입 안전하다는 식의 예외 조항을 달아 타입 안전성을 언급하곤 한다. 반면, 튜링완전한 정적 타입 범용언어는 애초부터 완전성을 만족하기는 일반적으로 불가능하다. 프로그래밍언어의 타입 시스템만이 아니라 원래 이런 개념이 나온 형식논리학에서도 일정 수준 이상의 기능을 포함한 무모순적 논리체계는 완전할 수 없음이 쿠르트 괴델의 불완전성 정리로 밝혀져 있다.

여기서는 타입 안전성의 증명을 논하기보다는 비정상 종료 사례를 살펴보자. 에러가 나던 10장의 예시에 상응하는 FACT 식도 마찬가지 에러가 난다.

[13]:
```
Var "x"   -- 자유변수 x
eval [] (Var "x")
```

x

```
x not defined
CallStack (from HasCallStack):
```

```
  error, called at <interactive>:3:35 in interactive:Ghci110
```

[14]:
```
Lit 3 `App` Lit 1  -- 3을 1에 함수처럼 적용
eval [] (Lit 3 `App` Lit 1)
```

3 1

```
 3  not closure
CallStack (from HasCallStack):
  error, called at <interactive>:9:37 in interactive:Ghci110
```

[15]:
```
Lit 3 `Add` (Lam "x" Z $ Var "x")  -- 3과 함수요약식의 덧셈
eval [] (Lit 3 `Add` (Lam "x" Z $ Var "x"))
```

$3 + (\lambda x{:}\mathbb{Z}.x)$

```
\langle \lambda x{:}\mathbb{Z}.x,\{\}\rangle  not int
CallStack (from HasCallStack):
  error, called at <interactive>:15:30 in interactive:Ghci110
```

위의 세 식에 대해서는 타입규칙을 만족하는 적절한 타입을 찾을 수 없다 (즉, 어떤 타입 τ에 대해서도 $\nvdash e : \tau$). 이러한 식을 실행해 보기 전에 타입규칙에 맞는 적절한 타입이 존재하는지 여부를 확인할 수만 있다면, 위와 같이 비정상 종료되는 모든 FACT언어의 식을 실행 전에 타입규칙에 의거해 걸러낼 수 있음을 타입 안전성이 보장한다.

FACT언어에서 타입 완전성의 반례로는 아래와 같은 조건식을 들 수 있다.

[16]:
```
If (Lit 0) (Lam "x" Z $ Var "x") (Lit 3)
eval [] (If (Lit 0) (Lam "x" Z $ Var "x") (Lit 3))
```

if 0 **then** $(\lambda x{:}\mathbb{Z}.x)$ **else** 3

3

분명히 3으로 정상 종료되지만 타입규칙에 맞는 적절한 타입을 찾을 수 없다. 왜냐하면 $\vdash (\lambda x{:}\mathbb{Z}.x) : \mathbb{Z} \to \mathbb{Z}$인 반면 $\vdash 3 : \mathbb{Z}$으로 참인 경우와 거짓인 경우에 해당하는 식의 타입이 $\mathbb{Z} \to \mathbb{Z}$와 $\mathbb{Z}$로 서로 다르기 때문이다. 그림 12.3의 조건식에

대한 타입규칙은 조건이 참과 거짓일 때의 두 식 e_1과 e_0의 타입이 τ로 같아야 한다는 전제조건 있으며, 이를 만족할 경우에만 전체 조건식에 알맞은 타입이 τ 라고 판단한다. 이렇듯 정상 종료되는 모든 식을 수용하지 못한다는 점에서 타입 규칙이 불완전하다고 말한다. 이론적 한계로 인해 정적 타입 언어가 타입 완전성을 추구할 수 없다고 해서 잘 돌아가는 프로그램을 무턱대고 거부하도록 설계하지는 않는다. 비록 완전하지는 못할지언정 프로그래머의 편의를 위해 안전성을 되도록 해지치 않으면서 더 많은 문제없이 잘 실행되는 프로그램을 허용하려 노력하며 설계한다. 앞서 8장에서 살펴본 다형성(polymorphsm)도 더 유연한 언어 설계를 위해 정적 타입 시스템에서 지원하는 대표적인 기능이다.

12.4 타입검사 함수 작성 시도

타입환경(Γ)에서 FACT언어의 식(e)이 특정 타입(τ)인지, 즉 $\Gamma \vdash e : \tau$인지 검사하는 함수 check을 타입규칙(그림 12.3)에 따라 하스켈로 작성하려 한다면 아래와 같이 시도해 볼 수 있을 것이다.

[17]:
```
check :: TEnv -> Expr -> Ty -> Bool
check tenv (Var x)      t  = lookup x tenv == Just t
check tenv (Lam x t2 e) (Arr t2' t)
                           = t2==t2' && check ((x,t2):tenv) e t
check tenv (Rec f t' e) t  = t == t' && check ((f,t'):tenv) e t
check tenv (App e1 e2)  t  = undefined -- 이 부분을 어떻게 작성할까?
check tevv (Lit _)      Z  = True
check tenv (Add e1 e2)  Z  = check tenv e1 Z && check tenv e2 Z
check tenv (If e e1 e0) t  = check tenv e Z && check tenv e1 t
                                           && check tenv e0 t
check _    _            _  = False
```

다른 부분을 작성하는 데는 크게 막힘이 없지만 undefined로 남겨놓은 함수 적용식(App e1 e2)을 어떻게 검사해야할지가 문제이다. 타입규칙(그림 12.3)에 따르면 e1의 타입은 함수 타입인 Arr t2 t이고 e2의 타입이 t2인지 검사하면 된다. 그러니까 undefined의 자리에 대략 다음과 같은 코드가 와야 할 것이다.

```
check tenv (App e1 e2)  t  = check tenv e1 (Arr t2 t) && check e2 t2
```

문제는 위 코드에서 e2의 타입인 t2가 정의되지 않은 하스켈 변수이므로 하스켈 컴파일러가 에러를 낸다는 점이다. t는 함수 파라메터로 주어져 있지만 t2는 하스켈 프로그램에서 정의되지 않은 자유변수이기 때문이다. 그러니까, e2의 타입에 해당하는 t2가 무엇인지 추측해서, 즉 타입유추로 구체적으로 어떤 타입인지 확정해야 타입검사를 제대로 진행할 수 있을 것이다. 이렇듯, 타입유추보다 더 간단한 듯 보였던 타입검사 함수를 작성하려고 시도해 보니 사실은 타입유추가 필요하다는 것을 알게 되었다.

가장 단순무식한 타입유추로는 가능한 모든 타입 $\mathbb{Z}$, $\mathbb{Z} \to \mathbb{Z}$, $\mathbb{Z} \to \mathbb{Z} \to \mathbb{Z}$, $(\mathbb{Z} \to \mathbb{Z}) \to \mathbb{Z}$, ...를 타입규칙에 맞는 타입이 나올 때까지 시도해 보는 방법을 생각해 볼 수 있다. 연습문제로 가능한 모든 타입(Ty)을 빠짐도 없고 중복도 없이 나열(enumerate)하는 무한한 하스켈 리스트를 정의해 보라. 이 단순무식하게 나열하는 타입유추 방식의 문제점은, 단지 알맞은 타입을 찾는 데 많은 시간이 걸릴 수 있어 비효율적일 뿐 아니라, 애초에 알맞은 타입이 없는 경우에는 (어떤 다른 기준으로 더 이상 시도하지 말라는 한계를 정해주지 않는다면) 무한히 많은 시도를 하느라 타입유추 프로그램이 종료되지 않는다는 점이다.

12.5 타입유추

타입환경 Γ와 FACT언어의 식 e가 주어졌을 때 $\Gamma \vdash e : \tau$를 만족하는 타입(τ)이 존재한다면 구체적으로 τ가 무엇인지 계산하여 이를 포함하는 리스트([τ])를 결과값으로, 존재하지 않는다면 빈 리스트([])를 결과값으로 항상 유한한 시간 안에 계산하는 타입유추 함수 infer를 작성하는 것이 가능하다. 연습문제로 FACT언어의 타입규칙(그림 12.3)에 충실하게 아래 infer 함수의 정의을 완성해 보라. 즉, 주어진 Γ와 e에 대해 다음 조건을 만족하도록 작성하라는 말이다.

- infer Γ e == [τ]이면 $\Gamma \vdash e : \tau$이며, 그 역도 성립한다.
- infer Γ e == []이면 $\Gamma \vdash e : \tau$인 τ는 존재하지 않으며, 그 역도 성립한다.

[18]:

```haskell
check tenv e t = infer tenv e == [t]  -- check는 infer로 간단히 정의 가능

infer :: TEnv -> Expr -> [Ty]  -- 적절한 타입이 존재하지 않으면 빈 리스트
infer tenv (Var x)       = case lookup x tenv of Just t  -> [t]
                                                  Nothing -> []
infer tenv (Lam x t2 e) = undefined
infer tenv (Rec f t e)  = undefined
infer tenv (App e1 e2)  = undefined
infer tevv (Lit _)       = [Z]
infer tenv (Add e1 e2)  = [Z | check tenv e1 Z, check tenv e2 Z]
infer tenv (If e e1 e0) = undefined
```

이런 조건에 맞게 작성된 infer 함수로 타입규칙에 맞는 타입이 존재하는지 확인된 경우를 즉 infer Γ e == [τ]인 경우, FACT언어의 타입 안전성에 따라 $\rho : \Gamma$를 만족하는 ρ로 eval ρ e를 계산하면 $v : \tau$인 결과값 v가 계산되던가 끝나지 않는 계산이 진행된다. 참고로, 이렇게 타입규칙에 맞는 타입이 존재하는 식을 "타입이 잘 맞는다"(well-typed)고 한다.

타입 안전성이 있으면 인터프리터를 더 효율적으로 작성할 수 있다. 타입이 잘 맞지 않는 식은 실행에 앞서 걸러내고 타입이 잘 맞는 식만 실행하는 FACT 언어의 인터프리터 ev는 아래와 같이 eval에 비해 간결하게 작성할 수 있으며 따져야 하는 경우의 수가 적으므로 그만큼 더 효율적으로 실행된다. [6]번 셀의 eval처럼 실행 오류가 날만한 상황인지 검사할 필요가 없다. 왜냐하면, 계산을 정상적으로 진행하기 위해 필요한 형태의 값이 부분식으로부터 (끝나지 않는 계산만 아니라면) 항상 제대로 계산됨을 타입 안전성이 보장하기 때문이다.

[19]:

```haskell
ev :: Env -> Expr -> Val  -- 타입이 잘 맞는 식만 실행한다고 가정
ev env (Var x) = v
   where Just v = lookup x env
ev env e@(Lam _ _ _) = Cl e env
ev env (Rec f t e@(Lam _ _ _)) = undefined -- eval의 경우와 같이
ev env (App e1 e2) = ev ((x,v2):env1) e
   where Cl (Lam x _ e) env1 = ev env e1
         v2                  = ev env e2
ev _   (Lit n)      = Vi n
```

```haskell
ev env (Add e1 e2) = Vi (n1 + n2)
    where Vi n1 = ev env e1
          Vi n2 = ev env e2
ev env (If e e1 e0) = if n/=0 then ev env e1
                               else ev env e0
    where Vi n = ev env e
```

타입이 잘 맞는 식인지 실행 전에 확인하는 기능을 포함하는, 닫힌식에 대한 인터프리터 eval'는 다음과 같이 infer과 ev를 활용해 정의할 수 있다.

[20]:
```haskell
eval' :: Expr -> [Val]  -- 타입 검사가 실패하면 빈 리스트
eval' e = [ev [] e | t <- infer [] e]
```

요점정리

- 정적 타입을 지원하는 튜링완전한 범용 언어를 설계하기 위해서는 반복이나 재귀를 표현하는 언어 요소를 별도로 제공해야 한다. 왜냐하면 타입없는 람다계산법(UTLC)에서는 표현 가능하던 고정점 조합자(fixpoint combinator)의 핵심적인 요소인 자기 자신에 대한 적용(self-application)에 알맞은 타입을 부여하기 어렵기 때문이다.
- FAC언어는 단순타입 람다계산법(STLC)을 기반으로 재귀함수요약식을 추가한 FACT언어의 의미구조를 정의의할 때, 함수요약식에 대한 클로저와 별도로 재귀함수요약식에 대한 클로저를 또 하나의 새로운 값(value)의 형태로 포함하도록 정의할 수 있다. 이렇게 정의하면 추론규칙은 재귀적일지언정 추론규칙이 다루는 대상은 순환적이지 않으므로 의미구조에 대한 이론적 분석에 유리하다.
- 구현의 효율성과 편의를 고려한 간소화된 FACT언어의 의미구조에서는 재귀함수요약식의 값을 일반적인 함수요약식에 대한 값인 클로저와 기본적으로 같은 구조이지만 환경에서 자기 자신의 클로저를 참조하는 순환적 구조의 클로저를 허용하는 방식으로 정의할 수도 있다. 간소화된 의미구조에서는 새로운 종류의 값의 형태를 별도로 고려할 필요도 없으며 재귀함수요약식만을 위한 별도의 추론규칙의 개수도 줄어든다.

- 타입규칙과 의미규칙의 관계는 형식논리학에서 형식논리의 증명이론과 모델이론의 관계에 해당한다고 볼 수 있다. 형식논리 문장(프로그램)의 성질을 판단하는 데 있어, 모델 이론(의미규칙)에 따라 일일이 실행해 보아서는 무한히 많은 경우를 고려해야 하므로 판단 불가능하거나 유한한 경우만 고려하여 판단 가능하더라도 이를 판단하는 데 너무나 많은 계산 비용이 들어 비효율적인 경우가 많으므로, 증명 이론(혹은 타입 시스템)에서는 문장(프로그램)의 모든 구성요소를 따져보지 않더라도 전체적인 모양새(혹은 구조적인 특징)를 살펴보고 유한한 단계만에 더 효율적으로 그런 성질의 판단이 가능한 지름길을 제공하려는 한다.
- 안전성(soundness)과 완전성(completeness)는 같은 형식논리에 대한 모델이론과 증명 이론의 관계에 대한 성질이다. 안전성이란 증명이론의 지름길로 참이라고 판한한 내용이 결코 모델이론의 판단에서 벗어나지 않는 성질이다. 반면, 완전성이란 모델이론에서 참이라고 판단하는 바를 모두 증명이론에서도 참이라고 판단 가능함을 뜻한다.
- 이상적인 정적 타입 언어는 타입 안전성를 추구하지만, 튜링완전한 정적 타입 언어는 타입 완전성(completeness)을 만족시키는 것이 불가능한 이론적 한계가 있다. (이 이론적 한계는 그 유명한 괴델의 불완전성 정리, 그리고 같은 문제를 튜링머신을 통해 기술한 정지 문제(halting problem)의 판단 불가능함과 맞닿아 있다.) 그렇다고 해서 잘 돌아가는 프로그램을 무턱대고 거부하게 프로그래밍언어를 설계하지는 않으며, 안전성을 해치지 않으면서 되도록 많은 정상적으로 실행되는 프로그램을 받아들이도록 유연한 타입 시스템을 설계하려고 노력한다.
- 단순타입 람다계산법(STLC)를 포함하는 FACT언어의 타입규칙에 따라 타입 검사 함수를 작성하려 시도 타입 적용 부분에서 막힌다. 왜냐하면 더 어려운 문제로 보이는 타입유추 기능이 필요하기 때문이다.
- 처치 방식(Curch-style) 단순타입 람다계산법을 기반으로 하는 FACT언어에서는 함수요약식의 파라메터마다 빠짐없이 그 타입을 표기하기 때문에, 값이 확정되지 않은 변수 이름의 타입이 무엇인지 모두 파악된다. 따라서 FACT언어에 대한 타입유추를 함수를 작성하는 것은 그리 어렵지 않다.

- 타입 안전성을 만족하면, 타입검사 혹은 타입유추가 성공한 알맞은 타입을 찾을 수 있는 프로그램이 비정상 종료되지 않음이 보장된다. 즉, $e : \tau$로 판단된 프로그램 e를 실제로 실행하면 정상적으로 종료되며 $v : \tau$인 값을 계산하거나 아니면 아예 끝나지 않는 계산이 진행된다.
- 타입 안전성을 만족하면 언어 구현(인터프리터 혹은 컴파일러)에서 프로그램의 부분식이 계산 결과가 기대하는 형태가 아니라서 (즉, 기대하는 타입의 값이 아니라서) 비정상 종료될지 걱정하며 검사할 필요가 없어지므로 구현이 간소화되며, 기대하는 형태가 아닌지 맞는지 따져야 할 경우의 수가 적어지므로 더 효율적으로 프로그램을 실행할 수 있다.

연습문제

1. [5]번 셀의 eval 함수에서 undefined로 남겨놓은 부분을 완성한 다음 (이후에 [19]번의 ev 함수에도 같은 내용 작성), [12]번 셀의 테스트를 다시 실행해 정상적인 결과가 나오는지 확인해 보라.
2. [13]-[15]번 셀의 오류가 나는 FACT언어의 식들에 대해 타입규칙에 따라 적절한 타입을 찾을 수 없는 이유를 타입규칙에 의거해 각각 설명해 보라.
3. 모든 타입(Ty)을 빠짐 없고 중복 없이 나열(enummerate)하는 하스켈 리스트를 작성하라. (힌트: 1개의 $\mathbb{Z}$로 만들어지는 타입, 2개의 $\mathbb{Z}$로 만들어지는 타입, 3개의 $\mathbb{Z}$로 만들어지는 타입, ... 과 같은 순서로 리스트를 계속해서 만들어 나가는 방법으로 접근해 보라.)
4. [18]번 셀의 infer 함수를 FACT언어의 타입규칙에 따라 작성하라.
5. 작성된 함수 infer를 [13]-[16]번 셀의 식에 적용하면 어떤 결과가 나오는지 확인해 보라.
6. infer로 0부터 주어진 자연수까지 합을 구하는 함수인 [11]번 셀의 e4의 타입이 무엇인지 알아보라.
7. infer로 타입을 찾을 수는 있지만 eval로 실행해 보면 계산이 끝나지 않는 사례를 찾아보라.

8. 주어진 환경 ρ에 대해 $\rho : \Gamma$를 만족하는 타입환경 Γ를 계산하는 하스켈 함수 `env2tenv :: Env -> TEnv`를 작성하라. (힌트: 필요하다면 `infer` 활용)
9. `[20]`번 셀의 `eval'`로 이번 장에서 다룬 타입이 잘 맞지 않는 식과 맞는 식을 포함한 여러 가지 예시를 실행해 보라.

탐구과제

1. C와 같은 언어들에서는 12.4절에서 `check`에 해당하는 내용의 프로그램을 작성하더라도 함수 적용(혹은 함수 호출)의 타입을 검사하는 부분에서 FACT언어의 경우와 같은 문제가 발생하지 않는다. 어째서 그런지 알아보고 FACT언어와 어떤 차이 때문에 그렇게 되는지 설명해 보라.
2. `infer`과 `eval'`이 빈 리스트가 아니라 `eval`처럼 에러 메시지를 내기 위해서는 어떻게 하스켈 코드를 수정해야 할지 생각해 보라. 또한 `eval`처럼 비정상 종료 `error` 함수가 아닌 정상 종료되지만 타입유추가 성공한 경우와 구분되는 에러 메시지를 결과값으로 내려면 어떻게 해야 할지도 알아보라.

제 13 장

타입유추, 더 많이

앞서 12장에서 살펴본 FACT언어의 문법구조(12.1)에서는 함수요약식과 재귀함수요약식에서 유효범위에 묶이는 이름의 타입이 무엇인지 항상 표기해야 한다. 이렇듯 함수 파라메터를 비롯한 새로운 이름이 유효범위에 묶일 때마다 타입 정보를 프로그래머가 제공하도록 강제하는 언어에서 타입유추를 통해 알아내는 주요한 정보는 바로 함수가 계산하는 결과값의 타입이다. 그런데, 우리가 이 책으로 프로그래밍언어 이론를 배우며 실습용으로 활용하는 하스켈의 경우에는 람다식이나 한수 선언을 할 때 힘수 파라베너에 타입을 표기하지 않아도 많은 경우 타입유추가 가능하다는 것을 직접 경험했을 것이다. 이번 장에서는 FACT언어를 사용하는 프로그래머가 타입 정보를 덜 제공하더라도 타입을 자동으로 알아낼 수 있도록 더 많은 타입유추 기능을 추가해 보자.

[1]:
```
:opt no-lint
{-# LANGUAGE TypeSynonymInstances FlexibleInstances #-}
```

13.1 FACT언어에서 타입 표기의 생략 허용

앞서 12장에서 살펴본 FACT언어의 문법구조(12.1)에서는 함수요약식과 재귀함수요약식에서 유효범위에 묶이는 이름의 타입이 무엇인지 항상 나타난다. 우선, 함수요약식과 재귀함수요약식에서 타입 정보가 생략된 경우를 허용하도록, 즉 $\lambda x.e$나 $\mathbf{rec}\, f\, (\lambda \cdots)$와 같은 형태도 허용하도록, 지난 12장에서 FACT언어의 문법구조를 표현하던 `Expr`을 아래와 같이 약간 수정하였다. 수정된 부분은 `Lam`과 `Rec`의 선언 부분에서 기존의 `Ty` 대신 나타나는 `Maybe Ty`다. (새로 추가된 **let**식은 13.4절에서 다룰 예정이며, 일단은 없는 것으로 생각하자.)

[2]:
```
type Nm = String  -- 변수 이름은 문자열로

data Ty = Z | Arr Ty Ty  deriving (Eq,Ord)

data Expr = Var Nm                          -- x
          | Lam Nm (Maybe Ty) Expr          -- (\x:t.e)
          | Rec Nm (Maybe Ty) Expr          -- rec f:t (\x:t2.e)
          | App Expr Expr                   -- (e1 e2)
          | Lit Int                         -- n
          | Add Expr Expr                   -- e1 + e2
          | If Expr Expr Expr               -- if e then e1 else e0
          | Let Nm (Maybe Ty) Expr Expr -- let x:t = e2 in e
          deriving (Eq, Ord)

data Val = Cl Expr Env | Vi Int  deriving (Eq,Ord)
type Env = [ (Nm, Val) ]
type TEnv = [ (Nm, Ty) ]
```

[3]:
```
instance Show Ty where
  showsPrec _ Z = showString "\\mathbb{Z}"
  showsPrec p (Arr t1 t2) = showParen (p > 1) $
      showsPrec p t1 . showString "{\\to}" . showsPrec p t2
instance Show Expr where -- LaTeX 소스코드 생성하는 Show 인스턴스 직접 선언
  showsPrec _ (Var x) = showString x
```

```
  showsPrec p (Lam x mt e) = showParen (p > 1) $
      showString ("\\lambda "++x) . showsMT mt .
      showString "." . showsPrec 1 e
  showsPrec p (Rec f mt e) = showParen (p > 9) $
      showString ("\\textbf{rec}\\,"++f) . showsMT mt .
      showString "\\, " . showsPrec 2 e
  showsPrec p (App e1 e2) = showParen (p > 9) $
      showsPrec 9 e1 . showString "\\;" . showsPrec 10 e2
  showsPrec _ (Lit n) = shows n
  showsPrec p (Add e1 e2) = showParen (p > 6) $
      showsPrec 6 e1 . showString "+" . showsPrec 7 e2
  showsPrec p (If e e1 e0) = showParen (p > 2) $
      showString "\\textbf{if}\\;" . showsPrec 3 e .
      showString "\\;\\textbf{then}\\;" . showsPrec 3 e1 .
      showString "\\;\\textbf{else}\\;" . showsPrec 3 e0
  showsPrec p (Let x mt e2 e) = showParen (p > 2) $
      showString("\\textbf{let}\\,"++x) . showsMT mt .
      showString " = " . showsPrec 3 c .
      showString "\\,\\textbf{in}\\," . showsPrec 3 e2

showsMT (Just t) = showString "{:}" . showsPrec 0 t
showsMT Nothing  = id

import IHaskell.Display (latex)
dTeX e = display [latex $ "$"++show e++"$"]
instance IHaskellDisplay Expr where display = dTeX
instance IHaskellDisplay Ty   where display = dTeX
```

[4]:

```
idExpr = Lam "x" Nothing (Var "x")
ttExpr = Lam "x" (Just Z) (Lam "y" (Just Z) (Var "x"))
ffExpr = Lam "x" (Just Z) (Lam "y" (Just Z) (Var "y"))
-- 일부 이름 바인딩에 타입 표기가 생략된 예시 프로그램
If (Add (Lit 3) (Var "y"))  ffExpr
                            (App idExpr (Rec "f" Nothing ffExpr))
```

$\textbf{if}\; 3+y \;\textbf{then}\; (\lambda x{:}\mathbb{Z}.\lambda y{:}\mathbb{Z}.y) \;\textbf{else}\; (\lambda x.x)\; (\textbf{rec}\, f\, (\lambda x{:}\mathbb{Z}.\lambda y{:}\mathbb{Z}.y))$

[5]:
```haskell
import Data.List (intercalate)
instance {-# OVERLAPS #-} Show Env where
    show env = "\\{"++ intercalate ",\\," (map show env) ++"\\}"
instance {-# OVERLAPS #-} Show TEnv where
    show tenv = "\\{"++ intercalate ",\\," (map show tenv) ++"\\}"
instance {-# OVERLAPS #-} Show (Nm,Val) where
    show (x,v) = x++"{\\mapsto}"++show v
instance {-# OVERLAPS #-} Show (Nm,Ty) where
    show (x,t) = x++"{\\mapsto}"++show t
instance Show Val where
    show (Cl e env) = "\\langle "++show e++","++show env++"\\rangle "
    show (Vi n) = " "++show n++" "
instance {-# OVERLAPS #-} IHaskellDisplay Env     where display = dTeX
instance {-# OVERLAPS #-} IHaskellDisplay TEnv    where display = dTeX
instance {-# OVERLAPS #-} IHaskellDisplay (Nm,Val) where display=dTeX
instance {-# OVERLAPS #-} IHaskellDisplay (Nm,Ty)  where display=dTeX
instance IHaskellDisplay Val                       where display = dTeX
```

타입검사 함수 check와 타입유추 함수 infer는 기존의 내용을 사실상 그대로 재사용할 것이다. 타입 표기가 전혀 생략되지 않은 식, 즉 Nothing이 하나도 나타나지 않는 식에 대해서만 check의 결과가 참(True)이 될 수 있으며 infer의 결과도 비어있지 않고 유추된 타입이 들어있는 리스트([τ])가 될 수 있다.

[6]:
```haskell
check tenv e t = infer tenv e == [t]  -- check는 infer로 간단히 정의 가능

infer :: TEnv -> Expr -> [Ty]  -- 적절한 타입이 존재하지 않으면 빈 리스트
infer tenv (Var x)         = case lookup x tenv of Just t  -> [t]
                                                   Nothing -> []
infer tenv (Lam x (Just t2) e) = undefined
infer tenv (Lam x Nothing   e) = []  -- 생략된 타입 표기가 있으면 실패
infer tenv (Rec f (Just t) e)  = undefined
infer tenv (Rec f Nothing  e)  = []  -- 생략된 타입 표기가 있으면 실패
infer tenv (App e1 e2)     = undefined
infer tevv (Lit _)         = [Z]
infer tenv (Add e1 e2)     = [Z | check tenv e1 Z, check tenv e2 Z]
infer tenv (If e e1 e0) = undefined
```

12장에서와 마찬가지 내용으로 위의 infer와 아래의 ev 함수에서 undefined로 처리된 부분을 작성하면 된다.

인터프리터 함수 ev 및 eval'도 기존의 내용을 그대로 재사용한다. 아래의 인터프리터 함수 ev는 타입유추가 성공한 경우, 즉 infer의 결과가 빈 리스트가 아닌 경우에만 실행한다고 가정한다.

[7]:
```
ev :: Env -> Expr -> Val  -- infer가 성공한 경우에만 실행함을 가정
ev env (Var x) = v    where Just v = lookup x env
ev env e@(Lam _ _ _) = Cl e env
ev env (Rec f t e@(Lam _ _ _)) = undefined -- 적절히 작성
ev env (App e1 e2) = ev ((x,v2):env1) e
    where Cl (Lam x _ e) env1 = ev env e1
          v2                  = ev env e2
ev _   (Lit n)      = Vi n
ev env (Add e1 e2) = Vi (n1 + n2)  where Vi n1 = ev env e1
                                         Vi n2 = ev env e2
ev env (If e e1 e0) = if n/=0 then ev env e1 else ev env e0
    where Vi n = ev env e
```

[8]:
```
-- infer에 성공한 닫힌식에 대한 인터프리터
eval' e = [ev [] e | t <- infer [] e]
```

[9]:
```
e4 = Rec "f" (Just $ Arr Z Z) .
         Lam "i" (Just Z) $ If i (i `Add` App f (i `Add` Lit (-1))) i
    where f = Var "f"
          i = Var "i"
e4 -- rec f:Z->Z (\i:Z.if i t hen i + f(i + -1) else i)
```

$\mathbf{rec}\ f{:}\mathbb{Z}\to\mathbb{Z}\ (\lambda i{:}\mathbb{Z}.\mathbf{if}\ i\ \mathbf{then}\ i+f\ (i+-1)\ \mathbf{else}\ i)$

0부터 주어진 자연수 i까지의 총합을 구하는 재귀함수 e4를 위와 같이 작성하여 다음과 같이 실행해 보자. infer와 ev함수의 undefined 부분을 잘 채워넣었다면 아래에 보이는 에러 없이 정상적으로 0부터 100까지의 합 5050이 계산될 것이다.

[10]:
```
-- rec f:Z->Z (\i:Z.if i t hen i + f(i + -1) else i)
eval' (e4 `App` Lit 100) -- 100부터 0까지의 총합
```

```
Prelude.undefined
CallStack (from HasCallStack):
  error, called at libraries/base/GHC/Err.hs:79:14 in base:GHC.Err
  undefined, called at <interactive>:9:27 in interactive:Ghci110
```

13.2 함수요약식 파라메터의 생략된 타입 표기 복원

타입 표기가 생략된 함수요약식이 $(\lambda x.e)\ e_2$와 같이 함수적용식의 함수 위치에 있을 때 인자식 e_2의 타입유추가 가능하면 생략된 타입 표기를 복원할 수 있다. 즉, $e_2 : \tau_2$로 유추된다면 $(\lambda x{:}\tau_2.e)\ e_2$로 복원할 수 있다는 말이다. 조금 더 일반적으로는, 연달아 겹쳐진 람다요약식이 와 같이 연쇄적인 함수적용식의 첫머리에 있을 때, 각 인자식의 타입이 $e_{21} : \tau_{21}$, $e_{22} : \tau_{22}$, $\cdots$, $e_{2k} : \tau_{2k}$로 유추된다면, $(\lambda x_1{:}\tau_{21}.\lambda x_{22}{:}\tau_{22}.\ldots.\lambda x_{2k}{:}\tau_{2k}.e)\ e_{21}\ e_{22}\ \cdots\ e_{2k}$로 각 파라메터의 타입 표기를 복원할 수 있다. 이러한 생략된 타입 표기의 복원 과정을 '타입복원'이라 부르자.

이 장에서 취하는 전략은 타입복원을 통해 타입유추의 기능을 확장하려 하는 것이다. 타입복원(recon)으로 생략된 타입 표기를 모두 복원할 수 있다면 기존의 타입유추(infer)를 적용하면 된다. 가장 단순하게 전체 식이 $(\lambda x.e)\ e_2$의 형태인 경우에만 타입을 복원하는 함수 recon은 아래처럼 작성할 수 있다. 이 함수의 타입복원 기능을 개선하는 것이 이번 장의 연습문제들로 구성되어 있다.

[11]:
```
recon :: TEnv -> Expr -> [Expr]  -- 복원하지 못하면 빈 리스트
recon tenv (App (Lam x Nothing e) e2) =
        [ App (Lam x (Just t2) e) e2 | t2 <- infer tenv e2 ]
recon _    _ = []
```

[12]:
```
e1 = Lam "x" Nothing . Lam "x'" Nothing $ Var "x" `Add` Var "x'"
e2 = Lit 2 `Add` Var "y"   -- y는 자유변수!!!
App e1 e2
```

$(\lambda x.\lambda x'.x + x')\ (2 + y)$

[13]:
```
recon [("y",Z)] (App e1 e2) -- 첫 파라메터 x의 타입 표기 복원
```

$(\lambda x{:}\mathbb{Z}.\lambda x'.x + x')\ (2 + y)$

가장 단순하게 작성한 recon 함수로는 위와 같이 첫 파라메터 x의 타입 표기는 복원된다. 하지만 아래와 같이 추가로 파라메터를 하나 더 제공하여 연쇄적인 함수적용식을 구성하면 타입 복원에 실패한다.

[14]:
```
e2' = Lit 3
App (App e1 e2) e2'
```

$(\lambda x.\lambda x'.x + x')\ (2 + y)\ 3$

[15]:
```
recon [("y",Z)] (App (App e1 e2) e2') -- 복원실패 (빈 리스트 display X)
```

함수 recon으로 App e1 e2에 대해서는 타입복원에 성공했는데 App (App e1 e2) e2'에 대해서는 x'는 물론이고 x의 타입 표기 복원조차 못하고 실패하는 이유를 생각해 보고, 연습문제에 지시된 내용에 따라 recon 함수를 개선해 나가 보라.

다음 예시처럼 함수 인자 부분인 e5에도 복원가능한 생략된 타입 표기가 있을 경우까지 고려하여, e5를 타입유추(infer)가 가능한 형태로 타입복원하여 전체 App e1 e5의 타입복원을 진행하는 기능까지 포함하도록 recon 함수를 단계적으로 개선하는 것도 연습문제이다.

[16]:
```
e5 = Lam "z" Nothing (Var "z") `App` Lit 5
App e1 e5
```

$(\lambda x.\lambda x'.x + x')\ ((\lambda z.z)\ 5)$

[17]:
```
-- 현재 infer에서 undefined로 남겨진 부분에서 에러가 나는데 infer를 어느 정도
recon [("y",Z)] (App e1 e5) -- 제대로 작성해도 빈 리스트로 실패할 수도 있음
```

```
Prelude.undefined
CallStack (from HasCallStack):
  error, called at libraries/base/GHC/Err.hs:79:14 in base:GHC.Err
  undefined, called at <interactive>:9:27 in interactive:Ghci110
```

[18]:
```
recon [("y",Z)] e5 -- e5는 현재 recon 함수로도 타입복원 가능
```

$(\lambda z{:}\mathbb{Z}.z)\ 5$

[19]:
```
-- 현재 infer에서 undefiend로 남겨진 부분에서 에러가 나는데
-- infer를 제대로 작성하면 x에 대한 타입 표기 복원에 성공할 것임
[ recon [("y",Z)] (App e1 e5') | e5' <- recon [("y",Z)] e5 ]
```

```
Prelude.undefined
CallStack (from HasCallStack):
  error, called at libraries/base/GHC/Err.hs:79:14 in base:GHC.Err
  undefined, called at <interactive>:9:27 in interactive:Ghci110
```

13.3 재귀함수요약식에 대한 타입복원

지금 이 장에서 다루는 타입복원의 방식으로는, **rec** $f\ (\lambda x{:}\tau_2.e)$와 같이 재귀함수 자신을 나타내는 f의 생략된 타입 표기를 일반적으로 복원하기 어렵다. 함수 파라메터 x의 타입 표기가 생략되지 않은 경우라도 말이다. 이렇게 f의 타입 표기가 생략된 경우까지도 처리할 수 있는 타입유추 방식에 대해서는 이후 14장에서 별도로 다루기로 한다.

이번 장의 recon 함수에는 **rec** $f{:}\tau_2{\to}\tau\ (\lambda x.e)$처럼 재귀함수 자신을 나타내는 f의 타입 표기가 생략되지 않은 경우에만 생략된 함수 파라메터 x의 타입을 τ_2로 복원하여 **rec** $f{:}\tau_2{\to}\tau\ (\lambda x{:}\tau_2.e)$로 결과를 계산하는 간단한 타입복원 기능만 구현하기로 하자.

13.4 지역변수를 선언하는 let식을 문법설탕으로 이해하기

문법설탕(syntactic sugar)이란 문법설탕을 제외한 기본이 되는 핵심 문법구조만으로도 별다른 어려움 없이 잘 작성할 수 있지만, 자주 활용되는 특정 유형의 프로그램 작성 방식에 고유한 문법을 새롭게 부여함으로써, 코드의 가독성을 높이는 등 프로그래머에게 편의를 제공할 뿐인 비핵심적인 문법을 말한다. 이

런 문법설탕에 대해서는 직접 의미를 부여하지 않아도 된다. 문법설탕을 녹여서 (desugar) 핵심 문법구조만으로 나타낸 다음 그 의미를 해석해도 되기 때문이다.

문법설탕의 사례로는 명령형 언어(imperative language)에서 흔히 제공되는 여러 종류의 반복문을 들 수 있다. 구체적으로 C언어를 예로 들자면, 다른 종류의 반복문을 가장 단순한 형태의 반복문인 `while`문으로 별다른 어려움 없이 대체할 수 있다. `for(C1; C2; C3) B`라는 형태의 `B`라는 코드 블럭을 반복하는 `for`문은 `C1; while(C2) { B; C3; }`로 바꿔써도 똑같은 의미다. `for`문이 제공되는 이유는 `while`문으로는 작성하기 불가능하거나 매우 어려운 프로그램을 `for`문으로 쉽게 작성할 수 있기 때문이 아니다. 대단히 큰 차이는 아닐지라도, 반복문 진입 때 한 번 실행하는 문장(`C1`)과 매회 반복 때마다 항상 같은 문장(`C3`)을 반복되는 코드 블럭의 끝에서 실행하는 형태의 상당히 자주 작성되곤 하는 반복문의 활용 유형을 별도의 문법으로 표현하여 가독성을 높이는 등 프로그래머에게 편의를 제공할 따름이다. 그러므로, `for`문이나 `do-while`문 등 다른 종류의 반복문은 `while`문의 문법설탕으로 이해할 수 있다.

대부분의 프로그래밍언어에서는 함수 파라메터 외에도 함수 내부 혹은 더 작은 유효범위 안에서만 사용할 지역변수를 추가로 선언하는 기능이 제공된다. 그런데, 람다계산법을 핵심 요소로 하는 함수형 언어에서는 지역변수 선언도 문법설탕으로 이해할 수 있다. $\mathbf{let}\ x{:}\tau = e_2\ \mathbf{in}\ e$는 유효범위를 식 e로 하는 타입이 τ인 지역변수 x를 선언하여 활용하는 형태의 식이라고 하자. 이런 **let**식의 의미를 따져 보면, 함수요약식이 함수 위치에 오는 함수적용식 $(\lambda x{:}\tau.\,e)\,e_2$의 의미와 정확히 같음을 알 수 있다. 즉, $\mathbf{let}\ x{:}\tau = e_2\ \mathbf{in}\ e$는 $(\lambda x{:}\tau.\,e)\,e_2$로 설탕을 녹여(`desugar`) 낼 수 있는 문법설탕으로 이해할 수 있다. 참고로, $(\lambda x.\,e)\,e_2$에 대한 타입복원이 가능하므로 지역변수의 타입 표기가 생략된 $\mathbf{let}\ x = e_2\ \mathbf{in}\ e$에 대한 타입복원도 가능하다. 연습문제로 FACT언어의 식에 포함된 **let**식을 모두 녹여내는 `desugar` 함수를 작성하라. **let**식이 포함된 프로그램을 `desugar`로 처리하고 나면, **let**식을 고려하지 않고 작성된 `infer`나 `ev` 등의 함수를 그대로 활용할 수 있다.

[20]:
```
desugar :: Expr -> Expr   -- 문법설탕이 포함되지 않았으면 원래 식 그대로
desugar _ = undefined   -- 적절히 여러 개의 등식으로 나누어 작성하라
```

요점정리

- 기존에 FACT언어에 없었던 문법요소인 초기화 식(e_2)을 포함한 지역변수 (x)를 선언하는 식인 **let** $x{:}\tau = e_2$ **in** e의 의미를 함수요약식이 함수 위치에 오는 특별한 형태의 함수적용식 $(\lambda x{:}\tau.e)\ e_2$와 같은 의미라고 이해할 수 있다. 이렇듯 새로운 문법요소를 추가하려 할 때 기존의 핵심적인 문법요소로 환원하여 이해할 수 있는 경우, 이런 비핵심적인 추가적 문법요소를 문법설탕(syntactic sugar)이라고 부른다.
- 지역변수(x)를 초기화하는 식(e_2)의 타입을 유추할 수 있다면 **let** $x = e_2$ **in** e와 같이 지역변수의 타입 표기를 생략하더라도 그 타입 표기를 복원할 수 있다.
- 문법설탕을 녹여낸 핵심적인 문법을 기준으로 말하자면 $(\lambda x.e)\ e_2$라는 식에서 $e_2 : \tau$라고 유추할 수 있다면 $(\lambda x{:}\tau.e)\ e_2$로 타입복원을 할 수 있다는 말이다.
- 타입복원이라는 과정을 타입유추에 앞서 수행함으로써, 타입 표기가 전혀 생략되지 않는 상태에서 이루어지는 기존의 타입유추 과정을 사실상 그대로 재사용하면서도 프로그래머로부터 타입 정보를 덜 제공받은 프로그램에서도 타입유추가 가능해졌다.

연습문제

1. 전체 식 뿐만 아니라 부분식에 $(\lambda x.e)\ e_2$의 형태가 나타나는 경우에도 x의 타입 표기를 복원할 수 있도록 `[11]`번 셀의 `recon` 함수를 개선해 보라. 함수가 제대로 개선되었는지 `[15]`번 셀의 실행 결과가 실패가 아니라 첫 파라메터(x)의 타입 표기를 복원해 내는지 확인해 보라. 또한, 개선된 `recon` 함수로 덧셈식, 조건식, 함수요약식, 재귀함수요약식과 같은 다른 종류의 식에 포함된 부분식에서도 타입복원이 잘 되는지 테스트해 보라.

2. $(\lambda x_1.\lambda x_{22}.\ldots.\lambda x_{2k}.e)\ e_{21}\ e_{22}\ \cdots\ e_{2k}$에 대해서도 타입복원이 가능하도록 [11]번 셀의 recon 함수를 더욱 개선하여 테스트해 보라.
3. [16]번 셀의 예시처럼 $(\lambda x.e)\ e_5$에서 e_5에도 타입복원이 가능한 생략된 타입표기가 있을 경우 e_5와 같은 부분식의 타입복원을 진행한 다음 e_5에 대한 타입유추(infer)가 성공적이면 전체 $(\lambda x.e)\ e_5$의 타입복원도 잘 진행되도록 recon 함수를 개선하고 [17]번 셀의 예시가 잘 복원되는지 테스트해 보라. 또한, 더 복잡한 예시도 구성하여 테스트해 보라. (힌트: [19]번 셀의 내용을 참고하라.)
4. 문법설탕인 **let**식을 녹이는 desugar 함수를 [20]번 셀에 작성하고 적절히 테스트해 보라. 함수의 결과값으로 계산되는 식에는 **let**식이 전혀 나타나지 않아야 한다.
5. 작성한 recon 함수로 다음과 같이 파라메터 i가 생략된 재귀함수 e4'의 타입복원이 잘 되는지 (즉 e4로 복원되는지) 테스트해 보라.

[21]:
```
e4' = Rec "f" (Just $ Arr Z Z) .
        Lam "i" Nothing $ If i (i `Add` App f (i `Add` Lit (-1))) i
  where f = Var "f"
        i = Var "i"
e4' -- rec f:Z->Z (\i.if i t hen i + f(i + -1) else i)
```

$\textbf{rec}\ f{:}\mathbb{Z}{\to}\mathbb{Z}\ (\lambda i.\textbf{if}\ i\ \textbf{then}\ i + f\ (i + -1)\ \textbf{else}\ i)$

탐구과제

1. C++과 Java는 모든 지역변수의 타입을 반드시 표기해야 하는 언어로 시작했지만 최근에는 지역변수를 선언할 때 타입을 프로그래머가 구체적으로 표기하지 않아도 컴파일러가 추측해 주는, 이 장에서 설명한 타입복원에 해당하는 기능을 지원하고 있다. 이러한 기능이 C++이나 Java에서 어떻게 발전했는지 조사해 보라.

제 *14* 장

타입유추, 더욱 더 많이

앞서 13장에서는 **let**식이라는 문법설탕에 해당하는 경우에만 지역변수(설탕은 녹인 핵심문법으로는 타입유추 가능한 인자에 적용된 함수의 파라메터)의 타입복원을 통해 타입유추의 기능을 확장하였다. 하지만, 재귀함수요약식에서 재귀함수 자신을 참조하는 변수의 타입 표기가 생략되면 복원하지 못하는 한계가 있었다. 이번 장에서는 재귀함수요약식의 타입복원이 어려운 이유를 알아보고, 이를 극복하기 위해 미지의 타입 정보를 부분적으로 포함하는 상태로 타입유추를 진행할 수 있도록 '타입변수'를 도입하여 수학에서 방정식을 푸는 방식을 타입복원과 타입유추 과정에 도입한다. 미지의 타입 정보를 나타내는 타입변수를 포함하는 방정식의 풀이는 '일치화'(unification) 문제를 해결하는 것에 해당하며, 일반적으로 타입 유추 과정에서는 여러 개의 타입변수에 대한 여러 개의 방정식을 만족하는 것이 타입규칙에 알맞은 타입이 존재하는 조건이 되므로 일치화 연립방정식을 풀어내야 한다. 정리하면, 이 장에서는 타입변수라는 개념을 도입하여 타입복원과 타입유추 과정에서 일치화 연립방정식이 함께 만들어지며, 이 과정에서 만들어진 연립방정식의 풀이를 통해 타입유추의 성공 여부가 결정된다. 이렇게 타입복원과 타입유추의 과정에서 타입에 대한 일치화 방정식을 구성하여 풀이하는 방식으로 접근하면 더 많은 타입 표기가 생략된 식에 대한 타입유추가 가능하다.

14.1 재귀함수요약식의 타입복원이 어려운 이유

앞서 13.3절에서 **rec** f $(\lambda x{:}\tau_2.e)$와 같은 재귀함수요약식에서 f의 타입 표기 복원이 어렵다고 언급한 바 있는데 여기서는 그 이유를 생각해 보자. 타입복원(recon) 함수는 타입환경(TEnv)과 식(Expr)을 인자로 받아 타입유추(infer) 함수를 활용해 부분식으로부터 복원에 필요한 타입 정보를 얻어가며 생략된 타입 표기에 대한 복원을 진행한다. 설명의 편의를 위해 하스켈 코드와 타입규칙의 표현을 혼용한 의사코드(pseudocode)로 나타내자면 대략 다음과 같이 진행되어야 할텐데

recon Γ (**rec** f $(\lambda x{:}\tau_2.e)$) = [**rec** $f{:}\tau_1$ $(\lambda x{:}\tau_2.e)$ | τ_1 ← infer $\{x{:}\tau_2,\ f{:}??\}\Gamma\ e$]

문제는 ??의 위치가 과연 무슨 타입이어야 하는가이다. f는 재귀함수요약식 자체를 대표하므로 당연히 τ_1이면 되지 않냐고 생각했다면, 물론 맞는 생각이기는 하지만, 문제는 그런 방식으로 프로그램을 작성할 수가 없다는 것이다. 왜냐하면 τ_1은 타입유추(infer)의 계산 결과로 비로소 알게 되는 타입인데, infer 함수의 첫째 인자인 확장된 환경이 τ_1을 포함한다면 이는 계산하기도 전에 결과값을 미리 알고 제공해야 한다는 이야기이므로 말이 되지 않는다.

이런 어려움을 극복하려면 말이 되지 않는 상황을 회피할 방법을 찾으면 된다. 말이 되지 않았던 이유는 τ_1이라는 계산 결과를 미리 '완전히' 알고 타입환경에 f의 τ_1에 대한 바인딩을 포함해야 한다는 생각 때문이었다. 그렇다면 불완전한 타입 정보를 타입 환경의 바인딩 내용으로 제공하거나 심지어 식에도 불완전한 타입 정보를 표기하는 것을 허용한다면 어떨까? 불완전한 정보 중에서 알려지지 않은 부분이 결국 무엇인지는 여전히 해결해야 할 숙제로 미뤄지긴 하겠지만, 최소한 완전히 말이 되지 않는 상황에서는 일단 벗어나서 생각해 볼 수 있다. 사실 이러한 접근 방식은 우리가 이미 수학에서 미지수를 나타내는 변수를 포함한 '방정식'의 풀이에서 익숙한 문제 해결 방식이다. 예컨대, $x = 2 \times x - 3$이라는 방정식은 미지수 x를 포함한 우변의 산술식 $2 \times x - 3$의 계산 결과가 좌변, 즉 x라는 말이다. 이렇게 아직 알려지지 않은 계산 결과를 일부분으로 포함하는 방정식을 해결하는 방법이 있듯, 재귀함수요약식의 타입복원과 타입유추도 마찬가지로 해결할 수 있으리라 희망해 볼 수 있다.

[1]:
```
:opt no-lint
{-# LANGUAGE TypeSynonymInstances FlexibleInstances #-}
```

14.2 미지의 타입 정보를 나타내는 타입변수

미지의 타입 정보를 나타내는 타입변수를 FACT언어의 타입을 나타내는 데이터 타입 `Ty`에 다음과 같이 추가하였다. 타입변수는 하스켈 프로그램에서 `TV i`로 작성하며 (여기서 `i::Int`) 보기좋게 노트북에 디스플레이할 때는 t_i로 표시되도록 하였다. 앞서 다룬 예시인 **rec** $f\ (\lambda x{:}\mathbb{Z}.e)$의 타입을 복원하려 할 때 타입변수를 활용해 생각을 한번 펼쳐 보자. 전체 재귀함수를 대표하는 f는 정수($\mathbb{Z}$) 타입의 인자를 받는다는 것은 알지만 결과값의 타입이 무엇이어야 하는지는 아직 잘 모른다. 따라서 f의 타입을 $\mathbb{Z}\to t_i$(하스켈 코드로는 `Arr Z (TV i)`)로 바인딩해 확장된 타입환경 $\{f{:}\mathbb{Z}\to t_i\}\Gamma$에서 e의 타입으로 유추된 결과 τ_1과 t_i를 일치화(unify)하는 방정식을 구성하여 그 해를 구할 수 있다면 알맞은 타입을 찾은 것이다. 그러나, 방정식을 구성했더라도 해가 존재하지 않으면 알맞은 타입이 없다는 말이다.

[2]:
```
type Nm = String  -- 변수 이름은 문자열로

data Ty = TV Int | Z | Arr Ty Ty  deriving (Eq,Ord)
data Expr = Var Nm                        -- x
          | Lam Nm (Maybe Ty) Expr        -- (\x:t.e)
          | Rec Nm (Maybe Ty) Expr        -- rec f:t (\x:t2.e)
          | App Expr Expr                 -- (e1 e2)
          | Lit Int                       -- n
          | Add Expr Expr                 -- e1 + e2
          | If Expr Expr Expr             -- if e then e1 else e0
          deriving (Eq, Ord)

data Val = Cl Expr Env | Vi Int  deriving (Eq,Ord)
type Env = [ (Nm, Val) ]
type TEnv = [ (Nm, Ty) ]
```

[3]:
```haskell
instance Show Ty where
  showsPrec p (TV i) = showString("t_{"++show i++"}")
  showsPrec _ Z = showString "\\mathbb{Z}"
  showsPrec p (Arr t1 t2) = showParen (p > 1) $
      showsPrec p t1 . showString "{\\to}" . showsPrec p t2
instance Show Expr where -- LaTeX 소스코드 생성하는 Show 인스턴스 직접 선언
  showsPrec _ (Var x) = showString x
  showsPrec p (Lam x mt e) = showParen (p > 1) $
      showString ("\\lambda "++x) . showsMT mt .
      showString "." . showsPrec 1 e
  showsPrec p (Rec f mt e) = showParen (p > 9) $
      showString ("\\textbf{rec}\\,"++f) . showsMT mt .
      showString "\\, " . showsPrec 2 e
  showsPrec p (App e1 e2) = showParen (p > 9) $
      showsPrec 9 e1 . showString "\\;" . showsPrec 10 e2
  showsPrec _ (Lit n) = shows n
  showsPrec p (Add e1 e2) = showParen (p > 6) $
      showsPrec 6 e1 . showString "+" . showsPrec 7 e2
  showsPrec p (If e e1 e0) = showParen (p > 2) $
      showString "\\textbf{if}\\;" . showsPrec 3 e .
      showString "\\;\\textbf{then}\\;" . showsPrec 3 e1 .
      showString "\\;\\textbf{else}\\;" . showsPrec 3 e0

showsMT (Just t) = showString "{:}" . showsPrec 0 t
showsMT Nothing  = id

import IHaskell.Display (latex)
dTeX e = display [latex $ "$"++show e++"$"]
instance IHaskellDisplay Expr where display = dTeX
instance IHaskellDisplay Ty   where display = dTeX
```

[4]:
```haskell
import Data.List (intercalate)
instance {-# OVERLAPS #-} Show Env where
    show env = "\\{"++ intercalate ",\\," (map show env) ++"\\}"
instance {-# OVERLAPS #-} Show TEnv where
    show tenv = "\\{"++ intercalate ",\\," (map show tenv) ++"\\}"
```

```haskell
instance {-# OVERLAPS #-} Show (Nm,Val) where
    show (x,v) = x++"{\\mapsto}"++show v
instance {-# OVERLAPS #-} Show (Nm,Ty) where
    show (x,t) = x++"{\\mapsto}"++show t
instance Show Val where
    show (Cl e env) = "\\langle "++show e++","++show env++"\\rangle "
    show (Vi n) = " "++show n++" "
instance {-# OVERLAPS #-} IHaskellDisplay Env     where display = dTeX
instance {-# OVERLAPS #-} IHaskellDisplay TEnv    where display = dTeX
instance {-# OVERLAPS #-} IHaskellDisplay (Nm,Val) where display=dTeX
instance {-# OVERLAPS #-} IHaskellDisplay (Nm,Ty)  where display=dTeX
instance IHaskellDisplay Val                      where display = dTeX
```

14.3 다소 무책임한 타입복원(tyrecon)

지금까지는 기존의 FACT언어에 대한 타입복원과 타입유추에 대한 이해를 바탕으로 설명하기 위해 13장에서 타입복원(tyrecon) 함수에 타입유추(tyinf) 함수를 활용하던 흐름에 맞춰 왜 재귀함수타입요약식의 타입복원 및 타입유추가 어려운지 (14.1절) 이야기하였다. 그런데, 14.2절에서 언급했듯이 결국 타입복원 및 타입유추가 최종적으로 성공했는지는 방정식의 해를 찾을 수 있는지에 달려 있다. 그러니까 타입복원 과정에서 더 많은 일을 하면 조금 더 풀기 쉬운 형태로 방정식을 만들어낼지는 모르지만 일반적으로 알맞은 타입이 있는지까지 결론내지는 못한다. 그러니, 타입유추 등 다른 부분에서 필요한 최소한으로, 어찌 보면 조금 무책임하게 방정식을 푸는 쪽에 할 일을 몰아서 미루는 방식으로, recon을 작성하자. 아직 불확실한 정보를 타입변수로 나타낼 수 있음을 활용해 타입이 생략되어 Nothing이 나타난 곳을 서로 겹치지 않는 타입변수로 타입을 표기하여 Just (TV i)로 복원하기만 하면 된다. 원리는 간단한데, 서로 겹치지 i를 계산하는 내용 때문에 rcn의 코드가 조금 길어졌다. 이렇게 되면, recon이 무조건 성공하므로 더 이상 [Expr]이 아닌 그냥 Expr을 함수의 결과값 타입으로 삼는다.

[5]:
```
recon :: TEnv -> Expr -> Expr  -- 각각의 Nothing을 고유한 타입변수로
recon tenv e = rcn 0 tenv e

rcn i _    e@(Var _)     = e
rcn i tenv (Lam x Nothing  e) = Lam x (Just t) (rcn (1+i) tenv' e)
                             where tenv' = (x,t):(tenv)
                                   t = TV i
rcn i tenv (Lam x (Just t) e) = Lam x (Just t) (rcn i tenv' e)
                             where tenv' = (x,t):tenv
rcn i tenv (Rec f Nothing  e) = Rec f (Just t) (rcn (1+1) tenv' e)
                             where tenv' =  (f,t):(tenv)
                                   t = TV i
rcn i tenv (Rec f (Just t) e) = Rec f (Just t) (rcn (1+i) tenv' e)
                             where tenv' = (f,t):tenv
rcn i tenv (App e1 e2)  = App e1' e2'   where e1' = rcn i tenv e1
                                              e2' = rcn j tenv e2
                                              j = 1 + maxTV i e1'
rcn i _    e@(Lit _)     = e
rcn i tenv (Add e1 e2)  = Add e1' e2'   where e1' = rcn i tenv e1
                                              e2' = rcn j tenv e2
                                              j = 1 + maxTV i e1'
rcn i tenv (If e e1 e0) = If e' e1' e0' where e'  = rcn i tenv e
                                              e1' = rcn j tenv e1
                                              e0' = rcn k tenv e0
                                              j = 1 + maxTV i e'
                                              k = 1 + maxTV j e1'
-- maxTV i e는 i를 포함해 e에 나타나는 모든 타입변수 정수값들의 최대값
maxTV :: Int -> Expr -> Int
maxTV i e = maximum (i : concatMap collectTV (collectTy e))

collectTy :: Expr -> [Ty]  -- 식에 나타나는 모든 타입 표기로 이루어진 리스트
collectTy (Var _)        = []
collectTy (Lam x Nothing  e) = collectTy e
collectTy (Lam x (Just t) e) = t : collectTy e
collectTy (Rec x Nothing  e) = collectTy e
collectTy (Rec x (Just t) e) = t : collectTy e
```

```
collectTy (App e1 e2)  = collectTy e1 ++ collectTy e2
collectTy (Lit _)      = []
collectTy (Add e1 e2)  = collectTy e1 ++ collectTy e2
collectTy (If e e1 e0) = collectTy e ++ collectTy e1 ++ collectTy e0

collectTV :: Ty -> [Int]   -- 타입에 나타나는 모든 타입변수 정수값들의 리스트
collectTV (TV i)       = [i]
collectTV Z            = []
collectTV (Arr t1 t2) = collectTV t1 ++ collectTV t2
```

[6]:
```
e1 = Lam "x" Nothing . Lam "x'" Nothing $ Var "x" `Add` Var "x'"
e2 = Lit 2 `Add` Var "y"   -- y는 자유변수!!!
e5 = Lam "z" Nothing (Var "z") `App` Lit 5
App (App e1 e2) e5
```

$(\lambda x.\lambda x'.x + x')\ (2 + y)\ ((\lambda z.z)\ 5)$

위 식에서는 하스켈 코드에서 Nothing으로 표기된 세 군데에 타입 표기가 생략되어 있다. 이를 아래와 같이 이 장에서 새로 작성한 recon 함수로 타입복원하면 각각의 위치에 겹치지 않는 타입변수 t_0, t_1, t_2가 표기된 식이 만들어진다.

[7]:
```
recon [("y",Z)] (App (App e1 e2) e5)
```

$(\lambda x{:}t_0.\lambda x'{:}t_1.x + x')\ (2 + y)\ ((\lambda z{:}t_2.z)\ 5)$

참고로 타입환경([("y",Z)])는 이 장에서 새로 작성한 recon에서 활용하지 않으므로 (다른 추가 기능을 구현하지 않는 한) 사실상 필요없는 인자이지만 13장과 비슷한 형식으로 일관성을 유지하기 위해 남겨놓았다.

14.4 풀어야 할 연립방정식을 함께 만들어내는 타입유추 과정

이제 타입유추 함수(infer)는 타입(Ty)과 함께 풀어야 할 방정식(Eqn)도 함께 만들어내야 한다. 방정식의 해가 존재하는가의 여부에 따라 알맞은 타입의 존재 여부가 결정되므로, 앞서 recon을 항상 결과값으로 식(Expr)을 만들어내는 데 성공하는 것과 마찬가지 논리로 infer도 항상 결과값으로 타입(Ty)을 만들어내는 데 거의 항상 성공하는 것으로 취급할 수 있다. 단, 이름의 유효범위가 잘못되었거나

타입복원을 제대로 수행하지 않은 식에 대해서는 방정식을 굳이 풀어 볼 필요도 없이 너무나 명확히 실패하는 경우이므로 error로 비정상 종료 처리한다. 따라서 기존에 실패하는 경우를 고려한 [Ty] 대신 그냥 Ty를 결과값으로 계산하면 되는데, 이와 함께 연립방정식([Eqn])도 만들어내야 하므로 infer의 결과값은 이 두 정보의 순서쌍 타입인 (Ty, [Eqn])으로 표현된다.

[8]:
```
type Eqn = (Ty,Ty) -- 방정식의 의미는 두 타입이 일치화(unify)될 수 있는지

infer :: Int -> TEnv -> Expr -> (Ty,[Eqn])
infer i tenv (Var x) =
  case lookup x tenv of
    Just t  -> (t, [])
    Nothing -> error( x ++ " not found in " ++ show tenv )
infer i tenv (Lam x (Just t2) e) = (Arr t2 t, eqns)
  where (t,eqns) = infer i ((x,t2):tenv) e
infer i tenv (Lam x Nothing    e) =
  error( "missing type annot. in " ++ show(Lam x Nothing e) )
infer i tenv (Rec f (Just t) e)  = undefined -- 적절히 작성
infer i tenv (Rec f Nothing  e)  =
  error( "missing type annot. in " ++ show(Rec f Nothing e) )
infer i tenv (App e1 e2)  = undefined -- 적절히 작성
infer i tevv (Lit _)      = (Z, [])
infer i tenv (Add e1 e2)  = (Z, eqns1 ++ eqns2)
  where eqns1 = check i tenv e1 Z
        eqns2 = check j tenv e2 Z
        j = 1 + maximum (maxTV i e1 : collectTVeqns eqns1)
infer i tenv (If e e1 e0) = undefined -- 적절히 작성

collectTVeqns eqns = [i | (t',t) <- eqns,
                          i <- collectTV t' ++ collectTV t]

check :: Int -> TEnv -> Expr -> Ty -> [Eqn]
check i tenv e t = (t',t) : eqns  where (t',eqns) = infer i tenv e
```

타입검사 함수(check)를 타입유추 함수(infer)로 간단히 정의하는 것은 마찬가지지만, 당장 유추된 타입(t')과 제시된 타입(t)이 같은가 판단하기에는 정보가

불완전할지 모르므로 일단 보류하고, 두 타입의 일치화 방정식을 구성해 타입유추로부터 얻은 연립방정식(eqns)에 추가한다. 따라서, check의 결과값은 더 이상 Bool이 아닌 [Eqn] 타입이 된다. 이 장의 infer와 check에 추가된 파라메터 i는 [6]번 셀 rcn 함수의 i와 마찬가지로 기존의 타입변수와 겹치지 않도록 어디서부터 시작할지 알려주는 정수 인자를 받는다.

[9]:
```
instance {-# OVERLAPS #-} Show [Eqn] where
    show eqns = "\\{"++ intercalate ",\\," (map show eqns) ++"\\}"
instance {-# OVERLAPS #-} Show Eqn where
    show (t',t)= show t'++"\\,\\overset{_?}{=}\\,"++show t

instance {-# OVERLAPS #-} IHaskellDisplay Eqn   where display = dTeX
instance {-# OVERLAPS #-} IHaskellDisplay [Eqn] where display = dTeX
instance {-# OVERLAPS #-} IHaskellDisplay (Ty,[Eqn])
                                                 where display = dTeX
```

[10]:
```
Var "x" `Add` Var "x'" -- e1의 함수 몸체 부분에 대한 예시
infer 2 [("x'",TV 1),("x",TV 0)] (Var "x" `Add` Var "x'")
```

$x + x'$

$(\mathbb{Z}, \{t_0 \overset{?}{=} \mathbb{Z}, t_1 \overset{?}{=} \mathbb{Z}\})$

위의 연립방정식에 만족하는 해($\{t_0 \mapsto \mathbb{Z}, t_1 \mapsto \mathbb{Z}\}$)가 존재하므로 $x + x'$에 대해 주어진 타입환경에서 타입규칙에 맞는 타입 $\mathbb{Z}$을 찾을 수 있다고 판단한다. 하지만 아래와 같은 경우처럼, 똑같은 식이라도 주어지는 타입환경에 따라서는 연립방정식을 만족하는 해가 존재하지 않는다.

[11]:
```
Var "x" `Add` Var "x'" -- 잘못된 타입환경이 주어진 경우의 예시
infer 2 [("x'",Arr Z Z),("x",TV 0)] (Var "x" `Add` Var "x'")
```

$x + x'$

$(\mathbb{Z}, \{t_0 \overset{?}{=} \mathbb{Z}, \mathbb{Z} \to \mathbb{Z} \overset{?}{=} \mathbb{Z}\})$

연립방정식을 만족시키려면 포함하는 모든 방정식을 참으로 만드는 타입 치환을 찾아야 한다. 그런데, $\mathbb{Z} \to \mathbb{Z} \overset{?}{=} \mathbb{Z}$는 애초부터 어떤 타입 치환을 적용해도 거짓이므로 이와 같은 방정식이 포함되면 해가 존재할 수 없다. 이처럼 infer 함수가

에러 없이 실행되어 만들어내는 순서쌍의 첫 요소로 구체적인 타입이 계산되더라도, 연립방정식의 풀이 결과에 따라 타입유추가 최종적으로 실패했는지 성공했는지 판단됨에 유의해야 한다.

[12]:
```
e1  -- e1은 타입 표기가 생략된 곳이 있다
infer 0 [] e1 -- 그래서 infer는 에러남
```

$\lambda x.\lambda x'.x + x'$

```
missing type annot. in \lambda x.\lambda x'.x+x'
CallStack (from HasCallStack):
  error, called at <interactive>:10:3 in interactive:Ghci162
```

[13]:
```
e1' = recon [] e1
e1'          -- e1의 타입을 복원한 e1'
```

$\lambda x{:}t_0.\lambda x'{:}t_1.x + x'$

[14]:
```
maxTV 0 e1' -- e1'의 최대 타입변수 정수값
```

1

[15]:
```
infer (maxTV 0 e1' + 1) [] e1' -- 타입을 복원하여 infer하면 에러없이 실행됨
```

$(t_0 \rightarrow t_1 \rightarrow \mathbb{Z}, \{t_0 \stackrel{?}{=} \mathbb{Z}, t_1 \stackrel{?}{=} \mathbb{Z}\})$

[16]:
```
infer' e = infer (maxTV 0 e + 1) [] e -- 닫힌식 e에 대한 타입유추 함수
```

아직 [8]번 셀에서 undefined로 남겨져 있는 부분이 있기 때문에 일반적으로 Var, Lam, Add 외의 다른 문법요소가 포함된 식에 대해서는 타입유추(infer)가 제대로 동작하지 않는다. 연습문제로 [8]번 셀의 infer 함수를 완성하여 다른 문법요소가 포함된 식에 대한 타입유추도 infer 또는 infer'로 테스트해 보라.

14.5 일치화 방정식의 풀이

우리가 다루는 타입유추의 맥락에서 타입(Ty)에 대한 일치화를 통해 설명하자면, 일치화 방정식이란 $\mathbb{Z} \rightarrow t_0 \stackrel{?}{=} t_1 \rightarrow \mathbb{Z} \rightarrow \mathbb{Z}$와 같이 왼쪽과 오른쪽에 모두 변

수(t_i)가 나타날 수 있는 방정식을 말하며, 양쪽 항 모두 또는 한쪽 항에만 적용했을 때 똑같게 만드는 치환(substitution)을 찾으면 방정식을 푼 것으로 본다. 방금 예시로 든 방정식에는 $S = \{t_0{\mapsto}\mathbb{Z}{\to}\mathbb{Z},\, t_1{\mapsto}\mathbb{Z}{\to}\mathbb{Z}\}$라는 해가 존재한다. 타입 치환 S를 왼항에 적용하여 t_0을 $\mathbb{Z}{\to}\mathbb{Z}$로 바꿔치면 $S(\mathbb{Z}{\to}t_0) = \mathbb{Z}{\to}\mathbb{Z}{\to}\mathbb{Z}$가 되며, 마찬가지로 치환 S를 오른항에 적용하여 t_1을 $\mathbb{Z}$로 바꿔치면 $S(t_1{\to}\mathbb{Z}{\to}\mathbb{Z}) = \mathbb{Z}{\to}\mathbb{Z}{\to}\mathbb{Z}$가 되어 똑같아진다. 즉, 타입에 대한 일치화 방정식 $\mathbb{Z}{\to}t_0 \stackrel{?}{=} t_1{\to}\mathbb{Z}{\to}\mathbb{Z}$를 만족하는 타입 치환 S를 찾았으므로 방정식을 푼 것이다.

방정식의 해를 나타내기 위한 타입 치환(type substitution, TSubs)을 하스켈 구현에서는 9.3.4절에서 CESK기계를 작성하며 활용한 HashMap 데이터 구조로 아래와 같이 선언한다. 또한, 아무것도 바꿔치지 않는 빈 타입 치환(emptyTSub)을 라이브러리에서 제공되는 빈 HashMap으로써 정의한다.

[17]:
```
import qualified Data.HashMap.Strict as M -- M.funcName으로 활용
import Data.HashMap.Strict (HashMap, (!), (!?)) -- 앞에 M. 없이
type TSubs = HashMap Int Ty -- 타입변수의 정수값을 타입에 대응시키는 타입 치환
emptyTSubs = M.empty :: TSubs -- 빈 타입 치환
```

[18]:
```
instance {-# OVERLAPS #-} Show TSubs where
  show tsub = "\\{"++ intercalate ",\\," (map show $ M.toList tsub)
          ++"\\}"
instance {-# OVERLAPS #-} Show (Int,Ty) where
  show (i,t) = "t_"++show i++"{\\mapsto}"++show t
instance {-# OVERLAPS #-} IHaskellDisplay TSubs  where display = dTeX
instance {-# OVERLAPS #-} IHaskellDisplay (Int,Ty) where display=dTeX
```

[19]:
```
tyL = Arr Z      (TV 0)
tyR = Arr (TV 1) (Arr Z Z)
(tyL,tyR) -- 일치화 방정식
```

$\mathbb{Z}{\to}t_0 \stackrel{?}{=} t_1{\to}\mathbb{Z}{\to}\mathbb{Z}$

앞서 예시로 살펴본 일치화 방정식을 하스켈 코드로 옮기면 위와 같다. 이 방정식의 해를 나타내는 타입 치환은 하스켈 코드로 다음과 같이 작성할 수 있다.

[20]:
```
tsubs01 = M.fromList [(0,Arr Z Z),(1,Z)] :: TSubs
tsubs01 -- 타입 치환
```

$\{t_0 \mapsto \mathbb{Z} \to \mathbb{Z},\, t_1 \mapsto \mathbb{Z}\}$

위의 타입 치환(tsubs01)이 방정식의 해인지 검산하기 위해 타입 치환(S)을 타입(τ)에 적용하는 하스켈 함수 applyTSubs를 아래와 같이 작성하였다. 타입 치환을 타입에 적용하는 $S(\tau)$를 하스켈 코드로는 대략 applySubst S τ로 옮길 수 있다.

[21]:
```
applyTSubs :: TSubs -> Ty -> Ty
applyTSubs tsubs (TV i) = case tsubs !? i of Nothing -> TV i
                                             Just t  -> t
applyTSubs tsubs Z           = Z
applyTSubs tsubs (Arr ta tb) = Arr ta' tb'
                        where ta' = applyTSubs tsubs ta
                              tb' = applyTSubs tsubs tb
```

이제, 실제로 tsubs01이 방정식의 해인지 하스켈 프로그램으로 검산해 보자. 위 applyTSubs 함수를 활용해 tsubs01를 방정식 왼쪽의 타입(tyL)과 오른쪽의 타입(tyR)에 각각 적용하면 다음과 같이 그 결과를 확인해 볼 수 있다.

[22]:
```
applyTSubs tsubs01 tyL
applyTSubs tsubs01 tyR
```

$\mathbb{Z} \to \mathbb{Z} \to \mathbb{Z}$

$\mathbb{Z} \to \mathbb{Z} \to \mathbb{Z}$

연립방정식을 만족시키는 치환이라고 해서 모두 말이 되지 않음에 유의해야 한다. 예컨대, $t_0 \stackrel{?}{=} \mathbb{Z} \to t_0$는 만족시킬 수 없는 방정식임이 분명하다. 왜냐하면, 오른항은 t_0를 포함하는 t_0보다 더 큰 구조인데 왼항은 t_0로만 이루어져 있으므로 상식적으로 일치화될 수 없다. 그런데 $S' = \{t_0 \mapsto, \mathbb{Z} \to t_0\}$라는 치환을 방정식의 왼항에 적용하면 $S(t_0) = \mathbb{Z} \to t_0$로 오른항과 똑같아져 일치화되는 것처럼 보인다. 이 치환의 문제점은 적용 회수에 따라 다른 결과가 된다는 점이다. 이를테면 S'를 왼항에 두 번 적용하면 $S'(S'(t_0)) = S'(\mathbb{Z} \to t_0) = \mathbb{Z} \to \mathbb{Z} \to t_0$로 한 번만 적용했을 때와 다르다. 참고로, 유한한 구조를 일치시키는 말이 되는 치환 S는 1회 이상 몇 번 적용하든 결과가 같은 '멱등성'(idempotence)을 지녀야 한다 (즉,

$S(\tau) = S(S(\tau)) = S(S(S(\tau))) = \cdots$). 방금 살펴본 S'가 멱등성을 만족하지 못하는 이유를 생각해 보면, 치환에 속하는 대응 $t_0 \mapsto \mathbb{Z} \to t_0$에서 치환하려는 변수($t_0$)가 치환 결과($\mathbb{Z} \to t_0$)에 나타나기(occurs) 때문에 한 번 적용한 다음에도 계속 같은 치환을 적용했을 때 바뀌칠 거리가 남아있기 때문이다. 따라서, 타입변수를 나타내는 정수값(`i`)이 특정 타입(`Ty`)에 나타나는지 검사하는 다음과 같은 `occurs` 함수로 하스켈 코드에서 말이 되지 않는 타입 치환을 걸러낼 수 있다.

[23]:
```
occurs :: Int -> Ty -> Bool
occurs i (TV j)       = i == j
occurs i Z            = False
occurs i (Arr ta tb) = occurs i ta || occurs i tb
```

일반적으로 일치화 방정식을 활용하는 상황에서는 여러 개의 일치화 방정식을 동시에 만족시켜야 하는 연립방정식을 다루는 경우가 많다. 또한, 하나의 복잡한 방정식의 풀이를 여러 개의 더 단순한 형태로 분해된 연립방정식의 풀이로 접근할 수도 있다. 일차항(first-order term)에 대한 문법적 일치화(syntactic unifcation) 연립방정식의 "규칙 기반 풀이 방식 $\mathcal{U}$"(rule-based appraoch $\mathcal{U}$)[4]

$$\text{타입 } \tau \in \mathtt{Ty} ::= t_i \mid \mathbb{Z} \mid \tau \to \tau \qquad \text{연립방정식 } P ::= \{\tau_1 \stackrel{?}{=} \tau_1', \ldots, \tau_n \stackrel{?}{=} \tau_n'\}$$

$$\text{타입 치환 } S ::= \{\, t_{i_1} \mapsto \tau_1, \ldots, t_{i_m} \mapsto \tau_m \}$$

$$\boxed{P; S \stackrel{\mathcal{U}}{\longmapsto} P'; S'}$$

$$\text{(항등식 제거)} \qquad \{\tau \stackrel{?}{=} \tau\} \uplus P; S \stackrel{\mathcal{U}}{\longmapsto} P; S$$

$$\text{(분해)} \quad \{\tau_1 \to \tau_2 \stackrel{?}{=} \tau_1' \to \tau_2'\} \uplus P; S \stackrel{\mathcal{U}}{\longmapsto} \{\tau_1 \stackrel{?}{=} \tau_1', \tau_2 \stackrel{?}{=} \tau_2'\} \uplus P; S$$

$$\text{(변수 제거)} \qquad \{t_i \stackrel{?}{=} \tau\} \uplus P; S \stackrel{\mathcal{U}}{\longmapsto} \{t_i \mapsto \tau\}(P); \{t_i \mapsto \tau\} \uplus \{t_i \mapsto \tau\}(S)$$

$$\text{(단, } t_i \neq \tau \text{이고 } t_i \text{가 } \tau \text{에 나타나지 않음)}$$

$$\text{(좌우 반전)} \qquad \{\tau \stackrel{?}{=} t_j\} \uplus P; S \stackrel{\mathcal{U}}{\longmapsto} \{t_j \stackrel{?}{=} \tau\} \uplus P; S \quad \text{(단, } \tau \text{는 타입 변수 아님)}$$

$$S(P) = \{S(\tau) \stackrel{?}{=} S(\tau') \mid \tau \stackrel{?}{=} \tau' \in P\} \qquad \text{연립방정식에 대한 타입 치환 적용}$$

$$\{t_i \mapsto \tau\}(S) = \{t_k \mapsto \{t_i \mapsto \tau\}(\tau_k) \mid t_k \mapsto \tau_k \in S\} \qquad \text{타입 치환에 대한 한 개의 타입변수 치환}$$

〈그림 14.1〉 타입(Ty)에 대한 일치화 연립방정식의 규칙 기반 풀이 방식 $\mathcal{U}$

를 우리가 다루는 타입(Ty)에 맞춰 정리하면 그림 14.1과 같다. 참고로, 방정식을 풀기 위한 $P;S \stackrel{u}{\longmapsto} P';S'$ 형태의 규칙을 일치화 연립방정식이라는 형식언어에 의미를 부여하는 작은걸음 의미구조로 이해해도 좋다. 더 이상 풀 방정식이 없는 경우에 정상 종료되며 연립방정식의 풀이에 성공한다.

[24]:
```
solve :: [Eqn] -> [TSubs] -- 해가 없으면 빈 리스트
solve eqns = sol eqns emptyTSubs

sol :: [Eqn] -> TSubs -> [TSubs]
sol []                     tsubs = [tsubs] -- 더 처리할 방정식 없음
sol ((Z, Z)       : eqns) tsubs         = sol eqns tsubs -- 항등식 제거
sol ((TV i, TV j): eqns) tsubs | i==j = sol eqns tsubs -- 항등식 제거
sol ((Arr t1 t2,          -- 분해 (함수의 정의역끼리 공역끼리)
      Arr s1 s2) : eqns) tsubs = sol ((t1,s1):(t2,s2):eqns) tsubs
sol ((Z, Arr _ _): eqns) tsubs = [] -- 정수와 함수는 일치화 불가능
sol ((Arr _ _, Z): eqns) tsubs = [] -- 정수와 함수는 일치화 불가능
sol ((TV i, t) : eqns) tsubs
    | occurs i t = []   -- 부분이 전체를 포함하므로 해결 불가능
    | otherwise  = sol eqns' (M.insert i t tsubs') -- 변수 제거
    where eqns' = [ (i2t t1, i2t t2) | (t1,t2) <- eqns ]
          tsubs' = M.map i2t tsubs
          i2t = applyTSubs (M.insert i t emptyTSubs)
sol ((t, TV j) : eqns) tsubs = sol ((TV j,t):eqns) tsubs -- 좌우 반전
```

위의 solve는 방정식 풀이의 작은걸음($\stackrel{u}{\longmapsto}$)에 대응되는 큰걸음 의미구조에 해당한다. 즉, 작은걸음 규칙($\stackrel{u}{\longmapsto}$)을 반복적으로 적용해 정상 종료조건으로 성공하며 만들어진 타입치환이 포함된 리스트([TSubs])를 계산하거나, 방정식의 해가 없어 비정상 종료로 실패하는 경우에는 빈 리스트를([])를 계산한다. solve를 구현하는 sol은 꼬리재귀(tail recursion)로 작은걸음 규칙을 반복적으로 적용하는 내용으로 작성되어 있다. sol에서 더 이상 풀이할 방정식이 없는 정상 종료와 []를 결과로 계산하는 비정상 종료를 처리하는 부분을 제외하면 그림 14.1의 규칙을 차례로 하스켈 코드로 옮긴 것이다. 규칙 하나만 예를 들자면, sol에서 변수 제거 규칙을 구현하는 부분의 eqns, tsubs, t2i, eqns', tsubs'는 각각 변수 제거 규칙에 나타나는 P, S, $\{t_i \mapsto \tau\}$, $\{t_i \mapsto \tau\}(P)$, $\{t_i \mapsto \tau\}(S)$에 해당한다.

의미구조를 구현하는 ev 함수는 13장의 코드를 그대로 가져오면 된다. eval'은 이제 infer의 결과만으로는 알맞은 타입이 있는지 판단할 수 없으므로 solve로 연립방정식의 해가 존재하는지도 확인한다. 이렇게 infer와 solve가 성공한 경우에만 아래의 인터프리터 함수 ev를 실행한다고 가정한다.

[25]:
```
ev :: Env -> Expr -> Val  -- infer와 solve가 성공한 경우만 실행 가정
ev _ _ = undefined -- 이전 장의 내용을 그대로 가져올 것
```

[26]:
```
-- infer에 성공한 닫힌식에 대한 인터프리터
eval' e = [ev [] e | _ <- solve eqns]  where (t, eqns) = infer' e
```

[27]:
```
e4 = Rec "f" (Just $ Arr Z Z) .
        Lam "i" (Just Z) $ If i (i `Add` App f (i `Add` Lit (-1))) i
    where f = Var "f"
          i = Var "i"
e4 -- rec f:Z->Z (\i:Z.if i t hen i + f(i + -1) else i)
```

$\mathbf{rec}\, f{:}\mathbb{Z}{\rightarrow}\mathbb{Z}\; (\lambda i{:}\mathbb{Z}.\mathbf{if}\; i\; \mathbf{then}\; i + f\; (i + -1)\; \mathbf{else}\; i)$

앞서 infer, solve, ev함수의 undefined 부분을 잘 채워넣었다면 다음의 셀이 에러 없이 e4를 활용한 0부터 100까지의 합 5050를 정상적으로 계산할 것이다.

[28]:
```
-- rec f (\i.if i then i + f(i + -1) else i) 100
eval' (e4 `App` Lit 100) -- 100부터 0까지의 총합
```

```
Prelude.undefined
CallStack (from HasCallStack):
  error, called at libraries/base/GHC/Err.hs:79:14 in base:GHC.Err
  undefined, called at <interactive>:14:29 in interactive:Ghci162
```

요점정리

- 이 장에서는 타입변수를 도입함으로써, 타입복원 및 타입유추 함수에서 모든 문제를 해결하려 하지 말고 알맞은 타입이 존재하려면 타입변수라는 미지의 타입 정보가 어떤 조건을 만족해야 하는지를 표현하는 방정식을 만들어내록 한다. 그리고, 그 방정식을 어떻게 잘 풀지는 별도의 문제로 남겨두는 방식으로 접근한다.
- 타입변수가 만족해야 할 조건은 일치화(unification) 문제에 해당하며, 타입복원과 타입유추 과정에서는 일반적으로 여러 개의 타입변수에 대한 여러 개의 일치화 방정식을 동시에 만족해야 하는 일치화 연립방정식이 만들어진다.
- 일치화 방정식의 해는 유한한 개수의 타입변수를 타입으로 대응시키는 타입 치환이다. 타입 치환을 방정식의 양쪽 혹은 어느 한쪽에만 적용했을 때 양쪽의 항이 같아진다면 그 타입 치환이 바로 일치화 방정식의 해가 될 수 있다.
- 일치화 방정식의 해로 말이 되는 타입 치환은 1회 이상 몇 번을 반복 적용하든 같은 결과를 유지하는 멱등성(idempotence)을 지녀야 한다. 특히, 치환 대상이 되는 변수가 치환의 결과로 대응되는 타입에 나타날 경우 멱등성을 만족할 수 없다.
- 일치화 연립방정식의 풀이를 기술하는 규칙 기반 풀이 방식 $\mathcal{U}$는 교집합을 베제한 합집합(⊎)으로 표현되어 있으므로 원론적으로는 연립방정식 집합에서 방정식을 아무 순서로 하나씩 꺼내 가며 적용 가능한 어떤 규칙이든 적용해 나가는 비결정적인 작은걸음 규칙이다.
- [24]번 셀의 하스켈 프로그램에서는 연립방정식을 리스트로 구현하여 앞에서부터 나타나는 방정식을 순차적으로 풀이해 나간다. 책의 본문에서 언급하지는 않았지만 풀이 방식 $\mathcal{U}$의 작은걸음 규칙이 합류성을 만족하기 때문에 이렇게 하나의 정해진 순서로 방정식의 풀이를 진행하더라도 어떤 다른 순서로 진행한 연립방정식의 풀이와도 동등한 결과가 나올 것이라고 기대할 수 있다.

연습문제

1. [8]번 셀의 infer에서 undefined로 남겨진 부분을 완성하여 Var, Lam, Add 외의 다른 문법요소도 포함된 식에 대한 타입유추도 잘 동작하는지 infer 또는 infer' 함수로 테스트해 보라.
2. 이 장에서 제공되거나 완성한 recon, infer, solve 함수로 아래 [29]번 셀과 같이 재귀함 수 자신을 참조하는 f와 파라메터 i의 타입 표기가 모두 생략된 e4'의 타입복원, 타입유추, 방정식 풀이의 각 단계가 잘 동작하는지 테스트하고, eval'로 e4'를 활용해 0부터 100까지 자연수의 합을 구하는 프로그램을 실행해 보라.
3. 일치화 연립방정식의 규칙 기반 풀이 방식 $\mathcal{U}$(그림 14.1)을 따라 만들어지는 타입 치환의 멱등성(idempotence)이 어떻게 보장되는지 변수 제거 규칙을 중심으로 설명해 보라.

[29]:
```
e4' = Rec "f" Nothing .
        Lam "i" Nothing $ If i (i `Add` App f (i `Add` Lit (-1))) i
   where f = Var "f"
         i = Var "i"
e4' -- rec f (\i.if i t then i + f(i + -1) else i)
```

$\textbf{rec}\, f\, (\lambda i.\textbf{if}\; i\; \textbf{then}\; i + f\;(i + -1)\; \textbf{else}\; i)$

탐구과제

1. 일치화(unification) 방정식 풀이를 내장한 Prolog는 대표적인 논리 프로그래밍(logic programming) 언어다. 논리 프로그래밍 패러다임과 Prolog에 대해 알아보라. 그리고 이 장에서 `infer`의 결과로 나온 일치화 연립방정식을 Prolog 언어로 옮겨보고 실제로 Prolog가 방정식을 풀어주는지 확인해보라.
2. 이 책에서는 단순타입에 대한 타입유추만을 다루고 있다. 8장에서 다룬 다형타입시스템을 지원하는 Haskell과 같은 언어에서는 타입유추가 어떻게 이루어지는지, Hindley–Milner (혹은 Hindley–Dammas–Milner) 타입유추 또는 let-polymorphism이라고도 불리는 타입유추 방식에 대해 알아보라.
3. 단순타입 언어에서는 **let**식을 문법설탕(syntactic sugar)으로 취급할 수 있다고 13장에서 설명한 바 있다. 그런데, Hindley–Milner 타입유추를 기반으로 하는 언어에서는, 의미구조의 관점에서만 보면 **let**식이 단순히 문법설탕일 수 있지만 타입규칙에서는 **let**식은 문법설탕 이상의 기능을 한다. 어떤 기능을 하는지 알아보라.

제 IV 편

참고문헌 및 부록

참고문헌

[1] *"Parse" definition & meaning*. Accessed 6 Jan. 2022. URL: https://www.merriam-webster.com/dictionary/parse.

[2] A V Aho et al. *Compilers: Pearson new international edition: Principles, techniques, and tools*. en. 2nd ed. London, England: Pearson Education, 2013.

[3] Apple Inc. *Lexical structure — the Swift programming language (Swift 5.5)*. https://docs.swift.org/swift-book/ReferenceManual/LexicalStructure.html. Accessed: 2022-1-10.

[4] Franz Baader and Wayne Snyder. "Unification Theory". In: *Handbook of Automated Reasoning (in 2 volumes)*. Ed. by John Alan Robinson and Andrei Voronkov. Elsevier and MIT Press, 2001, pp. 445–462. ISBN: 0-444-50813-9; 0-262-18223-8. URL: https://www.cs.bu.edu/fac/snyder/publications/UnifChapter.pdf.

[5] Corrado Böhm and Alessandro Berarducci. "Automatic synthesis of typed Λ-programs on term algebras". In: *Theoretical Computer Science* 39 (1985). Third Conference on Foundations of Software Technology and Theoretical Computer Science, pp. 135–154. ISSN: 0304-3975. DOI:

10.1016/0304-3975(85)90135-5. URL: https://www.sciencedirect.com/science/article/pii/0304397585901355.

[6] Janusz A. Brzozowski. "Derivatives of Regular Expressions". In: *J. ACM* 11.4 (Oct. 1964), pp. 481–494. ISSN: 0004-5411. DOI: 10.1145/321239.321249. URL: https://doi.org/10.1145/321239.321249.

[7] Robert Cartwright and Mike Fagan. "Soft Typing". In: *SIGPLAN Not.* 39.4 (Apr. 2004), pp. 412–428. ISSN: 0362-1340. DOI: 10.1145/989393.989435. URL: https://doi.org/10.1145/989393.989435.

[8] Noam Chomsky. "Three models for the description of language". In: *IRE Transactions on Information Theory* 2 (1956). reprinted in R. D. Luce, R. Bush and E. Galanter (Eds.), *Readings in Mathematical Psychology*, Vol. II, Wiley, 1965.

[9] Alonzo Church. "A Set of Postulates for the Foundation of Logic". In: *Annals of Mathematics* 33.2 (1932), pp. 346–366. ISSN: 0003486X. URL: http://www.jstor.org/stable/1968337.

[10] Alonzo Church. "A formulation of the simple theory of types". In: *The journal of symbolic logic* 5.2 (1940), pp. 56–68.

[11] N.G de Bruijn. "Lambda calculus notation with nameless dummies, a tool for automatic formula manipulation, with application to the Church-Rosser theorem". In: *Indagationes Mathematicae (Proceedings)* 75.5 (1972), pp. 381–392. ISSN: 1385-7258. DOI: 10.1016/1385-7258(72)90034-0. URL: https://www.sciencedirect.com/science/article/pii/1385725872900340.

[12] Matthias Felleisen and Daniel P. Friedman. "Control operators, the SECD-machine, and the λ-calculus". In: *3rd Working Conference on the Formal Description of Programming Concepts*. Ebberup, Denmark, Aug. 1986, pp. 193–219.

[13] Mattias Felleisen and D. P. Friedman. "A Calculus for Assignments in Higher-Order Languages". In: *Proceedings of the 14th ACM SIGACT-SIGPLAN Symposium on Principles of Programming Languages*. POPL '87. Munich, West Germany: Association for Computing Machinery, 1987, p. 314. ISBN: 0897912152. DOI: 10.1145/41625.41654. URL: https://doi.org/10.1145/41625.41654.

[14] Jean-Yves Girard. "Une Extension de l'Interprétation de Gödel à l'Analyse, et son Application à l'Élimination des Coupures dans l'Analyse et la Théorie des Types". In: *Proceedings 2nd Scandinavian Logic Symp., Oslo, Norway, 18–20 June 1970*. Ed. by J. E. Fenstad. Vol. 63. Studies in Logic and the Foundations of Mathematics. Amsterdam: North-Holland, 1971, pp. 63–92.

[15] Jean-Yves Girard. "Interprétation fonctionelle et élimination des coupures dans l'arithmétique d'ordre supérieur". PhD thesis. University of Paris VII, 1972.

[16] James Gosling et al. *The Java Language Specification, Java SE 8 Edition*. 1st. Addison-Wesley Professional, 2014. ISBN: 013390069X.

[17] Robert Harper. *Practical Foundations for Programming Languages*. 2nd ed. Cambridge University Press, Apr. 2016. ISBN: 9781107150300.

[18] C. A. R. Hoare. "An Axiomatic Basis for Computer Programming". In: *Commun. ACM* 12.10 (Oct. 1969), pp. 576–580. ISSN: 0001-0782. DOI: 10.1145/363235.363259. URL: https://doi.org/10.1145/363235.363259.

[19] John E. Hopcroft, Rajeev Motwani, and Jeffrey D. Ullman. *Introduction to automata theory, languages, and computation*. Boston, MA: Pearson/Addison Wesley, 2007.

[20] A. S. Hornby, Young-Kuk Jeong, and Mi-ock Cho. *Oxford advanced learner's English-Korean dictionary*. via NAVER's online dictio-

nary service. London, England: Oxford University Press, 2009. ISBN: 9780194001144.

[21] Paul Hudak et al. "A History of Haskell: Being Lazy with Class". In: *Proceedings of the Third ACM SIGPLAN Conference on History of Programming Languages*. HOPL III. San Diego, California: Association for Computing Machinery, 2007, 12–1–12–55. ISBN: 9781595937667. DOI: 10.1145/1238844.1238856. URL: https://doi.org/10.1145/1238844.1238856.

[22] Graham Hutton. "Programming Language Semantics: it's easy as 1,2,3". In: (2001). draft.

[23] Graham Hutton. *Programming in Haskell*. Cambridge, England: Cambridge University Press, 2016.

[24] Samin S. Ishtiaq and Peter W. O'Hearn. "BI as an Assertion Language for Mutable Data Structures". In: *Proceedings of the 28th ACM SIGPLAN-SIGACT Symposium on Principles of Programming Languages*. POPL '01. London, United Kingdom: Association for Computing Machinery, 2001, pp. 14–26. ISBN: 1581133367. DOI: 10.1145/360204.375719. URL: https://doi.org/10.1145/360204.375719.

[25] G Siek Jeremy and Taha Walid. "Gradual typing for functional languages". In: *Scheme and Functional Programming Workshop*. Vol. 6. 2006, pp. 81–92.

[26] C. W. Kreidler. *Introducing English semantics*. London, England: Routledge, 1998.

[27] Jean-Louis Krivine. "A call-by-name lambda-calculus machine". In: *Higher-Order and Symbolic Computation* 20.3 (2007), pp. 199–207. DOI: 10.1007/s10990-007-9018-9. URL: http://link.springer.com/10.1007/s10990-007-9018-9.

[28] Pablo Lamela Seijas et al. "Marlowe: Implementing and Analysing Financial Contracts on Blockchain". In: *Financial Cryptography and Data Security*. Ed. by Matthew Bernhard et al. Cham: Springer International Publishing, 2020, pp. 496–511. ISBN: 978-3-030-54455-3.

[29] P. J. Landin. "The Mechanical Evaluation of Expressions". In: *The Computer Journal* 6.4 (Jan. 1964), pp. 308–320. ISSN: 0010-4620. DOI: 10.1093/comjnl/6.4.308. eprint: https://academic.oup.com/comjnl/article-pdf/6/4/308/1067901/6-4-308.pdf. URL: https://doi.org/10.1093/comjnl/6.4.308.

[30] Gyesik Lee and Hwajeong Kim. In: *Journal of Knowledge Information Technology and Systems* 15.2 (Apr. 2020), pp. 195–193. ISSN: 1975-7770. DOI: 10.34163/jkits.2020.15.2.004. URL: https://formal.hknu.ac.kr/Publi/hoare.pdf.

[31] M. E. Lesk and E. Schmidt. "Lex—a Lexical Analyzer Generator". In: *UNIX Vol. II: Research System (10th Ed.)* USA: W. B. Saunders Company, 1990, pp. 375–387. ISBN: 0030475295.

[32] Ada Augusta Lovelace. "Notes by AAL [August Ada Lovelace]". In: *Taylor's Scientific Memoirs*, (1843), pp. 666–731.

[33] Simon Marlow. *Haskell 2010 Language Report*. 2010.

[34] Microsoft.com. *Lexical structure*. https://docs.microsoft.com/en-us/dotnet/csharp/language-reference/language-specification/lexical-structure. Accessed: 2022-1-10. (language: en).

[35] Robin Milner. "A Theory of Type Polymorphism in Programming". In: *Journal of Computer and System Sciences* 17.3 (Dec. 1978), pp. 348–375.

[36] John C. Mitchell. *Foundations for Programming Languages*. Cambridge, Mass.: The MIT Press, 1996. ISBN: 0-262-13321-0.

[37] Greg Morrisett et al. "From System-F to Typed Assembly Language". In: *ACM Transactions on Programming Languages and Systems* 21.3 (May 1999), pp. 527–568.

[38] Peter W. O'Hearn, John C. Reynolds, and Hongseok Yang. "Local Reasoning about Programs That Alter Data Structures". In: *Proceedings of the 15th International Workshop on Computer Science Logic*. CSL '01. Berlin, Heidelberg: Springer-Verlag, 2001, pp. 1–19. ISBN: 3540425543.

[39] Alexander Okhotin. "On the existence of a Boolean grammar for a simple programming language". In: *Proceedings of AFL*. Citeseer. 2005, pp. 17–20.

[40] Scott Owens, John Reppy, and Aaron Turon. "Regular-Expression Derivatives Re-Examined". In: *J. Funct. Program.* 19.2 (Mar. 2009), pp. 173–190. ISSN: 0956-7968. DOI: 10.1017/S0956796808007090. URL: https://doi.org/10.1017/S0956796808007090.

[41] Gordon D. Plotkin. *A Structural Approach to Operational Semantics*. Tech. rep. DAIMI FN–19. Aarhus, Denmark: Computer Science Department, Aarhus University, Sept. 1981.

[42] J. D. Ramsdell. "The Alonzo Functional Programming Language". In: *SIGPLAN Not.* 24.9 (Oct. 1989), pp. 152–157. ISSN: 0362-1340. DOI: 10.1145/68127.68139. URL: https://doi.org/10.1145/68127.68139.

[43] John C. Reynolds. "Towards a Theory of Type Structure". In: *Programming Symposium, Proceedings Colloque Sur La Programmation*. Berlin, Heidelberg: Springer-Verlag, 1974, pp. 408–423. ISBN: 3540068597.

[44] Ferdinand de Saussure. *Cours de linguistique générale*. Ed. by Charles Bally and Albert Sechehaye. 1916.

[45] Peter Sewell et al. "Ott: Effective Tool Support for the Working Semanticist". In: *Proceedings of the 12th ACM SIGPLAN International Conference on Functional Programming*. ICFP '07. Freiburg, Germany: Association for Computing Machinery, 2007, pp. 1–12. ISBN: 9781595938152. DOI: 10.1145/1291151.1291155. URL: https://doi.org/10.1145/1291151.1291155.

[46] Mark R. Shinwell, Andrew M. Pitts, and Murdoch J. Gabbay. "FreshML: Programming with Binders Made Simple". In: *Proceedings of the Eighth ACM SIGPLAN International Conference on Functional Programming*. ICFP '03. Uppsala, Sweden: Association for Computing Machinery, 2003, pp. 263–274. ISBN: 1581137567. DOI: 10.1145/944705.944729. URL: https://doi.org/10.1145/944705.944729.

[47] Michael Sipser. *Introduction to the theory of Computation*. Boston, MA: Cengage Learning, 2013.

[48] Alfred Tarski. "The Concept of Truth in Formalized Languages". In: *Logic, Semantics, Metamathematics*. Ed. by Alfred Tarski. Translated by J.H. Woodger. Oxford: Oxford University Press, 1956, pp. 152–278.

[49] Stephanie Weirich, Brent A. Yorgey, and Tim Sheard. "Binders Unbound". In: *SIGPLAN Not.* 46.9 (Sept. 2011), pp. 333–345. ISSN: 0362-1340. DOI: 10.1145/2034574.2034818. URL: https://doi.org/10.1145/2034574.2034818.

[50] Glynn Winskel. *The Formal Semantics of Programming Languages: An Introduction*. Foundation of Computing Series. Cambridge, MA: The MIT Press, 1993.

[51] Alex Wright. "Linear logic". en. In: *Commun. ACM* 53.10 (2010), pp. 11–13.

부 록

부록 A 과제 형식 예시

- 이름: ???
- 학번: ????????

이름과 학번을 위에 작성하시오.

---

[1]:
```
:opt no-lint
{-# LANGUAGE ScopedTypeVariables FlexibleInstances #-}
```

[2]:
```
data RE = Null
        | Epsilon
        | Symbol Char
        | Union RE RE
        | Concat RE RE
        | Star RE
        deriving (Eq,Ord)

import Data.List (intercalate)
instance Show RE where
  showsPrec _ Null    = showString "\\varnothing{}"
  showsPrec _ Epsilon = showString "\\varepsilon{}"
  showsPrec p (Symbol c) = showString [c]
  showsPrec p (Union  r1 r2) = showParen (p > 6) $
      showsPrec 6 r1 . showString " | " . showsPrec 6 r2
  showsPrec p (Concat r1 r2) = showParen (p > 7) $
      showsPrec 7 r1 . showsPrec 7 r2
  showsPrec p (Star r) = showParen (p > 10) $
      showsPrec 11 r . showString "^{*}"
instance {-# OVERLAPS #-} Show [RE] where
  show rs = "[" ++ intercalate ",\\," (map show rs) ++ "]"

import IHaskell.Display
dTeX e = display [latex $ "$"++show e++"$"]
```

```haskell
instance IHaskellDisplay RE                        where display = dTeX
instance {-# OVERLAPS #-} IHaskellDisplay [RE] where display = dTeX
```

[3]:
```haskell
[Null, Epsilon, Symbol 'a']
```

$[\varnothing, \varepsilon, a]$

[4]:
```haskell
[ Union (Symbol 'a') Epsilon,
  Union (Symbol 'a') (Union Epsilon Epsilon),
  Union (Union Epsilon Epsilon) (Symbol 'a'),
  Union (Symbol 'a') (Concat Epsilon Epsilon),
  Union (Concat Epsilon Epsilon) (Symbol 'a') ]
```

$[a|\varepsilon,\ a|\varepsilon|\varepsilon,\ \varepsilon|\varepsilon|a,\ a|\varepsilon\varepsilon,\ \varepsilon\varepsilon|a]$

[5]:
```haskell
[ Concat (Symbol 'a') (Concat Epsilon Epsilon),
  Concat (Concat Epsilon Epsilon) (Symbol 'a'),
  Concat (Symbol 'a') (Union Epsilon Epsilon),
  Concat (Union Epsilon Epsilon) (Symbol 'a') ]
```

$[a\varepsilon\varepsilon,\ \varepsilon\varepsilon a,\ a(\varepsilon|\varepsilon),\ (\varepsilon|\varepsilon)a]$

[6]:
```haskell
[ Star $ Symbol 'a',
  Star $ Union (Symbol 'a') Epsilon,
  Star $ Concat (Symbol 'a') Epsilon,
  Star $ Star $ Symbol 'a' ]
```

$[a^*,\ (a|\varepsilon)^*,\ (a\varepsilon)^*,\ (a^*)^*]$

A.1 정규식 간소화 비결정적 의미구조 계산기 (15점)

$$\frac{}{\varnothing \mid r_2 \longmapsto r_2} \qquad \frac{}{r_1 \mid \varnothing \longmapsto r_1} \qquad \frac{}{\varepsilon\, r_2 \longmapsto r_2} \qquad \frac{}{r_1\, \varepsilon \longmapsto r_1} \qquad \frac{r \longmapsto r'}{r^* \longmapsto r'^*}$$

$$\frac{r_1 \longmapsto r_1'}{r_1 \mid r_2 \longmapsto r_1' \mid r_2} \qquad \frac{r_2 \longmapsto r_2'}{r_1 \mid r_2 \longmapsto r_1 \mid r_2'} \qquad \frac{r_1 \longmapsto r_1'}{r_1 r_2 \longmapsto r_1' r_2} \qquad \frac{r_2 \longmapsto r_2'}{r_1 r_2 \longmapsto r_1 r_2'}$$

위 작은걸음 규칙에 따라 정규식을 간소화하는 계산기 함수 step을 작성하라.

그리고 step을 확장한 step' 함수 및 수업시간에 다룬 iterate 함수 등을 활용해 모든 규칙을 최소한 한 번씩 사용하며 여러 단계에 걸쳐 간소화되는 정규식 예제를 하나 작성해 더 이상 간소화되지 않을 때까지 여러 단계에 걸쳐 정규식을 간소화하는 과정을 확인해 보라.

[7]:
```
step :: RE -> [RE]
step = undefined -- 함수를 작성 (여러 개의 등식으로 작성하는 게 편할 것임)
```

[8]:
```
import Data.List(nub)
hat f = \rs -> nub (concat [f r | r <- rs])

step' :: [RE] -> [RE]
step' = hat step
```

[9]:
```
-- 테스트 작성 및 출력
```

A.2 교재 그림 4.2의 의미함수를 하스켈로 옮겨 작성하라 (15점)

작성한 함수를 적절히 테스트한 내용도 포함해야 한다. 정규식의 6요소를 각 요소에 대해, 항상 False인 Null을 제외하고는 True인 경우와 False인 경우의 테스트를 해보아야 하므로, 최소 11개의 테스트는 있어야 할 것이다. 충분한 테스트를 제시하지 않으면 감점 대상이 된다. (테스트가 부족할 때마다 10점씩 감점)

함수가 정확히 구현되지 않으면 0점이며 정확하게 구현되지 않은 함수에 대한 테스트는 작성하더라도 0점이다. 왜냐하면 부정확한 구현을 테스트를 통해 잘못된 점을 찾아냈어야 하는데, 그렇지 못했다는 것은 테스트의 역할을 제대로 못한 것이기 때문이다. 그러니까 정확하지 않은 구현에 대한 부분점수는 없다.

[10]:
```
-- 의미함수 작성
```

[11]:
```
-- 테스트 작성
```

A.3 다음 성질을 만족하는 `revRE :: RE -> RE`를 작성하라 (15점)

$$[\![\mathsf{revRE}(r)]\!](x) = [\![r]\!](x^R)$$

함수를 작성한 다음 의도한 대로 동작하는지 테스트해 보라.

[12]:
```
revRE :: RE -> RE
revRE = undefined -- 함수를 작성 (여러 개의 등식으로 작성하는 게 편할 것임)
```

[13]:
```
-- 테스트 작성
```

부록 B 감사

강의 노트를 교재의 형태로 이렇게 출간할 수 있게 된 데는 제가 컴퓨터과학을 전공하면서 인연을 맺게 된 은사님들과 정보과학회 프로그래밍언어연구회의 모든 분들에게 마땅히 감사한 마음이 있습니다. 하지만 여기에서 감사의 말씀을 표하기에는 너무 길어지는 관계로, 우선 이 책의 출간 과정에 직접적인 도움을 주신 출판사 관계자 분들, 수업 중에 오탈자를 보고해 준 수강생들, 그리고 프로그래밍언어론 과목에서 대학원생 조교로 수업 운영을 도우며 출판사를 섭외하는 등 다방면으로 신경써 준 제자인 손범준에게 이 지면을 빌어 간단히나마 감사의 기록을 남깁니다.

B.1 초판 원고 작업본 오탈자 보고

2022년 1학기 프로그래밍언어론 수강생

구준한, 권준호, 권혁준, 김동하, 김상운, 김이레, 김현, 백성욱, 백장현, 손헌승, 신현수, 이승민, 이상빈, 장주안, 임영준, 장태영, 전석원, 정윤정, 정재훈, 황인규.

찾아보기